U0744699

广西八景

文化景观资料汇编

滕兰花◎编著

暨南大学出版社
JINAN UNIVERSITY PRESS
中国·广州

图书在版编目（CIP）数据

广西八景文化景观资料汇编/滕兰花编著．—广州：暨南大学出版社，2024.8
ISBN 978－7－5668－3874－2

Ⅰ．①广…　Ⅱ．①滕…　Ⅲ．①名胜古迹—史料—汇编—广西　Ⅳ．①K928.7

中国国家版本馆 CIP 数据核字（2024）第 010711 号

广西八景文化景观资料汇编
GUANGXI BAJING WENHUA JINGGUAN ZILIAO HUIBIAN
编著者：滕兰花

出 版 人：阳　翼
责任编辑：曾小利
责任校对：刘舜怡　黄晓佳
责任印制：周一丹　郑玉婷

出版发行：暨南大学出版社（511434）
电　　话：总编室（8620）31105261
　　　　　营销部（8620）37331682　37331689
传　　真：（8620）31105289（办公室）　37331684（营销部）
网　　址：http://www.jnupress.com
排　　版：广州尚文数码科技有限公司
印　　刷：广州市友盛彩印有限公司
开　　本：787mm×1092mm　1/16
印　　张：14
字　　数：265 千
版　　次：2024 年 8 月第 1 版
印　　次：2024 年 8 月第 1 次
定　　价：69.80 元

前言

八景文化是自宋代开始的记录城市风貌的历史文化，已成为中国地方志中一项十分重要的内容构成。八景文化具有浓郁的地域特色，反映了人们的乡土意识和地方感知，是自然与人文、历史与现实的完美融合。近年来，随着城镇化进程不断加快，对城市文化景观，特别是对中国古代方志当中记载的地方八景文化的研究，成为一个新热点。笔者在中国知网上以“八景”为主题词进行检索，查获 971 条记录。

广西传统八景文化非常值得研究，但首先要对各地的八景史料进行摘录以嘉惠学林。可惜的是，涉及广西八景文化研究的成果非常稀少，目前检获的仅有 4 篇，即杨梅《“玉林八景”古今考量》（《玉林师范学院学报》2008 年第 2 期），易利国、何瑞兰《广西风景资源初步探讨》（《广东园林》1983 年第 2 期），智扉《广西旅游名胜楹联简论（续）》（《广西社会科学》1998 年第 1 期），莇皓《广西南宁五象岭森林公园概念规划》（《现代农业科学》2009 年第 6 期）。其内容与传统方志上所记载的八景文化迥然有别，多是现代旅游景观分析。笔者曾写过《百越古道文化品牌建设刍议——以“田东八景”评选为例》（《百色学院学报》2014 年第 2 期）一文对此进行初步的探析，但这只是对广西传统八景文化研究的起步。

开展对广西方志中的八景文化景观研究，有助于通过挖掘利用传统方志当中普遍记载的八景文化，将其文化内涵重新整理，为塑造现代城市文化形象与旅游开发提供资源。为此，本书致力于整理广西方志中的八景资料，形成《广西八景文化景观资料汇编》，以供学界研究之用，亦希望能在城市历史文化景观资源挖掘方面起到一定的史鉴之作用。

需要说明的是，本书资料辑录的大部工作得益于彼时与我一起学习交流的硕士研究生，具体分工如下：滕兰花负责收集南宁市、崇左市的资料，并负责资料汇总、编校等工作；吕小梅（现任职于南宁市第二十九中学）负责收集梧州市、玉林市、柳州市、来宾市、百色市的资料；何哲（现任职于福州大学附属实验学校）负责收集桂林市、河池市、北海市、钦州市的资料。

因笔者能力有限，辑录时难免存在疏漏，文字录入及句读会出现一些错误，敬请读者指正。

作　者

2024 年 3 月

目录

凡例

现存广西历代方志以明清时期为主，特别是以清代为多。明清两代广西府级政区的设置及所辖范围不完全一致，为便于研究，本书在汇编资料时，即以现代广西政区为研究区域，按现代广西所辖各市编排。因古今政区变化颇大，一些独立建置的县级政区后已不存或并合于他县，其在历史上曾编有志书，按其今隶属的政区进行归并辑录。

1. 按现行的广西市县政区名称进行排序，其下再按方志的成书（或出版）年代先后顺序进行辑录。

2. 在抄录时，对史料按今人阅读习惯，进行横排简体录入，并作了标点。难以识读和缺失的文字以“□”代替。如有泯灭不清的文字，难以识别其字数，即以“▨”代替。如有讹字，则在其后用“〈〉”标出正确的字。整段史料中有与八景关联不大的文字，用“……”略去。为了保留史料原貌，本书志不在校勘，仅在必要时以“编者按”的形式对相关内容作简要说明。

3. 一些市县的史志由于不同的年代版本互有借鉴，八景诗多有重复抄录之做法，本书以“编者按”的形式对相关内容作简要说明，对重复的内容不再辑录。

4. 有些县志里绘有八景图，多为两个半页进行排版，现为便于阅读，笔者将有关图片进行拼接，力图呈现完整的画面，供读者参详。

5. 本书所辑录的八景史料均注明出处、卷次、页码。为避免重复，正文当中一般略去具体的作者姓名、出版信息等，在书末的“征引书目”再详写。

南宁

南宁市

八景：罗峰晓霞、青秀松涛、马退远眺、象岭烟岚、邕江春泛、望仙怀古、花洲夜月、宏仁晚钟。

青秀山八景：泰青远眺、滄秀观澜、山房夜月、沙浦鱼灯、夕阳塔影、子夜松风、江帆破浪、凉阁听泉。

——（乾隆）《南宁府志》卷四，舆地志，第196－197页。

八景：罗峰晓霞、青秀松涛、马退远眺、象岭烟岚、邕江春泛、望仙怀古、花洲夜月、宏仁晚钟。

青秀山八景：泰青远眺、滄秀观澜、山房夜月、沙浦鱼灯、夕阳塔影、子夜松风、江帆破浪、凉阁听泉。

——（宣统）《南宁府志》卷四，舆地志，第136－137页。

马退出〈山〉，(《明史·地理志》）宣化县东有马退山。（金《通志》）宣化县北十五里。（《方舆纪要》）山势趋而复返，如马之退，故名。在邕州北，案：原作西，今订正详见柳宗元《马退山茅亭记》。（府志旧为八景之一，题曰退山远眺。《古今图书集成》）柳柳州茅亭处也。谢公之屐齿不临，周工之车辙不至，一经品题，遂成佳景。置身亭畔，四顾辽廊，若凭虚御风，有其喜洋洋者矣。

——（民国）《邕宁县志》卷一，地理二，第108页。

青秀山，《清统志》县东二十里，一名泰青峰，《名胜志》与望仙坡相拱揖者，青秀山也，距城东南十里尝从《统志》作二十里，雄奇秀拔，为邕江之砥障。岩洞相因，出泉甘洌。金《通志》古有三寺，峰顶曰白云，石佛、石炉犹存，上有仙人插剑石；山腹曰万寿；临江曰独孤，旁有撷青岩，镌曰“阳明先生过化之地”。（《图书集成》、府志合载）路旁有龟石，相传晋罗秀丹成尸解后，人见秀立石上，有履迹。明嘉靖中，佥事邬阅，刊其石曰“驻仙”。御史董传策谪邑，兵备徐浦、郡守方瑜为作洞虚、董泉二亭及白云精舍，相与登览，今圮。万历间，邑人萧云举建塔其上，曰龙象。又建青山寺，云圃山房，息机、凉云二亭。……明末俱废，惟寺与塔存。今名青山为八景之一，题曰青岫（案：府志作青秀，今从《图书集成》）松涛。山有岩有洞，有石有泉，志载之详矣。而松涛未及焉。松为寺僧归元手植，不翅数千株。清风徐来，宛如琴瑟，或送江帆远浦，或供幽人枕簟，游览其间，心旷神怡，萧然令人起尘外之想。

——（民国）《邕宁县志》卷一，地理二，第108－109页。

望仙坡，（《明史·地理志》）宣化县东，有望仙坡。（金《通志》）在宣化县北一里，与青、罗二山相对。《方舆胜览》在城北原作东，误，与罗秀山相对，故名望仙坡。宋皇祐间，狄青、孙沔、余靖南征，驻师于此。后郡守陶弼因建三公祠其上。（府志）后怀忠祠圮，因移祀苏缄于内，又益以王守仁、蟒吉图，为六公祠。明崇祯初，同知刘光宇又建玉皇阁、魁星楼，为八景之一，题曰仙坡怀古。（《古今图书集成》）坡去城里许，邕之主山也，昔人建六公祠其上。每岁清明踏青，重九登高，邕之少长暨四方过客，载酒谯集，凭高眺远，想昆仑北锁，铜柱南标，不胜吊古兴怀之感。

——（民国）《邕宁县志》卷一，地理二，第113－114页。

罗秀山，（《大清一统志》）县北二十里，其山高峻，俯瞰城北湖，案：北湖俗名铜鼓陂，上有罗潭，亦曰罗山。（《方舆纪要》）在州西，昔晋罗秀隐于此，后仙去。（《古今图书集成》）与青秀山相峙，高拥南城，俯瞰北湖，上有北寺龙潭，遇旱祈祷辄应。飞瀑从山巅来，寺之前有涧，石畔有泉有亭，有飞来钟，石上有罗大仙足迹。旭日朝霞，闪灼于苍松古柏间，今梵刹虽存，而松木则无矣。（府志）为八景之一，题曰罗峰晓霞。（《古今图书集成》）峰列仙坡之西，与青山拱揖，旭日凝烟，霞光散彩，亦邕州胜概也。

——（民国）《邕宁县志》卷一，地理二，第114－115页。

五象岭，（《方舆纪要》）高百千丈。（府志）武号山，在城南十里，山势雄峻，拱向城郭，为邕之砥障。五峰相倚，如五象饮江，一名五象岭，为八景之一，题曰象岭烟岚。（《古今图书集成》）岭为郡之南屏，伏如象形者五，遂以名焉。向晚而岚开，薄暮而烟起，山之隐见，莫不因其变幻，登南楼而览胜，觉神爽之欲飞。（《史略》）清康熙十八年，将军莽伊图大败吴三桂将世琮于此。

——（民国）《邕宁县志》卷一，地理二，第123页。

五花洲，（府志）在城东北湖中，宋聂安抚筑亭于江。案：亭近大江，当非城北铜鼓陂之北湖矣。额曰南州壮观。又有繁阴亭、梅亭、爱莲亭、熙春台诸胜，安抚使颜敏德于湖上作亭，曰绣衣，厅曰机宜，今废。旧为八景之一，题曰花洲夜月。案：府志即以颜敏德所作湖亭为县北十里北湖村井，今并为一处。（《古今图书集成》）五花洲在城北，湖内水中可居地。又洲在城东二里，一带皆水泽陂田。郡绅李天伦建别业其上，翠竹苍梧，郁葱环绕，亭曰繁阴，航曰盟鸥，与萧文端公悬圃日涉园相望。每至月夕，千溪辉映，四顾茫然。（《舆地纪胜》）梯云阁，在府治子城东北隅，逾街而过五花洲。案：五花洲，在城东北之湖中可居地甚明。子城，东门月城也；踰街，东门新街也，足证洲在城东，而不在心圩乡之北湖矣。《图书集成》及《舆地纪胜》之说为确。（采访）城东高庙坡，为萧文端公悬圃旧址，居民称曰花园地，李氏别业近焉。今东门外南湖左右一带陂池，皆五花洲故迹也。明季兵燹后，废为民业矣。案：城内人和坊濠池，旧称洲汛，至今犹然，则花洲一地，说人人殊，究以何者为是，尚待确查。

——（民国）《邕宁县志》卷一，地理三，第141－142页。

风景，为揽胜唯一之需要，都会所在地，尤不可少。我县前有八景，如所称罗峰晓霞、青秀松涛、马退远眺、象岭烟岚、邕江春泛、望仙怀古、花洲夜月、宏仁晚钟。兹数者今皆无有。

——（民国）《邕宁县志》卷四十一，社会二，第1672页。

武鸣区

起凤山，县东十五里江边，突起两峰，轩举如双凤腾空。山下有元武岩，由岩西历阶而上，有石龛，自成古佛形，天然奇特，古刻“石上莲花”四字。其东峰有读书岩，明季晋江人黄锡衮弃官读书于此，石壁上刻“朝阳鸣凤”四字，笔势遒劲。峰之北有太极洞，洞内有刻“凤”字，大可丈余。其西峰有岩，郡守李彦章游憩至此，题为合云岩。峰顶有飞来寺，其临江巨石为钓台，乃黄锡衮钓游处，与邑举人黄爗唱和诗句刻其上。山腰有翼亭，道光廿四年知县余思诏捐廉建。洵一邑胜景也。旧志八景之一。

——（道光）《武缘县志》卷一，舆地志，第69页。

伊岭山，山岩深邃，夏月游憩其中，火云不燃，清气自来。宋加〈嘉〉定间周师庆结庵修炼于此，坐化岩中，后人名为望仙岩。古刻碑铭甚多。邕州安抚王侃有诗刻石，至今增修庙宇，甚为壮丽，名曰仙山寺。旧志八景之一。

——（道光）《武缘县志》卷一，舆地志，山川，第71页。

黄道山，数山环合，其东北高峰有岩，内奥而外夹。每山雨欲来，风振林木，寥廓幽杳，无以穷其状。昔有道人修炼，羽化于此，后人立观祀之，灶基遗迹犹存。明署府张贯尝率僚属登此游咏，因于洞口刻“振衣岩”三大字。又有“宜仙洞”三大字，系叶抡书。旧志八景之一。

——（道光）《武缘县志》卷一，舆地志，山川，第 77 页。

狮子岩，山势蹲踞如狮子，岩洞玲珑幽敞。东南绝壁有古刻“烟霞深处”四字，又有“清虚洞”三字。西南有“别一洞天”四字，稍内有“阳明先生过化之地”八字，皆苍老，为明人书。又洞侧有小石岩，刻“藏真石室”四字，乃莲花峰山人笔。题咏颇富，皆在悬崖，莫能探记。旧志八景之一。

——（道光）《武缘县志》卷一，舆地志，山川，第 78 页。

玉印山，平畴中突起小堆，石笋森列攒聚，中有方平如印者，上附小石龟如纽然。石壁上有古刻“砥柱”二大字，笔力甚遒。又“玉印堆”三字，乃太守吴鼎所题。下有泉，乡贤李璧刻“达泉”二字。旧志八景之一。

——（道光）《武缘县志》卷一，舆地志，山川，第 78－79 页。

大鸣山，与上林县抵界，又名镆铘山。《一统志》云昔有人得古剑于此，故名。高数百丈，延袤三百余里，上有风穴，下有神祠，古木连云，层峦障日，为武邑诸山之冠。旧志八景之一。

——（道光）《武缘县志》卷一，舆地志，山川，第 80－81 页。

灵犀水，县南二里，两岸石缝泻出清泉，澄澈如镜。夏月江涨，诸潦皆浊，此水常清，日光薄射，五色晶莹，颠倒莫状。东岸石壁上古刻“龙津吐碧”四字，岁久漫灭。其下有水亭，久圮，石柱、石板犹存。《一统志》云昔有灵犀出水岸，光彩四射，故名。旧志为八景之一。

——（道光）《武缘县志》卷一，舆地志，山川，第 84 页。

龙窟潭，即罗波潭。水一泓静，深不可测。中多奇石峭立，窍穴幽邃，烟霞时蒸。上有古石城，相传土官岑瑛所建。道光初郡守李彦章曾游至此，刻“小三山”三字并七言律诗于其上。旧志八景之一。

——（道光）《武缘县志》卷一，舆地志，山川，第 85 页。

西江石鼓，《郑志》八景之一，相传西门外江中有石如鼓，击之，致风雨。

今不知所在。《耿志》。

南济虹桥，《郑志》八景之一，即渡头河桥，久圮，乾隆间知县耿昭需捐俸造舟，岁募渡夫二名以济往来。

六字仙岩，《郑志》八景之一，在县南三十里，石岩深敞，上有古刻“朝天岩仙女洞”六字，莫识所在，盖石上字湮灭已久也。《耿志》。

——（道光）《武缘县志》卷二，古迹，第135页。

编者按：（民国）《武缘县志》所载的有关八景的记录，与（道光）《武缘县志》相同。在此不再赘录。

武缘之山以大明山为冠。大明山，一名镆铘，在县东北七十五里。（《读史方舆纪要》）县东八十里。谨案。《明统志》误作五十里。……旧志八景之一。

——（光绪）黄君钜初纂，（民国）黄诚沅续纂：《武缘县图经》卷二，山川，第43页。

伊岭山，（《古今图书集成》）在县南卅里乐昌一图，上有岩，极深邃。宋嘉祐间，周师庆结庵修炼，坐化岩中，有古刻诗像铭赞，后人因名其岩曰望仙岩。（又）望仙岩即伊岭山，内有岩。（《耿志》）夏日游憩其中，火云不烁，清气自来。旧志八景之一。

——（光绪）《武缘县图经》卷二，山川，第46页。

狮子岩，（志草）县北六十里许。（《大清一统志》）在府南十里，接武缘县界。（《古今图书集成》）在县北四十里止戈一图。山势蹲踞，俨如狮子，峰峦耸秀，中有岩洞，玲珑幽邃。岩内石笋凝结，或如虬龙砥柱，或如石屏石莺，或似冰兰倒垂，或似玉峰直竖。东面绝壁刻有“烟霞深处”四大字，笔势遒甚，不知何代所作。南面悬崖之上有“清虚洞”三大字。西面峭壁有“别一洞天”四大字，稍内有“阳明先生过化之地”八大字，皆苍老，姓字虽不可辨，要皆明季时作也。又洞右侧有小石岩，深数武狭隘，仅容一人趺坐。岩外题有“藏真石室”四字，乃莲花峰山人笔也。至古今题咏颇富，然皆在悬崖峭壁间，莫可探记。（志草）莲花峰山人，太守陈志敬别号也。（世志）旧志八景之一。

——（光绪）《武缘县图经》卷二，山川，第50页。

黄道山，（《古今图书集成》）在县北二十里止戈一图，有岩，黄道人修炼于此，乡人立像祀之。（《大清一统志》）县北三十里有岩。（《耿志》）数山环合，其东北高峰有岩，内奥外爽，每山雨欲来，风振林木，寥廓幽杳，无以穷其状。昔有道人修炼，羽化于此。后人立观祀之。丹灶遗迹犹存。明署府张贯尝率僚属登此游咏，因于洞口刻“振衣岩”三大字，又有”宜仙洞”三大字，系叶抡书。旧志八景之一。

——（光绪）《武缘县图经》卷二，山川，第51页。

玉印山，（志草）县东北五十里。（《古今图书集成》）在府城东四十里覃李村，去公馆百余步，平地突起，石山森列攒聚，有方平如印者，上附小石龟如纽然谨案：此三字据金《通志》补。其削壁屹立，则有古刻“砥柱”二大字，颇苍劲，然不知何代所作，其“玉印”二字乃知府吴鼎铉所题。土人因以名山，“达泉”在其下。（《耿志》）“达泉”二字乃乡贤李璧手笔。旧志八景之一。

——（光绪）《武缘县图经》卷二，山川，第52页。

仙女洞，（《明统志》）县南四十里高数丈。（《大清一统志》）县西南三十里，石岩深广，三面皆石壁，亦名朝天岩。（古今书刻）题诗岩题字有“朝天门仙女洞”六字，在武缘县。（《耿志》）在县南三十里，石岩深敞，上有古刻“朝天岩谨案：《明统志》作朝天门仙女洞”六字，今莫识所在，盖漂灭已久也。旧志八景之一。（《古今图书集成》）仙女洞即题诗岩，在县西三十里谨案：又作四十里乐昌四图，石岩深敞，三面石壁，上有古题诗及“朝天岩仙女洞”六大字，墨迹犹存，至仙女之事则不可考。

——（光绪）《武缘县图经》卷二，山川，第55页。

罗波潭，（《古今图书集成》）罗波龙窟即罗波潭，在县东四十里，深不可测。土官岑瑛砌石城，立庙其上。（《大清一统志》）其深不测，相传中有龙窟，合南流江。（世志）罗波江，一名飞凤江，源出大鸣山麓，县龙分水，经韦渌、板度、那界等村与罗波水合，又与琴筑泉、韦杨村水虎潜泉合，至凭坝与桥抱水合，至卢落村前入东江。（又）一泓澄静，深不可测，中多奇石，窍穴幽邃，烟霞时蒸。道光初郡守李彦章曾游至此，刻“小三山”三字于其上。旧志八景之一。

——（光绪）《武缘县图经》卷二，山川，第60页。

灵犀水，（《明统志》）灵犀水在郁江上流，又名灵湾。（《舆地纪胜》）相传潭中有二犀，每风息浪静，则出于潭岸，顶有光彩。（金《通志》）县南二里。（《渊鉴类函》）自江底石隙涌出，清澈异常。（《舆地名胜志》）平底皆石，泉源涌沸，夏月水涨流浊，独此清澈，日光薄射，五色晶莹。（《古今图书集成》）上有元帝庙，祈祷辄应。（世志）东岸石壁上古刻“龙津吐碧”四字，下有水亭，久圮。旧志八景之一。

——（光绪）《武缘县图经》卷二，山川，第63页。

西江石鼓，（《古今图书集成》）县西门外江中有石如鼓，传云：击之致风雨。（《耿志》）旧志八景之一，今不知所在。（《采访》）《明统志》作石钟，上有古刻，若符篆然。

——（光绪）《武缘县图经》卷三，古迹，第100页。

大鸣山，省志作名山，山与上林县抵界，又名镆铘山。昔有人得古剑于此，故名。高数百丈，延袤三百余里《一统志》。上有风穴，下有神祠，古木连云，层峦障日，为武鸣诸山之冠。旧志八景之一。世志。

——（民国）《武鸣县志》卷二，地理考，山，第4页。

起凤山，县东十五里江边，突起两峰，轩举如双凤腾空，山下有元武岩。由岩西历阶而上，有石龛自成古佛形，天然奇特，古刻“石上莲花”四字。其东峰有读书岩，明季晋江人黄锡衮弃官读书于此，石壁上刻“朝阳鸣凤”四字，笔势遒劲。峰之北有太极洞，洞内有刻“凤”字，大可丈余。其西峰有岩，郡守李彦章游憩至此，题为合云岩。峰顶有飞来寺，其临江巨石为钓台，乃黄锡衮钓游处，与邑举人黄爆唱和，诗句刻其上。山腰有翼亭，道光二十四年知县余思诏捐廉建，洵一邑胜景也。旧志八景之一。世志。

——（民国）《武鸣县志》卷二，地理考，山，第10页。

黄道山，数山环合，其东北高峰有岩，内奥而外爽，每山雨欲来，风振林木，寥廓幽杳，无以穷其状。昔有道人修炼，羽化于此，后人立观祀之，灶基遗迹犹存。明署府张贯尝率僚属登此游咏，因于洞口刻“振衣岩”三大字，又有“宜仙洞”三大字，系叶抡书。旧志八景之一。世志。

——（民国）《武鸣县志》卷二，地理考，山，第31页。

伊岭山，山岩深邃，夏日游憩其中，火云不烁，清气自来。宋嘉定间周师庆结庵修炼于此，坐化岩中，后人名为望仙岩。古刻碑铭甚多。邕州安抚王侃有诗刻石，至今增修庙宇，甚为壮丽，名曰仙山寺。旧志八景之一。世志。

——（民国）《武鸣县志》卷二，地理考，山，第41页。

狮子岩，山势蹲踞如狮子，岩洞玲珑幽敞。东南绝壁有古刻“烟霞深处”四字，又有“清虚洞”三字。西南有“别一洞天”四字，稍内有“阳明先生过化之地”八字，皆苍老，为明人书。又洞侧有小石岩，刻“藏真石室”四字，乃莲花峰山人笔。题咏颇富，皆在悬崖，莫能探记。旧志八景之一。世志。

——（民国）《武鸣县志》卷二，地理考，山，第61页。

龙窟潭，即罗波潭。水一泓静，深不可测。中多奇石峭立，窍穴幽邃，烟霞时蒸，上有古石城，相传土官岑瑛所建。道光初郡守李彦章曾游至此，刻“小三山”三字并七言律诗于其上。旧志八景之一。世志。

——（民国）《武鸣县志》卷三，地理考，泉，第21页。

西江石鼓，《郑志》八景之一，相传西门外江中有石如鼓，击之，致风雨。今不知所在。仝上。

南济虹桥，《郑志》八景之一，即渡头河桥，久圮，乾隆间知县耿昭需捐俸造舟，岁募渡夫二名以济往来。世志。

六字仙岩，《郑志》八景之一，在县南三十里，石岩深敞，上有古刻“朝天岩仙女洞”六字，莫识所在，盖石下字湮灭已久也。《耿志》。

——（民国）《武鸣县志》卷三，地理考，胜迹，第61页。

灵水，位于县城南面1公里处，古传湖中有灵犀一对，风平浪静之时出没于湖岸，顶放光彩，故又名“灵犀水”。旧志以“灵水澄清”列为县八景之一，号称“武邑第一景”。

——《武鸣县志》，广西人民出版社，1998年，第528页。

起凤山，屹立香山河畔。双峰拔地而起，并峙于平畴之间，俨然如凤起飞，故名。旧志称“凤山太极”，列为县八景之一。山势巍然屹立，方圆数公里之内，尽是平坦田园，别无他山。登山远眺，春芽秋实，绿浪金涛无边无际。香山河自北面蜿蜒而来，绕山潺潺西逝。古人撰文《起凤山记》赞山之胜：“奇莫与赏，美莫与传”；“双峰纵峙如凤腾霄，虚洞穿云，澄虚映碧，登乎其上则四山回合，一水湾环，暧暧远村，依依圩霭，林禽水鸟飞鸣上下，真有目不极赏者”。山上老藤攀援，古木挺拔，郁郁葱葱，亭榭掩映其中。历代文人多有题咏，留下石刻颇丰，具有较高的艺术魅力。

——《武鸣县志》，广西人民出版社，1998年，第532页。

大明山，位于县城东北面50公里，北回归线附近。是马山、武鸣、宾阳、上林四县交界之处。以“雨后明空晴翠”而得名，旧志载为“八景之一”，称“明山叠翠”。

——《武鸣县志》，广西人民出版社，1998年，第533页。

黄道山，位于城厢乡六联村，在县城北面7公里。原名任山，传说古时道人黄野宁在此修炼成仙，后人立观祭祀，山因之称“黄道山”。旧志列为八景之一，称“黄道仙岩”。

…………

罗波潭，在罗波圩南端，距县城东22公里。传说曾有龙王居住，故旧志称“罗波龙窟”，列为县八景之一。潭水清洌宁静，久旱不涸，夏凉冬温。

——《武鸣县志》，广西人民出版社，1998年，第535页。

县内旧称八景名区，历代有所变异，清代期间，志载八景为：“鸣山叠翠”（大明山）、“伊岭丹炉”（伊岭仙山望仙岩）、“灵水澄清”（灵水）、“凤山太极”（起凤山）、“罗波龙窟”（罗波潭）、“黄道仙岩”（黄道山）、“狮子古迹”（府城狮子岩）、“玉印临泉”（陆斡覃李村玉印山）。明代所称八景，无完整列名，旧志零星提及的还有“仙女洞”“白云洞”“西江石鼓”“南济虹桥”等，除“南济虹桥”为旧渡头桥外，其余今皆不知为何处。

——《武鸣县志》，广西人民出版社，1998年，第536页。

横州市

横州四景：海棠夜月、仙洞晴霞、宝华瀑布、槎浦横秋。

八景：古钵春游、龙池返照、海棠暮雨、宝华朝烟、月江澄练、山寺晓钟、古辣甘泉、槎亭雪意。

明正德初，州绅任谷更定八景：钵岭春游、槎亭秋眺、海棠暮雨、宝华朝烟、月江澄练、紫水呈祥、天窟归云、乌蛮积翠。

——（乾隆）《南宁府志》卷五，舆地志，第234页。

编者按：（宣统）《南宁府志》卷五《舆地志》（南宁古籍文献丛书编纂委员会编，广西人民出版社，2008年，第166－167页）里对横州四景、八景的记录，依样抄录此条记录，因内容完全相同，在此不再重复摘录。

简阳地多辽旷，选高山大川之名胜者，殆弗及焉。然山环水绕，龙山跨于东北，左江来自西南，实为一州带砺。其森列于近者，则如旧志稿所传：古钵峙其北，宝华拱其南，东有月林耸秀，西有笔架献奇，郁江横带于前，龙池澄彻于后。山川清淑，甲于他治，是亦足称也。地灵人杰，其实地因人传耳。兰亭、辋川、浯溪、钴鉧，今犹培塿枉渚也。览文希景，不啼蓬阆。假有逸少，摩诘、次山、子厚者，过而问之，则天窟、月江，远与会稽、永柳争胜矣！又况海棠桥头，乌蛮滩上，何尝不至今动人景羡者！

八景：钵岭春游、槎亭秋眺、海棠暮雨、宝华朝烟、月江澄练、天窟归云、紫水呈祥、乌蛮积翠。

——（乾隆）《横州志》卷一，形胜，第6－7页。

古钵山，在城西北七里，即古钵岭。山顶圆突，形如覆钵，为州之巨镇。上有慈感庙，旁有荫龙泉，腰有半山亭。宋州守徐安国有诗。

——（乾隆）《横州志》卷三，统辖志，山川，第3页。

宝华山，在城南二十里，又名南山。树木葱郁，俨如翠屏。山巅时现宝气，因名。山背岭曰雷公岭，岭上泉曰瀑布泉，上有朝烟阁。山半为应天寺，旧有神僧骑虎鹿于上。明建文帝云游寓此十五年，人莫之识，题寺门额曰“万山第一”。

——（乾隆）《横州志》卷三，统辖志，山川，第6页。

天窟山，在城东三十里，一名月林山，又曰鱼梁山。山临郁江，有二岩，多怪石、钟乳，顶有窟，通日光。其旁翼如廊，高覆如盖，石笋突起，嶙峋万状。洞口有潭，秋暮冬初，出嘉鱼，村民为梁取之。陈奎记。

——（乾隆）《横州志》卷三，统辖志，山川，第6－7页。

乌蛮山，在州东六十里，名乌岩山。汉郁林守谷永招乌浒蛮居之，即此地。山麓为乌蛮滩，滩有伏波庙。

——（乾隆）《横州志》卷三，统辖志，山川，第8页。

郁江，在城西学宫前，形环如月，又名月江。自动用塘至横石矶，皆为郁江，即左江也。上通永淳，下达贵县，源出广源山。《山海经》曰“郁水出象郡”，即今交趾地广源州属，而东南注海是也。

——（乾隆）《横州志》卷三，统辖志，山川，第14页。

海棠桥，在城西一里，跨香稻溪之上，旧南北多植海棠。宋淳佑六年州守李植捐修、刘受祖记。明嘉靖十五年重修。清康熙十年知州曹廷瑜率州人复建，易木以石。乾隆七年知州姚孔政、学正陆生楷、训导王家彦复倡修。

——（乾隆）《横州志》卷三，统辖志，关津，第50页。

紫水呈祥　任信

文昌祠下灵泉涌，滮滮流来石窟中。或讶金泥千顷赤，还疑绛雪一川红。神鱼跃起龙门浪，丹桂花浮鹗海风。欲问秋来消息好，槎江先报驾长虹。

乌岩积翠　陆嘉鲤

遥指烟蛮翠色重，微茫一径湿云封。妆描不假丹青手，秀丽都归造化工。

钵岭春游　陆嘉鲤

层山画栋峙城西，闲逐东风散马蹄。古庙有灵春寂寂，断碑无字草萋萋。寰中景物舒清旷，眼底江山入品题。况际万方熙皞日，不妨沉醉夕阳低。

宝华朝烟　陆嘉鲤

南山一望瑞烟凝，香霭连云接杳冥。暝色障空迷鸟道，岚光飞翠锁禅扃。无边细雨迷孤棹，几处垂杨带短亭。多谢春风吹欲尽，放开天地一青屏。

天窟归云　陆嘉鲤

天窟凭谁通一窍，白云飞去又飞还。空濛片影涵虚谷，缥缈清阴锁翠鬟。抱石有时潜洞壑，从龙直欲上天关。相看莫道无心物，向夕犹知返故山。

天窟归云　黄文黼

窟奇乾坤孰点穿，轻绵片片白云旋。散飞清丽入奇境，层锁虚灵一洞天。出岫无心恒自若，腾空有势独油然。几回适兴寻佳趣，不尽风光驻足边。

槎亭秋眺　黄文黼

岭冈冈上古檐楹，凉爽登临眼界清。迎眺小窗梧叶舞，纵观清院菊花明。临风落帽堪谁笑，排阵鸣鸿动客情。杯酌醉人狂认错，恍然仙子在瑶城。

——（乾隆）《横州志》卷十二，艺文志，诗词，第5－6页。

钵岭春游　陆舜臣

春风一壶酒，携我上高山。五岭岚烟外，孤城楚越间。亭幽禽语寂，碑合藓痕斑。兴极莺花晚，扶藜昧月还。

宝华朝烟　莫子麟

翠屏倾北立，素羃挂空齐。长风吹不断，晚日射犹隮。露湛芳郊润，花滋望眼迷。云封知雨意，瞰俯蜿虹低。

——（乾隆）《横州志》卷十二，艺文志，诗词，第7－8页。

宝华朝烟　甘若馨

宝华叠叠献奇峰，瑞色朦胧紫盖中。月断树梢天未晓，烟浮阁顶岸犹封。老僧驾雾骑神鹿，古寺留云隐卧龙。忙去山门迷觉路，迟迟且待日边红。

乌蛮积翠　甘义

八景乌岩已盛传，繇来积翠果天然。古江万壑归南海，华表层峦映楚天。锦羽凤翔青雾拥，绿裳龙跃碧台牵。日南铜柱光千古，疑是青旗第一巅。

槎亭秋眺　甘义

古迹相传有敌台，谁知此地即蓬莱。亭阴故逐溪流转，秋色先催桂蕊开。石磴嶙峋云过净，江流潋滟月飞来。董仙景物今何在，石竹遗诗莫浪猜。

槎亭秋眺　刘子诚

仙迹荒凉久，寻仙上敌台。敌台何所益，钟鼓动人怀。过客驹前去，浮槎江上来。白衣一杯酒，千载共徘徊。

海棠暮雨　刘子诚

西竺斜阳坠晚空，溪桥烟雨送溟濛。添余江涨浪千顷，浥透庭花香满丛。重碧谩拈今夕酒，繁红争坠昨宵风。明朝试起看青嶂，华钵依然苍翠中。

海棠暮雨　李希说

黄昏西出过舆梁，海国神仙夹岸芳。此际潇潇应不寐，祝家诗句酒中藏。

——（乾隆）《横州志》卷十二，艺文志，诗词，第25－26页。

钵岭春游　陈奎

携壶载酒钵山游，蹑屐寻芳遍岭头。暖人烟花莺语懒，寒轻谷沼柳丝柔。凝妆拾翠谁家女，结绮临春附郭楼。日近长安应不远，东风得意几时休。

槎亭秋眺　陈奎

槎浦仙人去不回，槎亭谁结傍崔嵬。南来花雨沾香草，北望霜林见落梅。几曲渔歌横野渡，数行雁字写山隈。登高四眺狂无那，秋思填胸只自猜。

海棠秋雨　陈奎

沉沉四野暮云生，春涧新流答雨声。叶底仙姿初出浴，风前国色欲娇鸣。神姬晚黛承新泽，妃子晨妆带宿醒。晓望西郊花似锦，方知春色满槎城。

宝华朝烟　陈奎

晓起求衣叹索居，南山隐隐坐清虚。晴曛远拂迷樵径，紫气晨飘罩野庐。树老挂残岩月晓，岚光深锁柳眉舒。何时卜筑名山胜，花落鸟啼看著书。

月江澄练　陈奎

水正东流月未西，月江如练入新题。千条素锦铺银汉，万缕冰纹浸玉溪。远宿征鸿疑荻岸，南飞孤鹜误沙棲。茫茫天海空无际，数点渔灯泊柳堤。

天窟归云　陈奎

石室巍峨插壁空，五丁巧凿更玲珑。穹窿石古堆云白，叆叇岩归带日红。玉女峰头时五色，神姬台上书常封。须知际会应非远，风起龙飞霖雨濛。

紫水呈祥　陈奎

沧海曾传几变迁，槎江文运应流泉。涌来千尺长虹卧，滟映一天赤日圆。八桂堂开先献瑞，三春浪暖兆登仙。盈盈如带辉黉阙，不是龙津亦黯然。

乌蛮积翠　陈奎

乌岩形胜久称殊，积翠分明列画图。倒挂枝头啼杜宇，长流水面戏鸥雏。悬崖叠叠开青嶂，危石层层长绿蒲。大地桃源三百界，更于何处访蓬壶。

——（乾隆）《横州志》卷十二，艺文志，诗词，第 31－33 页。

永淳县四景：榜山叠翠、龙泉细流、秋江孤棹、林岫清风。

八景：西岭登高、榜山观泉、仙岩胜洞、雷庙奇峰、陆离飞寺、古辣甘泉、龙潭神雨、鹤顶秋烟。

——（乾隆八年版）《南宁府志》卷五，舆地志，第 242 页。

编者按：（宣统）《南宁府志》卷五，舆地志（南宁古籍文献丛书编纂委员会编，广西人民出版社，2008 年，第 173－174 页）依样抄录此条记录，因内容完全相同，在此不再重复摘录。

永淳八景图总说　凌森美

俗吏面目胸中有贮万斛愁，纵有佳山水，安所乐之。淳旧志无存，邑胜景颇多淹没，今得于目之亲见，与父老传说者，约其景有八。南川张君客余署，往来海内，标次洒然，喜为余图之。余愧，无柳州西舟□□，详对此图，殊不免山□□人也，然借此□解愁。

西岭登高图说　八景图之一　凌森美

登高岭，县城之来脉也。城三面水绕，龙脉自西路蹲伏，其来一线，势甚微弱。昔年庠生苏爱慈将登高岭腰大田一坵不耕不凿，捐入公地，以培风水。嗣有盗耕者占为水田。余特与绅士老人亲勘验之，惩治清出。每春秋凭眺其上，四顾群山如拱，露塔独秀，江舟城郭，墟落人家，错出于山水间。土人于九月九日辄泛菊插萸，放风筝于其上，盖龙脉之所系，亦登临之巨观也。

榜山观涨图说　八景图之二　凌森美

挂榜山，县城之后背也。坐南面北，俯瞰大江。石壁千寻，形如挂榜。江水自滇南交趾来者，雪浪银□，万壑千流，皆奔湍于玉笋瑶篸之下。平台可坐百人，旁有石如珍珠者，又石如游鱼者，纵横江心，水触之而成声，噌宏澎湃，咸助榜山题咏。旧传此地有紫水出，则邑人登第。贤士大夫至余以为，水之白者可以盟心，水之清者可以鉴物。其紫与不紫，固无所取，亦无所据，姑置勿论。

仙岩胜洞图说　八景图之三　凌森美

去县二十里，山径崎岖，松杉鳞接。旁邻大江，过滕村数百步，远望云气往来，即为聚仙岩，一名龙岩，又名众妙岩。岩有洞，洞深邃曲折，胜状最伙。游者如行，山阴道上应接不暇，如入武林桃源，迥非人间蹊径，壁多仙人题咏，字斑剥不可识。昔董侍御有诗，萧相国有记。余于丙申冬偕僚属暨儿子□往游，因为图之，然能图其岩，不能图其洞，又乌测洞中之所有哉?

雷庙奇峰图说　八景图之四　凌森美

过南门渡北二里许，庙悬半山，曰雷庙。旧传四月八日，雷起山脚，声振林木，周围旋回，于山顶突成一峰，峰径圆绕，显然雷斧神工也。土人因雷峰而立雷庙。余因祭雷庙而登雷峰，三年来祈岁于神，岁无不丰，与绅士父老瞻顾峰之左右，列岫堆螺，远帆带日，野旷天低，山高云近，因叹斯峰之灵显于淳，既以福我妇子，而又以豁人胸襟。特为图之，以表雷功之不可泯也。

陆离飞寺图说　八景图之五　凌森美

陆离山在县北八十里，云窦石门，鸟眠猿笑，塘□巉辟殊高广也。山半有飞来寺。寺飞来不知何时，询之老人，云：数百年净室三间，木石完好，不修亦不坏。夫天下理之所无而为事之所有，如□□可以戾天，墨龙可以作雾，画马可以离群。此固宇宙之神物也。况于寺合土范金告成，一方制坚好矣。一旦挟大鹏之翼奋飞于此，此岂非淳邑之神物欤。山得寺而名愈彰。余乌可以无图耶!

古辣甘泉图说　八景图之六　凌森美

天不爱其道，地不爱其宝，而醴泉出。醴泉者，甘泉也。淳有泉在古辣圩旁，味甘而腴。土人以之酿酒，既熟不煮，埋之土中，日足取出，色浅红不易败。载《通志》甚详。今酒之酿于淳者，遍地之水无不可用，其红色皆以薯莨为之，非泉水矣。或曰泉已塞也，或曰泉时而塞时而涌也。余谓天地之气有数，亦有其时，可以忽然有者，亦可以忽然无，又安知无者之不再为有乎？图之以存旧迹。

龙潭神雨图说　八景图之七　凌森美

龙潭去县六十里。樵夫牧竖时于潭中见龙形隐约。值大旱，土人备药草置潭中毒鱼则龙急降雨。余谓旱魃为虐，求救于龙，未有不祭祷而忿怠之者。岁丁酉五月不雨，同士庶步祷亲诣龙潭设位祭之，不移时大雨滂沱，民以有秋尝，考《春秋繁露》，言祷雨事甚详。斯潭也，补《繁露》所未载。行之甚易，而验之甚速，可谓神矣！或又曰潭有木，求者以诚感，辄浮如其用。今有潭木庙，亦异事也。并志之。

鹤顶秋烟图说　八景图之八　凌森美

鹤顶圩即灵竹墟，在震龙山旁。山蜿蜒磅礴，巄岧巍崒，狐狸虎豹之所窜伏，丛篁怪木所蓊翳。东接横州，西接宾州，北交贵县，而八团云表之区皆震龙之唇齿，灵竹之门户，浩浩乎巨观矣！然聚族于此者，率皆倚山负险，每秋风振响，林木萧疏，山鸣谷应，令人起边防之思焉。余尝亲至其圩，与獞老蛮童相厥地形，屡谕狼兵把守隘口，如盘龙黄谷诸峡，详“武备”中，兹不复载。

——（乾隆八年版）《南宁府志》卷五十三，艺文志，第 2027－2035 页。

上林县

上林八景

大明仙境、思邻高风、镆耶剑光、扶岚笔架、龙潭春雨、马浦奔雷、古渌浮蓝、澄江浴日。

——（万历）《宾州志》卷二，形胜，第 14 页。

上林八景

大明仙景　冯德让　知县

叠翠凝光曜九天，四时花卉自争妍。个中仙子名卢六，擅得高风万古传。

思邻隐迹

矍铄邻翁肯自痴，盘桓山涧许多时。耕云钓日痕犹在，千载令人空寐思。

扶岚笔架

天地何年铸此山，奇峰七八耸云间。形如笔架峥嵘起，多少行人著眼看。

镆耶剑光

昔年将帅百蛮收，埏剑光芒射斗牛。刚被行人收拾去，镆铘名韡几千秋。

龙潭骤雨

一泒江流势若龙，碧潭云锁雨溟濛。良田万顷皆饶渥，不用登临扣太空。

马浦奔雷

江水流东竟不回，波涛汹湧若奔雷。当年渴饮将军骑，踏破青青万里苔。

澄江落日

日出扶桑万顷明，碧天无雾晓云晴。波涵光影终朝漾，好景谁云不可情。

古渌浮蓝

今古滔滔一脉流，星移月换几经秋。拖蓝拽撮无穷趣，渔父西岩自白头。

——（万历）《宾州志》卷十三，艺文志下，第149页。

古迹　附八景诗

大明仙境

□□□□大明山，万仞□峨咫尺间。闻道仙踪时□□，□□乘与欲跻攀。

□□□雨

□迷离何□暮烟笼由来

□□晴岚

□□奔雷

□□雷轰动碧霄，淙淙□势胜江潮。山间竟日晴如雨，不独奔腾暮复朝。

古峒灵泉

仙乐□闻来自天，何人携上最高巅。扳崖曲曲寻□□，知是灵岩太古泉。

白云□□

洞里悠悠狂啸歌，□□□月半藤萝，丹砂紫汞□寻处，惟有间云片片过。

——（康熙）《上林县志》卷下，第18页。

编者按：此版上林县志上的八景诗抄录不完整，现据光绪版上林县志有所补益。另外，为了便于读者了解当时上林县辖境的山水形势，本书将上书中的上林县总图截图拼接如下。图中虽未写明八景所在的位置，但可以通过比对后世上林八景的记录进行初步分析。

白云洞，在县治北一百二十里，宋白云先生韦旻读书于此。通志。白云隐迹为邑八景之一。

——（光绪）《上林县志》卷二，地舆上，第17页。

马浦，在鼓江桥头，行人经过隐隐有声，如雷如鼓。鼓江以此得名。又：马浦奔雷为邑八景之一。

——（光绪）《上林县志》卷二，地舆上，第20页。

八景：澄江旭日、古渌浮岚、龙潭晴雨、马浦奔雷、白云隐迹、古洞灵泉、明山仙境、镆铘剑光。

——（光绪）《上林县志》卷三，地舆下，第7页。

上林八景诗　失名

澄江旭日照城轩，古渌浮岚景色鲜。马浦奔雷声震地，龙潭骤雨浪滔天。白云隐迹山呈锦，古洞灵泉水吐烟。镆铘剑光冲斗汉，明山仙境彩霞边。

上林八景诗　失名

溶溶旭日上江干，风静波平露气寒。沐浴光华谁比似，水晶盘内走丹丸。澄江旭日

淡描轻抹是耶非，一片岚光掩翠微。似有还无遥望合，可容深入挹清辉。古渌浮岚

何处雷轰动碧霄，淙淙水势胜江潮。山间竟日晴如雨，不独奔腾暮复朝。马浦奔雷

千尺幽潭曲涧中，迷离何似暮烟笼。由来顷刻甘霖注，绝异晴岚泻土虹。龙潭骤雨

洞里悠悠任啸歌，半藏风月半藤萝。丹沙紫汞无寻处，惟有闲云片片过。白云隐迹

仙乐惊闻水洞天，何人携上最高巅。扳崖曲曲寻声杳，知是灵泉太古泉。古洞灵泉

空山夜静郁岧峣，蓦见长虹透碧霄。利器不甘终泯灭，却舒宝焰烛尘嚣。镆铘剑光

相看不厌是明山，万仞嵯峨咫尺间。闻道仙踪时隐现，几回乘兴欲跻攀。明山仙境

——（光绪）《上林县志》卷十，艺文下，第18－19页。

上林八景　邑令冯德让

叠翠凝光耀九天，四时花卉自争妍。箇中仙子名卢六，留得高名万古传。大明仙境

昔年将帅百蛮收，宝剑光芒射斗牛。刚被行人收拾去，镆铘名起几千秋。镆铘剑光

日出扶桑万里明，碧天无雾晓云晴。波含光影终朝漾，好景谁云不可呈。澄江旭日

今古滔滔一派流，星移物换几千秋。拖蓝曳绿无穷趣，渔父西岩自白头。古渌浮岚

一派江流势若龙，碧潭云锁雨濛濛。民田万顷皆饶裕，不用登临祷太空。龙潭骤雨

江水东流去不回，波涛汹涌若奔雷。当年渴饮将军骑，踏破青青万里苔。马浦奔雷

天地何时铸此山，奇峰七八耸云间。形如笔架安千古，多少行人著眼看。扶岚笔架。此景今已不收，改作古洞灵泉。

矍铄邻翁肯自痴，盘桓山涧许多时。耕云钓月痕犹在，千古令人梦寐思。思邻隐迹。此景今亦不收，改作白云隐迹。

——（光绪）《上林县志》卷十，艺文下，第19－20页。

八景诗附

上林八景　明　失名

澄江旭日照城轩，古渌浮风景色鲜。马浦奔雷声震地，龙潭骤雨浪滔天。白云隐迹山呈锦，古洞灵泉水吐烟。镆铘剑光冲斗汉，明山仙境彩霞边。

上林八景诗　明　失名

溶溶旭日上江干，风静波平露气寒。沐浴光华谁比似，水晶盘内走丹丸。澄江旭日

淡描轻抹是耶非，一片岚光掩翠微。似有还无遥望合，可容深入挹清辉。古渌浮岚

何处雷轰动碧霄，淙淙水势胜江潮。山间竟日晴如雨，不独奔腾暮复朝。马浦奔雷

千尺幽潭曲涧中，迷离何似暮烟笼。由来顷刻甘霖注，绝异晴岚泻玉虹。龙潭骤雨

洞里悠悠任啸歌，半藏风月半藤萝。丹砂紫汞无寻处，惟有闲云片片过。白云隐迹

仙乐惊闻水洞天，何人携上最高巅。扳崖曲曲寻声杳，知是灵泉太古泉。古洞灵泉

空山夜静郁苕峣，蓦见长虹透碧霄。利器不甘终泯灭，却舒宝焰烛尘嚣。镆铘剑光

相看不厌是明山，万仞嵯峨咫尺间。闻道仙踪时隐现，几回乘兴欲跻攀。明山仙镜

——（民国）《上林县志》卷十五，艺文部下，第883－884页。

上林八景　明上林知县保昌冯德让

叠翠凝光耀九天，四时花草自争妍。箇中仙子名卢六，留得高名万古传。大明仙境

昔年将帅百蛮收，宝剑光芒射斗牛。刚被行人收拾云，镆铘名起几千秋。镆铘剑光

日出扶桑万里明，碧天无雾晓云晴。波含光影终朝漾，好景谁云不可呈。澄江旭日

今古滔滔一派流，星移物换几千秋。拖蓝曳绿无穷趣，渔父西岩自白头。

古渌浮岚

一派江流势若龙，碧潭云锁雨濛濛。民田万顷皆饶裕，不用登临祷太空。

龙潭骤雨

江水东流去不回，波涛汹涌若奔雷。当年渴饮将军骑，踏破青青万里苔。

马浦奔雷

天地何时铸此山，奇峰七八耸云间。形如笔架安千古，多少行人著眼看。

扶岚笔架

矍铄邻翁肯自痴，盘桓山涧许多时。耕云钓月痕犹在，千古令人梦寐思。

思邻隐迹

——（民国）《上林县志》卷十五，艺文部下，第884页。

马山县

志家，八景，不知何昉，其数不可增减，必以八为率，非晚钟夕照，即秋月春云，千手雷同，见之欲呕，今竟削之，其各景附于山川名胜中，存其实而去其名，亦避俗之一道也。

——（清）《白山司志校注》卷首，凡例，第6页。

南屏山，在司治南，拔地千仞，翠色参天，横亘司前，屹然屏障。每当日暮，山色尤佳，故有“南屏晚翠”之目。司官王一璋磨崖为“奕禩维屏”四字，与伴云相接，而其体中虚，署内凡有声响，山辄遥为应答，故时又呼为应山。山后有洞，名朝阳，树木阴森，人迹罕至。

——（清）《白山司志校注》卷四，山川，第58页。

莲笔峰，距南屏里许，四面小峰攒簇，若芰荷纷披。中一峰卓立如锥，绝类菡萏。宋诗“菡萏包红笔一枝”，山之名盖取诸此。山腹一洞，小而夹，有清流环绕洞前，悬岩而下，流入莲湖。王维翰于崖上镌“莲湖清风”四字，子之纯亦泐“配天”二字于上。

————（清）《白山司志校注》卷四，山川，第59页。

新结桥，在司署前，康熙三十一年巡检王一璋建《通志》。桥长十八丈，当清秋澄沏时，过此者辄为延伫，故旧以“长桥秋水”为八景之一。云山寺见寺观即在其西岸。

——（清）《白山司志校注》卷五，津梁，第71页。

云山寺，在司治北门外，两山环抱，万绿扶疏。有古榕一株，夭矫奇离，垂荫五亩，禅室适在其下，赤日不知，轩窗如涤，粥鱼梵诵，向绝人寰，即司治之八景之“榕荫禅室”也。寺内奉旗纛，祀军牙六纛之神，每岁霜降日，司官率土勇土民屠牛祭之。

——（清）《白山司志校注》卷八，祠庙，第117页。

隆安县

四景：阳明洞天、逍遥瑞雾、金榜樵歌、龙潭暮烟。

近郭八景：环城绣亩、烟雨花村、清江翠竹、西峤寒松、三台孤秀、茂社栖禽、夜光宝炬、碧岭晴峰。

——（乾隆八年）《南宁府志》卷四，舆地志，第208－209页。

四景：阳明洞天、逍遥瑞雾、金榜樵歌、龙潭暮烟。

近郭八景：环城绣亩、烟雨花村、清江翠竹、西峤寒松、三台孤秀、茂社栖禽、夜光宝炬、碧岭晴峰。

——（宣统）《南宁府志》卷四，舆地志，第145页。

阳明洞，在县北五十里濒江对河，即果德县治崖上，中开一洞，可容数百人入游，兰香袭衣。明嘉靖中王守仁征抚思田，泊舟于此，上刻“阳明洞天”四字并征田功绩文。清康熙中，左江使者王毓贤续题曰“神武不毂”。邑令盛国俊题曰“干羽流徽”。洞内复镌有“钱君泽仰观”并“古迹堪钦”四字。

——（民国）《隆安县志》卷三，地理考，名胜，第190页。

宾阳县

本州八景：宝水春涛、镜湖秋月、石壁朝霞、鞍山夕照……

——（万历）《宾州志》卷二，第14页。

宾阳八景

宝水春涛　梁鱼　知州

宝水环流几千丈，一渡春来一清漾。鸥依渔父睡晴沙，鱼嚼落花吹细浪。

白翻冻雪春水奔，绿浸垂杨夜溍涨。何当借我洗干戈，黎庶都归衽席上。

鉴湖秋月

姮娥夜出金盘浴，宇宙茫茫如秉烛。烟静波涵万顷春，风生浪涌千层玉。徘徊云影寂无声，上下天光清可掬。何须寥廓上清游，枉制霓裳羽衣曲。

鞍山夕照

仙鞍化山成古迹，常有斜阳锁山脊。火鉴斜衔三五竿，琉璃倒挂三千尺。孤鹜齐飞锦翅明，归鸦乱闪金翎赤。山上斜阳今古同，山下游人几更易。

石壁朝霞

扶桑日出才三丈，石壁朝霞生万状。阿房宫里金屏风，金谷园中锦步障。鹤楼江树缀霜枣，泉泻丹崖挂银杖。千古悠悠一梦间，吟眺何须兴感怆。

鹤观灵泉

寅阳鹤观留仙踪，观统函泉三百曲。界破青山银一条，眺下苍崖珠万斛。一霄雾雨春流奔，万顷田畴夜添绿。涓涓千古灵且清，时有人来牵饮犊。

马潭烟雨

深潭怪物忽不乐，大嘘怒气烟雨恶。断清弥漫鸥鹭愁，乱波点眺蛟龙跃。隔江渔父但闻声，蓬底商人眠不着，我来劝课愧无功，借向平畴助东作。

葛岩消暑

葛仙去后留丹室，人来一乐百忧失。火枣交梨□复存，丹崖翠壁如前日。一泓流水静无尘，半榻松风清彻骨。不徒消暑夸尽懽，更与群黎洗蒸郁。

仙景迎晴

郡城北头古仙迹，阳乌早驾羲和辄。光笼其树烟正收，霞映碧桃雨初歇。盘陀石暖瑶草香，般若台高花影叠。家家男女喜春晴，无限园林飞蛱蝶。

——（万历）《宾州志》卷十三，第144－145页。

春涛坡，俗名洗马坡，州南门外宝水之滨。明梁刺史鱼八景诗有“宾阳宝水涌春涛”之句。今有小墩高三四尺，虽盛涨不没。

——（光绪）《宾州志》卷八，山川，第12页。

宝水，州南三十里，源出上青里，北流经州东入思览江《一统志》。在岭方《纪纂渊海》。在岭方县西南十五里，中有坡堰可以溉田《方舆胜览》。在州西南三十里，自宾水泒合东流出李依江，合于柳《名胜志》。即宾水支流也，亦东会于李依江《方舆纪要》。流经州南门太平桥，东流汇李依鹰埠江，中有墩，春水涨时，随波上下，所谓“宝水春涛”即此，又名洪宾水《吴志稿》。

——（光绪）《宾州志》卷八，山川，第15页。

旧列八景

宝水春涛。城南宝水江环绕如带，每当春光水涨，浪泛桃花，两岸垂杨掩映成趣。

镜湖秋月。明镜湖在城东三里许，新宾镇合岭、良范两村间。数十年前，水清可鉴，满植荷花，风景佳丽，秋夜月明，一碧方顷，以视西湖中三潭印月，殊不多让。咸同而后，湖渐干涸，今则垦辟为田，只见平畴百亩，香稻如云，无复镜湖真面目矣。

鞍山夕照。马鞍山在城西二十里大仙乡白岩村后。双峰并峙，遥望如鞍。每当夕阳西坠，云树苍茫，残照西风，平添诗思，倘能再加人工点缀，可以雷峰比美也。

石壁朝霭。石壁山在城东三十里廖平乡石壁村外。群山耸翠，列如屏障，晨曦初照，古色斑斓，一抹秋烟，天开圆轴，挥毫染翰，点缀名山，正有待于骚人墨客也。

迎晴淑女。仙女山在城西三十里仙佑乡洛阳村背。一峰突起，高矗云霄，水色山光，迎人欲笑。相传昔有仙女现影山腰，意者山川灵气幻为人形，以留其千载之名欤，奇矣！

消暑葛翁。葛翁岩在城西十五里大仙乡白岩村后。岩洞幽邃，怪石嵯峨，岩中有石泉，满而不溢，取而饮之，凉澈心脾。知州葛翁尝构亭岩上，为公余游息之所，因以得名。俗传姚清溪曾于此岩烧丹炼汞，为不死之药，后得道，葬其剑而白日飞升。虽语涉怪诞，而故老相传，竟似凿凿。前广西中区巡防司令吕春琯先生游岩题联云："与诸君同游竟日，共话武安，家世太傅流风，因知泗水宗支，兹分一派，问仙人去自何年，空留丹灶，常温白云无恙，合社香山俎豆，独有千秋。"知事詹鸿逵题联云："此处擅邱壑之奇，环万顷膏腴，千家烟火，仰观层峦耸翠，俯瞰飞阁流丹，不觉手浮太白，我来值青黄之际，喜天成祠宇，地辟町畦，闲话仆射当年，细寻真人遗迹，恍如躬历东岩。"

鹤观灵泉。白鹤观在城南三十里武中乡沙井村旁。层峦叠嶂，洞口烟迷，百尺飞泉，澄碧如练，诚巨观也。山巅牛石埋没，荒烟崖下，马蹄斑然可考。昔人建庙于此，为藏修所。某缙绅先生题曰：洞天福地宜矣。癸未秋九月，朱昌奎重游白鹤观，题壁云："久坐忽悟禅，扶筇访兰若。行行近鹤观，径曲亦如昨。拾级上山腰，豁然开小阁，老僧早圆寂，丹灶犹余药，返观西斋桂，繁英正灼灼。"

马潭烟雨。马潭在城东二十里之马潭圩旁。一泓绿水，数点沙鸥，丰草长林，轻烟一抹，春秋佳节，徜徉其间，几疑身在回图中矣。昔人每于暮春三月，集梨园子弟于潭畔，共乐春台。解元谢宝树题联云：马足捷而凌云，方将曲咏霓裳。和众仙于大罗天上，潭水清兮浴日，谁是名留凤岭，补新诗于八景图中。

——（民国）《宾阳县志》第八编，杂记，名胜，第737－738页。

宾州八景七言律

宝水春涛

宾阳宝水绕城东，雨后□□□□□。□□□□沿岸绿，桃花浪起满江红。韩□□□□□□，□□汪洋□眼空。合取波澜翻笔阵，□□□□□□□。

镜湖秋月

□亩方塘忆旧游，荷香□□丰□□。月色宜人总是秋，玉□□□□□□。□□□□□悠悠，迄今策杖东举步。□□□□□□□，□□□□□□□。

鞍山夕照

天马行空驾驭难，凭谁解□□□□。□□□□□惟宵，半壁凌虚色可餐。记□□□□烧丹，归来渐觉襟怀畅。□□□□□□□，□□□□□□□。

石壁朝□

五岳游归不看山，都缘□□□□□。□□□□□□杰，却在千坡散漫间。□□□□□□应，知□□□班遥瞻。独秀休嫌小□□，□□□□气运关。

迎晴仙□

□女峰奇莫与京，巍然□□□虹桥。远锁螺□□□玩，月镜高悬黛色□。不□□□□□□，若教风伯□尘清。相传岩石曾留影，□□□□□□□。

消暑葛翁

葛翁岩上透重霄，夏日登临□□□。□□□□□井汲，凉生不待洞风摇。好将棋局邀红友，合设□□□绿蕉。得得归来鞭影远，茶香催□□骑□。

鹤观灵泉

清修鹤观翠微巅，占断武陵一□□。□灵□流夜月排，空远岫锁朝烟凝。眸瀑布添□□□，□□□松涛□弦。借问青牛倚处卧，牧童遥指白云□。

马潭烟□

潭名以马不知因，第见潭空月一轮。无那风光兼雨意，却将烟景绘阳春。轻笼岸柳青如缕，细泛池萍白似银。借鉴认清真面目，方征明镜本无尘。

宾州八景由来尚矣，允宜綵笔留题，永为山川增色。胡来竟未之前闻抑有之，而湮没弗彰，无▨才。主讲宾阳书院陆孝廉吉甫先渠撰有七言律八首，一时脍炙人口。岁在甲申，先生▨志理□编入艺文类中，而先生不肯自□，同▨，恐其终归湮没，爰会谋勒石，必俟后之君子，重修州志者，采以登入云。

晚生吴梦甲谨跋。

门生谭松云敬书。

光绪〼岁次甲午仲春。

——《中国西南地区历代石刻汇编》第八册，天津古籍出版社，1998 年，第 60 页。

桂林

桂林市

吕思诚　桂林八景

尧西冬雪

尧山纪有岭南天，雪压林亏飘素烟。高倚暮云升掩翠，平□□□王开田。驿梅逢腊岩前发，羽檄冲寒檄外传。白日楼头闲柱笏，两阶舞罢对琼筵。

舜洞秋风

西风飒飒桂林秋，万叠云山舜洞幽。号号沿庐秋色冷，凉飔吹树桂香浮。轻摇斑竹江头□，远送苍梧天外愁。一旦薰风随律变，霭草山色满南州。

西峰晚照

西峰西向桂林西，数点晴云落照□。绝欢倚空排宝戟，斜晖转树绕离谅。锦纹零乱霞前映，翠影参差雨后迷。还似岘山诗酒客，醉来听唱白铜鞮。

东渡春澜

东门东渡柳青青，雨后晴澜春水生。月影流来波影碧，浪花飞起雪花轻。涟漪忽动鱼翻藻，浩荡初开尧嗹萍。终日静观还有得，层层天色一舟横。

訾洲烟雨

分合滩头见訾洲，訾洲烟雨水云秋。空濛细□沙头籁，散乱跳珠波面浮。鸥鹭飞翔来上立，蛟龙腾跃此中游。簑衣蒻笠垂杨外，时有渔人横钓舟。

桂岭晴岚

桂岭崇崇插绛霄，晴岚浮动翠云飘。峰峦碧门轻翻谷，岩壑精荧深染绡。晚霭忽开高突兀，余晖斜抹蔚岧浇。缓行鸟径衣裳湿，莫□梅花万里遥。

青碧上方

献花随喜上方行，云影天光入□庭。江水远翻僧眼碧，山峰轻染佛头青。江河莫□涉无数，鹫岭休鹭岳有灵。色界不空因相起，贝多叶上写连经。

栖霞真境

七星山畔列松杉，羽服栖霞□一龛。人自世间来世外，洞从山北出山南。

日边五色迷晴霭，顶上三华粲夕岚。仙去儒游真境在，□轮明月影寒潭。

——（嘉靖）《广西通志》卷六十，第714页。

编者按：后有刘梅南的桂林八景诗。因篇幅有限，在此不再抄录。

桂林八景

尧山晴雪

晚至雪漫空，尧山白万重。谁将青翡翠，幻作玉芙蓉。光映当岩月，寒疑倚壑松。阳乌明发动，先露最高峰。

舜洞薰风

舜洞经炎夏，轻飚起四林。微凉生殿角，古意托徽音。可解民间愠，应清世外心。我叹深涧底，萧爽袭冲襟。

西峰晚照

西峰排剑戟，返照紫生烟。倒景翻江壁，余晖转树巅。樵归还映路，渔泊尚留舡。注目苍茫外，昏鸦集暮天。

东渡春澜

东渡观澜处，春潮正涨时。水流终不息，道体亦如斯。影泛疑峰动，光摇觉树移。归人待舟晚，初月浸玻璃。

紫洲烟雨

晓过紫洲渚，空濛烟雨迷。不分天上下，难辨路东西。岸柳笼来重，江花着处低。笠蓑垂钩叟，堪画和堪题。

桂岭朝岚

桂领晓无晖，浮岚锁翠微。宁随岩旭散，不逐洞云飞。雾结林峦暝，风吹殿阁稀。不知来马首，但觉湿征衣。

青碧上方

驱马南郊外，招提闭远岑。鹤归青嶂里，僧似碧云深。具叶翻瑶几，昙花映宝林。老禅谈性海，今我悟尘心。

栖霞真境

胜景有仙家，玄关栖暮霞。岩辉浮玉气，龟冷伏丹砂。汉令留凫舄，秦娥驻凤车。春风经几度，开遍碧桃花。

——（明）郑赐撰：《闻一斋诗稿》，第9页。

（桂林）距城东北里许者，为虞山，又名舜山。有虞帝庙。不知所自始。宋朱文公、张南轩皆有记。山起东隅，左侧临漓水处特高，上有亭曰南薰亭。

下有唐时舜庙碑。亭之旁有堂三楹，漓江诸胜目可揽撷。其楹联云：“是处薰风来舜洞，有时积雪见尧山。”盖遥望隔江数里外有山，平远者为尧山。桂林八景有“尧山积雪”即此。

——（明）郑赐撰：《闻一斋诗稿》，第9页。

尧山冬雪

尧山绝秀岭南天，雪压林峦飘素烟。高倚暮云屏掩翠，半消晴日玉开田。驿梅逢腊岩前发，羽檄冲寒徼外传。何日楼头闲拄笏，两阶舞罢对琼筵。

舜洞秋风

西风飒飒桂林秋，万叠云山舜洞幽。晓气沿崖秋色冷，凉飔吹树桂香浮。轻摇斑竹江头恨，远送苍梧天外愁。一旦薰风随律变，露华山色满南州。

西峰晚照

西峰西向桂林西，数点晴云落照低。绝岳倚空排宝戟，斜晖转树绕雌蜺。锦纹零乱霞前映，翠影参差雨后迷。还似岘山诗酒客，醉来听唱白铜鞮。

东渡春澜

东门东渡柳青青，雨后晴澜春水生。月影流来波影碧，浪花飞起雪花轻。涟漪忽动鱼翻藻，浩荡初开凫嚔萍。终日静观还有得，层层天色一舟横。

訾洲烟雨

分合滩头见訾洲，訾洲烟雨水云秋。空濛细谷沙头籁，散乱跳珠波面浮。鸥鹭飞翔来上立，蛟龙腾跃此中浮。蓑衣蒻笠垂杨外，时有渔人横钓舟。

桂岭晴岚

桂岭崇崇插绛霄，晴岚浮动翠云飘。峰峦碧涧轻翻谷，岩壑精荧深染绡。晚霭忽开高突兀，余辉斜抹蔚苕峣，缓行鸟径衣裳湿，莫说梅花万里遥。

青碧上方

献花随喜上方行，云影天光入户庭。江水远翻僧眼碧，山峰轻染佛头青。恒河莫讶沙无数，鹫岭休惊岳有灵，色界不空因相起，贝多叶上写莲经。

栖霞真境

七星山畔列松杉，羽服栖霞雪一龛。人自世间来世外，洞从山北出山南。日边五色迷晴霭，顶上三华粲夕岚。仙去儒游真境在，一轮明月影寒潭。

——（清）顾嗣立编：《元诗选》卷七，清文渊阁四库全书本，第2326页。

清·朱树德：桂林八景记

摩崖在叠彩山风洞。高〇·三米，宽〇·五米。隶书，径〇·〇三米。光绪十七年辛卯为一八九一年。

（清）朱树德《桂林八景记》

——《桂林石刻（内部选编）》，1977 年，第 61 页。

桂林八景，有桂岭晴岚、訾洲烟雨、东渡春澜、西峰夕照、尧山冬雪、舜洞薰风、清碧上方、栖霞真境。同治壬申，侍宦游浙西湖，回忆桂林诸胜，续成八景，曰：叠彩和风、壶山赤霞、南溪新霁、北岫紫岚、五岭夏云、阳江秋月、榕城古荫、独秀奇峰，合十六景，各缀俚言，各备图说，付梓以答好名山者。石湖常评“桂林山水甲天下”，又非诸胜所能尽述也。光绪辛卯季冬上旬桂林东谷朱树德达卿志。

——《桂林石刻（下册）》，广西人民出版社，1977 年，第 412 页。

隐山六洞……皆李渤隶书，刻石洞口。曰朝阳，曰夕阳，曰南华，曰北牖，曰嘉莲，曰白雀。……盖嘉莲与朝阳均在山半，洞亦最宽也。左旋而下，披萝摄磴，曲折至夕阳洞，桂林八景所谓“西峰夕照”也。

——（清）金武祥撰，谢永芳点校：《粟香随笔》，粟香二笔，卷四，第 319－320 页。

距城东北里许者，为虞山，又名舜山。有虞帝庙，不知所自始。宋朱文公、张南轩皆有记。山起东隅，左侧临漓水处特高，上有亭曰南薰，亭下有唐时舜庙碑。亭之旁有堂三楹，漓江诸胜，目可揽撷。其楹联云：“是处薰风来舜洞，有时积雪见尧山。”盖遥望隔江数里外有山，平远者为尧山。桂林八景有“尧山积雪”，即此。

——（清）金武祥撰，谢永芳点校：《粟香随笔》，粟香二笔，卷四，第321页。

华景洞　桂岭晴岚

铁佛寺在宝积山北，石洞比连，空明轩豁，可容数榻。周回完密，如寝室然。窈窕深通，纡徐转折，暗而复明。洞后一境，旷如奥如葺，成幽构附，崖竹木掩，池水涟漪，间若仙居。中多唐人遗刻。

云壑缭以深，中有神仙宅。是曲皆可致，虚室自生白。夕翠幻成岚，飞黄肩可拍。

——（清）罗辰《桂林山水》，不分卷，道光十一年（1831）刻本，第3－4页。

象山水月洞　訾洲烟雨

象鼻山在桂城訾家洲西南，突立水滨，厥形类象，下有洞，曰“水月”。上有石塔，如宝瓶。唐常侍元晦改曰“宜山”。横障江口，引奔澜而东注，漓漓江树，渺渺烟波，仿佛香象渡河时也。

琼斧刻石骨，圆辉贴波起。泼黛翠森森，冷蚀半江水。谁驱香象来，月印千潭里。

——（清）罗辰《桂林山水》，不分卷，道光十一年（1831）刻本，第5－6页。

伏波山　东渡春澜

山势矗立，突起桂江，西岸峭壁摩云，山根齿水，盘㳬钻注，骊龙穴焉。洞名玩珠，如层城复道，户牖通透，中有米老小偈。山顶建马新息祠。

潭光抱蔚蓝，灿碧浴千仞，上有金银台。灵旗荡风影，薏珠何日还。浪止云烟静。

——（清）罗辰《桂林山水》，不分卷，道光十一年（1831）刻本，第8－9页。

夕阳洞

夕阳洞，乃隐山六洞之一。西峰岭对峙，岭上旧有千山观，佛像镌于翠壁，殿宇颓废，烟锁云封，不知其几何年矣。柱石尚存，今则洞口夕阳、林间归牧，前人曾收入八景中，为西峰夕照。

返照入石壁，西峰座层巇。上有鹦鹆□，趺坐峪覆偃。牛背闪斜阳，短笛风悠远。

——（清）罗辰《桂林山水》，不分卷，道光十一年（1831）刻本，第10－11页。

开元寺

桂林八景之“青碧上方”是也。隋唐时，古松一株，荫藾蟠结，极数亩。僧水月能诗画，与齐己、贯休同，有《褚河南碑》，字体遒劲，观者几如布毯坐卧。厥后松为风拔，化龙飞去，僧亦圆寂，碑字为风雨剥蚀，大半模糊。游人抚时，感旧不胜今昔之慨。

开元古招提，为访诗僧至。茶瓜供清缘，山水结文字。古松闻化龙，无复睹苍翠。

——（清）罗辰《桂林山水》，不分卷，道光十一年（1831）刻本，第11－12页。

七星岩　栖霞真境

渡漓江而东，七峰骈列，流辉散彩，连络如斗，杓中曰栖霞洞。乳液葩浆，瑋怪奇复，肖人肖物，不名一状。相传有窍通九疑，唐郑冠卿遇日华、月华君处。

岑崟绛霄迴，森列杓魁形。一窍通九疑，仙窟开北扃。双犀下无底，天地皆纯青。

——（清）罗辰《桂林山水》，不分卷，道光十一年（1831）刻本，第13－14页。

虞山　舜洞薰风

虞山起自东北隅，漓水左萦，黄泽浦绕，于渡中有洞曰“韶音”。前有舜祠在焉，旁则南薰亭。盛夏清风满座，荷气袭人，苇声渔唱，爽心娱目。

石气旷萧散，飞甍带烟树。和风为谁来，一叶落琴处。北望湘波深，颓云愁不渡。

——（清）罗辰《桂林山水》，不分卷，道光十一年（1831）刻本，第15－16页。

尧山　尧山冬雪

粤山多石而尧山独土，雄厚磅礴，连亘数邑。将雨则白云先起，冥濛渐合，若雪压群峰，晶莹四照，俨然李营邱图画也。

三土垒成垚，川气冒之上。云谲波亦诡，擢嶉殊万状。六月飞玉霙，谁家洴澼纩。

——（清）罗辰《桂林山水》，不分卷，道光十一年（1831）刻本，第16－17页。

元人将桂林山水概括为八景，即老八景：桂岭晴岚、訾洲烟雨、东渡春澜、西峰晚照、尧山冬雪、舜洞秋风、青碧上方、栖霞真境。清代光绪十七年（1891），朱树德又增补了续八景，即新八景：叠彩和风、壶山赤霞、南溪新霁、北岫紫岚、五岭夏云，阳江秋月、榕城古荫、独秀奇峰。历代开拓山水100多处，置亭阁寺观350余处。

解放后，人民政府不仅加强了对桂林山水的开发和建设，……90年代，桂林人再演绎归纳出二十四景，即榕湖春晓、古榕系舟、象山水月、南桥虹影、还珠试剑、拿云揽胜、木龙古渡、老人高风、隐山六洞、西山佛刻、桃江拥翠、芦笛仙宫、花桥映月、七星洞天、驼峰赤霞、龙隐灵迹、桂海碑林、靖江王陵、尧山观涛、穿山挂月、塔山清影、南溪玉屏、冠岩水府、漓江烟雨。

——《桂林市志》（中），中华书局，1997年，第1194页。

临桂区

县治晨钟　义宁十二景，今存八首。　明梁顺甫知县

县治巍然拔千皋，翰音来动吼蒲牢。须臾曙色乾坤合，次第星河影象高。万户千门开锁钥，九江十隘东弓弢。惭予深省无他技，只有丹心报宠褒。

城关暮鼓

崦嵫一点耀长庚，叆叇离迷擂鼓鸣。□□□□禽鸟息，震雷百里僮瑶惊。铜柱□□□□□，夜铎泠泠杂五更。南北东西相和好，居民鼾睡到天明。

智惠清溪

智惠名江自昔传，江名智惠最幽元。尘埃不滞含天象，动静无私合圣贤。月到风来谁悟也，天光云影更昭然。丁宁莫向西湖去，长与吾民溉性田。

义江古渡

县治西南绕义江，斯民往来藉舟航。凭虚一苇先舣岸，才立霎时似望洋。止水有风心亦快，催租无吏日偏长。何时了却公家事，还与中流架一梁。

登高晚照

登高山峙五通虚，到晚真如列画图。人影高低随聚散，翠微浓淡任虚无。鹊巢光歇林坰暝，牧笛风忙草树晡。昔日登高人不见，年年霞彩映屠苏。

鹅浪涛声

鹅浪陂流百里延，中流截筑灌高田。掀訇激射长鲸吼，冲折翻腾烈日穿。过雨谩惊彭泽梦，惊风犹坐洞庭船。不嫌聒耳长如此，最喜三农寤夜眠。

灵鹫彩雾

灵鹫山高拟太和，紫云彩雾郁嵯峨。诸峰影合围罗帐，五色光凝锦绣窝。故有阴灵驯白鹿，久无仙侣坐青莎。嗟哉云务休空霭，好作甘霖济旱禾。

石塔青灯

浮洲昔日有名僧，肇建浮屠一气宏。特地几层撑白日，当天八面绕青灯。微风点点珠玑灿，长夜明明星斗凝。寄语此邱存十愿，年年相续又相承。

——（道光）《义宁县志》卷六，第 219－223 页。

编者按：义宁县，后晋天福八年（943）置县，现属临桂区五通镇。

灵鹫山，县西南十五里，峭拔高耸，上有瀑泉如练。

智惠山，县西北十五里，下有广福王祠，岁旱祷雨，远近皆应。

——（道光）《义宁县志》卷二，山川，第 27 页。

浮洲，有塔沙。洲在南江中。明嘉靖年间大水堆沙石成洲，抵塞水口，大溢于县。

——（道光）《义宁县志》卷二，山川，第 30 页。

灵川县

天后庙，在城东一里大象山阴，枕山面流，翼以轩槛，古树参天，“碧潭印月”为附郭第一胜景。

——（民国）《灵川县志》卷三，山川，第 270 页。

灌阳县

华山，在县南五里，八景之一，曰“华山雪霁”。

三峰山，在县南十五里，常有烟云缭绕其上，峰峦若隐若现，现为八景之一，曰“三峰烟雨”。

龙冈，在县西十里，八景之一，曰“龙冈拥秀”。

通真岩，在县西二里，上有古篆“通真岩”三大字，又名灵岩，为八景之一，曰“灵岩秋月”。

——（康熙）《灌阳县志》卷一，舆地志，山川，第351－352页。

柏亭，在县北三里，八景之一，曰“柏亭别意”。今废。

——（康熙）《灌阳县志》卷二，建置志，亭榭，第360页。

华山，在县西南七里，县志八景“华山雪霁”，峰峦秀迴，下临灌水。明顾璘有诗。

三峰山，在县南二十里，秀削芙蓉，最宜烟雨，为八景之一。

——（雍正）《广西通志》卷十三，山川，第232页。

石匮关亭，在县北八里，“石匮归樵”为八景之一。又十一里为南湾亭。

——（雍正）《广西通志》卷四十四，古迹，第810页。

灌阳八景

龙冈拥秀，县治后，即邑之来脉也。蜿蜒磅礴，烟云缭绕，叠石层峦，为八景灵秀第一云。

紫竹扫台，县西南二十五里，上有棋枰。有紫竹林，清风徐来，扫除尘垢。传有仙人迹。

王楼晚渡，县西三里，相传宋理宗时，有道人王楼过此，舟在彼岸，呼之自来，故名。

石匮归樵，县北八里，有大石高约丈许，广如之形，方顶平如匮，下临灌水，清澈可羡。旧有亭，樵者、行者俱于此停足，观澜博趣，乐而忘归。

灵岩秋月，县西三里，又名通真岩，古篆“通真岩”三大字，涵贮秋月，

景色最佳。前后洞门敞朗，深约十余丈，广十余步，如大厦形。《名胜志》

三峰烟雨，县西南二十五里，三峰卓立，宛如玉笋瑶簪。山高而远，撑起云间，望之似烟非烟，似雨非雨，形有不可名状者。

柏亭别意，县北三里，旧有亭，柏树茏荫，过此三丈许，则峰回路转。送者行者一别，瞬息彼此不见，此别之之意也。

华山雪霁，《名胜志》云："在县西南五里，峰峦秀迥，朝雪日霁，下临灌水，上有虞祠。"

——（民国）《灌阳县志》卷二，舆地下，第2－10页。

按：灌阳八景为一邑名胜。邑人史如玑有叙云："凡都邑郡县，莫不有景，取其可诗可画，即其命名数字，已令人有神游意。"灌阳之有八景，自有邑乘以来尚矣。其曰"龙冈"者，即邑城之后冈也，龙川绕其北，灌水环其前，蜿蜒起伏，花草长春，岩壑耸翠，故曰"拥秀"也。由城北三里许过龙川，遥望古柏森森，绿阴一亭，盖自来饯别地也。残照明四围山色，春波萦万古离情，一曲《阳关》，每于此中唱之，昔人命之为"柏亭别意"云。由是迤东北数里，石壁临江，中通鸟道，曰"石匮关明"。高太史启云"上有烟萝披拂之翠微，下有沙石荡漾之清漪"二语，真可移咏。临水观鱼，静听樵斧丁丁，樵歌互答，晚际而纷纷归矣。随意乘小舟泝流而上，过城南，北而西，则王楼山在望矣。穹窿一窍，古渡头也。志载旧有仙舟济人，王，其姓，楼，其名。余未信之，第见斜阳烟水，过客停桡，居人待渡，亦景之最佳者也。即此渡口，一名通真，又曰灵岩，秋水澄碧，秋月扬辉，荡舟而往，但见金波滉漾，返照虚洞，生白觉性，府为之莹澈也。景有在乎旷远者，则三峰、华山是也。三峰宜烟雨，华山宜雪霁，盖隐约天外变幻烟云，吞吐风雨，终古如斯，则三峰也。世有王洽、米芾之泼墨天，盖预设一谱云。至华山，又名画山，华、画音通。石如着赭，巅据舜祠，麓环澥水，朝雪初晴，琳宫玉树，突现空际，洪谷子《雪栈图》不是过矣。若夫景之幽者，无如翠竹扫台，落伽山有紫竹林而无棋枰，太华山有叔卿博台而无紫竹，合则双美，其惟此乎。其地有天然石枰，风摇竹帚，净绝点埃，山中七日别有天地日月矣。或又传以为仙迹，顾吾独有疑焉者。夫世之传景者，每托于仙佛，不知景而佳也，何藉乎仙佛？景而不佳也，仙佛托此，亦必为顽仙钝佛。夫仙佛而称顽钝，何仙佛之足云？吾以景取其可诗可画，在景不在仙佛，点缀山川，歌咏景物，以为志乘，光亦生其地者之事也，在人不在景，如王楼山，明邑侯赖公继亨题诗，以为玉楼山。邑前辈又以为仙人姓名。愚则以为王楼之幻，究不若玉楼之雅云。邑人黄居正合咏八景云："秀拥龙川地，峰排碧汉间。台高风竹扫，亭远容情闲。会意岩侵月，宜人雪霁山。归看樵过石，飞渡到仙关。"伍齐先诗："秀簇龙冈拥郭陬，三峰烟雨望中收。台临紫竹薰风扫，月照灵岩白露秋。石匮归樵双跣足，玉楼晚渡一扁舟。柏亭别意留鸿爪，雪霁华山最上头。"

——（民国）《灌阳县志》卷二，舆地下，第 11－12 页。

三峰山，注见八景，今采一名。在县西百二里，三峰高耸，与县南之三峰烟雨相似。

王楼山，注见八景。旧志作玉楼山，误。《一统志》

——（民国）《灌阳县志》卷二，舆地下，第 13 页。

清邑令吴元安八景诗跋

晴川芳草，崔颢题诗，承露昆明，杜陵杂与，山川佳丽，恒谱入名士声歌。岩壑烟霞，每供取奚囊诗料。吾乡八景，天工示造化之奇。我友芝江，巧匠出凌云之手，凭空描绘，各如意中之所欲言，抒写传闻，遂若诸景宛然在目。蕞尔东皐冷署，不啻西粤卧游，历历珠玑何减。纤草落花之句，声声金玉，竟如岳城梦泽之联景，以诗传愿斟灌水清流以濯锦句，当石勒可比华山绝顶。以题名聊志数言，以当短跋。癸卯蒋依锦题。

——（民国）《灌阳县志》卷二十一，艺文，第 7 页。

全州县

咏清湘八景　有引　张镔

湖南清绝，尝于潇湘八景中见之。天巧机缘具见于此，谛观古人清绝之语，信不诬也。夫山川林麓，楼观园刹，从古胜概之地，未尝不以吟咏，垂重方来。清湘云泉竹树，景物清旷，他郡罕有及者。予三载于兹，因修志颇□其详，戏成八章，题曰清湘八景。虽未能步武前哲，然仿佛图画，或可为此郡佳话云。

柳山寸月

石梯百褶云气间，髯龙飞舞松声寒。高堂虚迥庭草绿，一池天影浮琅玕，山中寸月在何许，人指江湾清浅处。更无圆缺任阴晴，炯炯孤光自朝暮。

湘峡归云

日轮不动塔影高，下视万井如秋毫。片云飞来化为石，竹光满地凉萧骚。

莓苔一迳山门古，斜转山腰入花坞。更乘飚驭登甲亭，手拂丹霄快掀举。

磐石水泉

层崖连延峭如壁，藓苔标作神仙宅。紫霞缥缥楼观高，下有清江漱寒碧。涓涓山溜声琳琅，一泓浮动水花香。身心洗尽万缘静，顿觉天宇皆清凉。

华峰霁雾

曙鸦飞尽踈钟鸣，江云带雾笼晓晴。群山濛迷总一色，隐隐但见中峰青。数家衡茅在丛薄，时抚幽篁望城郭。卖薪买米人未归，且拂茶炉烧坠箨。

龙洞清溪

灵岩如屋山势雄，寒气赑屃神龙宫。洞门阴深轩槛窄，一湾流水涵青铜。壁间大士面如玉，宝盖圆光照空绿。晚风吹衣生羽翰，细认落花溪九曲。

礲岩飞瀑

华蔓结顶空翠寒，飞泉千尺流不干。石田长春玉芝暖，时有鸡犬窥还丹。一圭巉窦随火入，白昼惊闻鬼神泣。有人飞驭凌星河，蹴踏仙槎倚空立。

合江晓涨

湿云压山山气低，苇汀蒲渚迷东西。三山水势互吞吐，淼淼欲与层楼齐。大艘行空帆力稳，小舟如叶惊舷转。鱼龙得意快腾骧，天池万里风霆远。

赤壁秋灯

二妃庙荒倚汀树，严城闭门人不渡。驿楼叠鼓灯火明，知有官船夜来去。巉岩绝壁山尽头，枯藤菌蠹蟠苍虬。手携洞箫唤孤鹤，西风拟继坡仙游。

——（嘉庆）《全州志》卷十，艺文上，第12－14页。

平乐县

昭山点翠

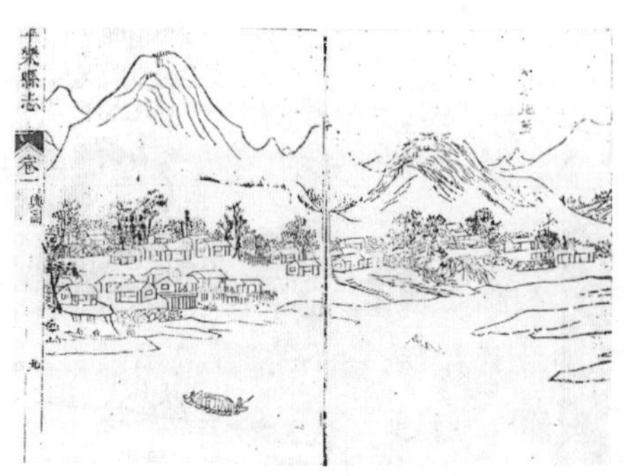

乐水拖蓝

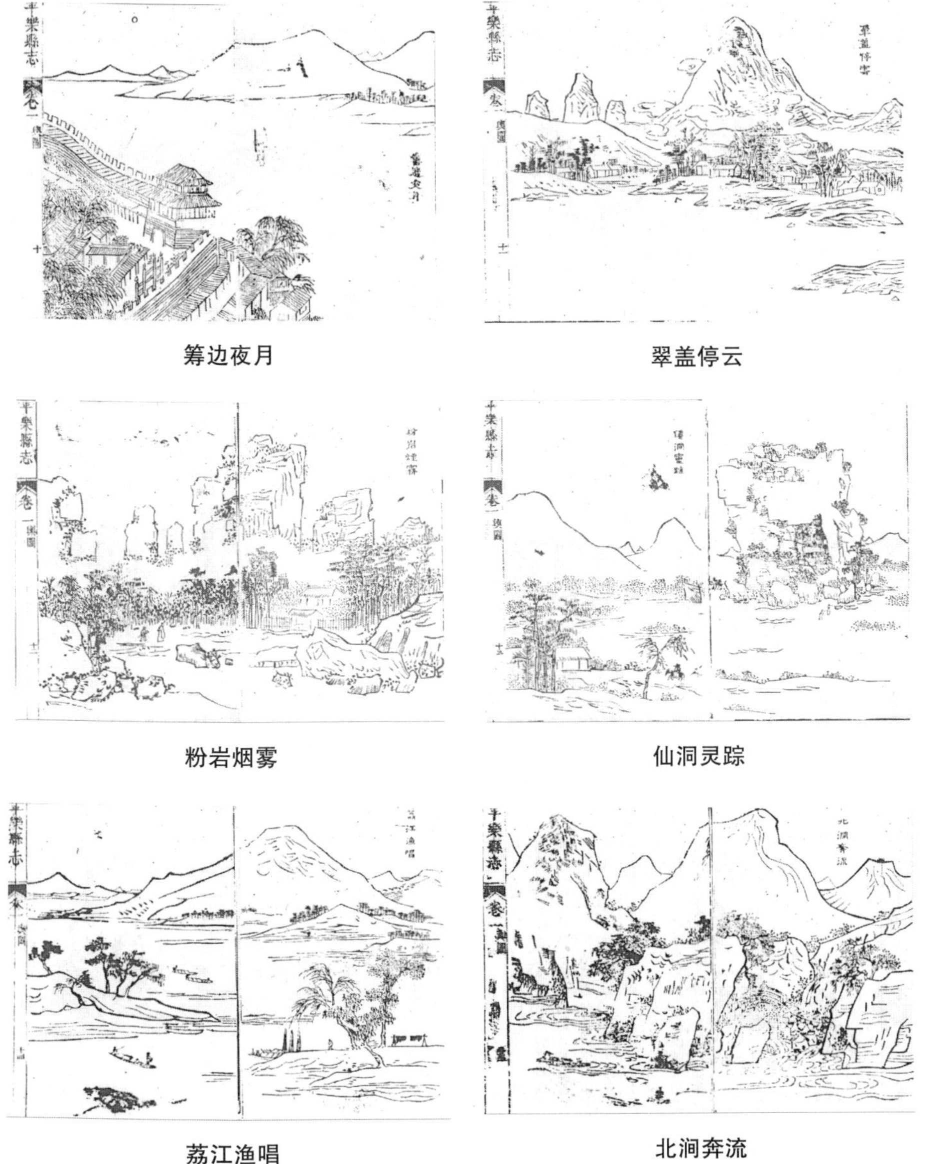

筹边夜月　翠盖停云

粉岩烟雾　仙洞灵踪

荔江渔唱　北涧奔流

——（康熙）《平乐县志》卷一，舆图，八景图，第 7－13 页。

平乐八景说　袁景星

凡郡与州县之志，必取其山川之秀丽，表而著之曰景。景必有八，不知创自何世，始于何人，大都牵强纽合。览其名，则十洲三岛也。考其实，则丘垤沟渠矣。如吾郡之八景，不能无说焉。昭山为景之首，是矣，而著之曰“点翠”，则欠韵。次曰“乐水拖蓝”。乐水者，北关之恭城江也，江浓则黑，浅则白，浅深半则蓝，泥沙则黄。凡江皆然，岂独乐水方蓝乎？次曰“龙池春暖”。龙池在天妃宫庙左，形如石臼，阔不过尺许，深亦如之。侧近民居菜园，已为粪厕，何名实之？悖谬若是耶。或者昔会于此处起龙，水不在深，有龙则灵，志之为古迹则可，为景则不可，即使有水而清，亦何足观？次曰“凤岫晴寒”。凤岫者，郡城后山，予童子时目睹群松密植，盖取松荫生寒。今松十不存一，晴而登山，方且苦热之不暇，何有于寒？况寒暖者，天时，非景也。次曰“槩涧清风”。志载大通桥下之溪为槩涧，余身履其境，两岸土山合逼，小溪浑浊，溪边侧不容足，草棘蔓缘，清风何来？次曰“仙岩灵雨”。仙岩者，诞山也，在乐山里石面山，去郡城将百里，山高万仞，宋时谭氏二女于此仙去。自山麓至顶，约数十里。岁旱祈雨，有能造其巅者，则雨随人归。岁旱祈祷，事岂得已？人迹罕到，何足为景？次曰“荔江渔唱”。漓江、乐水之渔，独不唱乎？且荔江口去城五六里，即唱亦不闻也。次曰“桂岭樵归”。桂岭者，郡后主山也，盖昔时斯山未童，城中樵者暮从岭归而得名也。然城中望之不见，必登高始睹，今无复樵采矣。夫水萦山结而后建城郭，既曰萦结则造化巧合，必有天然之景，足以供诗人韵士揽胜探奇者，得一二佳胜已足千古，何必待八？故昔有而今无者，非景；今有而后无者，非景；以时变迁，非景；以台榭兴废，非景；以树木存亡，非景；山水不灵秀者，非景；风雨不变幻者，非景；水不清冽曲折者，非景；石不玲珑怪异者，非景。景者，天地自然造化之巧，使游者怡心豁目，留连而不能去。余非好异昔贤，惟是吾郡山川灵秀之境，不一而足。卓有可观，虑夫狥名失实，岂惟人笑山水，不□山水更笑人也。存此说以俟风雅君子。

——（康熙）《平乐县志》卷七，艺文，第 282－283 页。

平乐八景　梁伯振

昭山一点翠嵯峨，乐水如盖不漾波。凤岫昼晴寒气少，龙池春暖绿蘋多。清风槩涧翻瑶草，灵雨仙岩长薜萝。樵竖负薪归桂岭，还来荔浦唱渔歌。

——（康熙）《平乐县志》卷八，艺文下，第 292 页。

编者按： 卷八收录有明清时期诗人题咏八景的诗歌，因其数量较多，为了不过多占篇幅，现只录其题名。在这些诗歌当中，明人唐复作了八首八景诗，诗名分别为昭山点翠、乐水拖蓝、龙池春暖、凤岫晴寒、槩涧清风、仙岩灵雨、荔江渔唱、桂岭樵归。明人何自学亦作八首八景诗，题名与唐复相同。清人陈其栋所作的八首八景诗，仍与明人所记之八景相同。清人黄吕、黄大成、张理等人所作的八景诗，为昭山点翠、乐水拖蓝、筹边夜月、翠盖停云、粉岩烟雾、仙洞灵踪、荔江渔唱、北涧奔流。由此可见，平乐八景之名从明到清有所变化。

（平乐县）昭山，城西漓、乐二水合流之处，有石山突起中流，名曰昭山。唐州之名“昭”以此，以其方正如印，又名印山，上有点翠亭。八景之一，曰“昭山点翠”。水面有钓鳌矶石碣。

——（雍正）《平乐府志》卷四，山川，第 48 页。

凤凰山在城东北隅，鼓翼引吭，势如飞凤。明副使张祐于正德初年植高松千树，干霄拂云，今仅寥寥五株矣。八景之四，曰“凤岫晴寒”。

——（雍正）《平乐府志》卷四，山川，第 50 页。

诞山，一名圣山，在城东南八十里乐山里，巍峨插天。五代时有谭氏二女修黄老术，仙去，立庙祀之，祷雨辄应。八景之六，曰“仙岩灵雨”。

——（雍正）《平乐府志》卷四，山川，第 51 页。

桂岭，在城东五里。“桂岭樵归”为八景之八。

——（雍正）《平乐府志》卷四，山川，第 55 页。

粉岩，在城东南十五里，萦山之中，岩皆钟乳结成，玲珑奇巧，几同鬼斧神工。群山环拥，烟雾空濛，故“粉岩晓雾”为八景之一。

——（雍正）《平乐府志》卷四，山川，第 57 页。

乐水，源出富川上乡，合桃川水流经恭城，入邑境之乐山里，合诞山江、沙江、洛川诸水至城下□□滩。八景之二，曰“乐水拖蓝”。

——（雍正）《平乐府志》卷四，山川，第 60 页。

荔水，源出修仁，过荔浦流至邑境，于城西七里合湖塘江水注于漓。八景之七，曰“荔江渔唱”。

——（雍正）《平乐府志》卷四，山川，第 61 页。

龙池，在旧府学西，上有仙妃庙。八景之三，曰“龙池春暖”。

——（雍正）《平乐府志》卷四，山川，第 62 页。

八景

平乐曰：昭山点翠、乐水拖蓝、龙池春暖、凤岫晴寒、荔江渔唱、桂岭樵归、榘涧清风、仙岩灵雨。

——（雍正）《平乐府志》卷二十，外志，第599页。

昭山，城西漓、乐二水合流之处有石山突起中流，名曰“昭山”，唐州之名“昭”以此。其方正如印，又名印山，上有点翠亭，水面有钓鳌矶石碣。西山，即昭山，距城西百步《名胜志》，有巨石径百尺，屹然水中，如神龙戏珠状《方舆胜览》。八景之一，曰“昭山点翠”。

凤凰山在城东北隅，鼓翼引吭，势如飞凤。明副使张祐于正德初年植高松千树，干霄拂云，今仅寥寥五株矣旧志。凤凰山城跨其上《方舆胜览》。上有梅公亭遗址，宋景佑中，龙图梅公挚守郡时建《名胜志》。八景之四，曰“凤岫晴寒”。

——（嘉庆）《平乐府志》卷二，舆地部，山川，第1页。

编者按：此记载在光绪《平乐县志》里原样抄录，在此不再赘录。

诞山，一名圣山，在城东南八十里乐山里，巍峨插天。五代时有谭氏二女修黄老术仙去，立庙祀之，祷雨辄应旧志。诞山，府东北八十里有山，峰皆峻拔《方舆纪要》，亦有三峰。谭氏二女产此山下，及长修黄老之术，不知所之。一日，里人以不雨为忧，二女至谓之曰：“汝能饷我，即可得雨。”翁第饷之，未信也。二女甫去，果大雨如注。翁知其神，追觅不见，山下呼之，则上应；山上呼之，则下应。循至一巨石，四围无草木，二女衣带在焉。翁异之，白其事于众。是后恒见二女于石上栉发，因建庙山下祀焉《名胜志》。八景之六，曰“仙岩灵雨”。

——（嘉庆）《平乐府志》卷二，舆地部，山川，第3页。

编者按：此记载在光绪《平乐县志》里原样抄录，在此不再赘录。

平乐江，自湖南永明县流经恭城县南，又西南经府城东北，又西南入漓江旧志。今所名乐川水，出恭城至平乐，合诞山沙江诸水入漓《一统志》。八景之二，曰“乐水拖蓝”。

——（嘉庆）《平乐府志》卷二，舆地部，山川，第14页。

考榘涧，水在城东一里，源出龙岳峰涧口，一名回龙津，入于漓。八景之五，曰“考槃清风”。

——（嘉庆）《平乐府志》卷二，舆地部，山川，第15页。

平乐八景诗

昭山点翠　吏部主事　梁卓英　邑人

一印涵江对驿亭山形如印，俗名印山，好山如黛挂窗棂。雨滋春水堤边绿，露濯秋菰眼界青。佛刹尚存三古月，人家遥隔半池星。涂丹拾翠谁同志，自耸吟肩陟杳冥。

乐水拖蓝

一水湾环绕郡流，罡风吹遍海天秋。波澄蚁绿诸峰静，浪鷖鸦黄两岸收。草色自迷行客路，花光偏引打鱼舟。笑予濯足缘何事，也学披蓑试饮牛。

龙池春暖

清绝龙池半亩开，昭州风景似天台。春归胜迹云常到，律转阳和雨正来。破壁尚惭终蛰伏，腾空何事更徘徊。百年三万六千日，遥见漓江水一杯。

凤岫晴寒

迁乔得地胜骖鸾，选择兹山养羽翰。千仞德辉酬众望，九苞文采耐人看。晴光漫说春宜暖，岚翠悬知夏亦寒。未到蓬莱难驻足，寄身先在白云端。

荔江渔唱

名胜方将拟荔波，听从别浦和渔歌。纵无绝唱酬高韵，或有闲情齐醉哦。老去归期犹未定，近来生计果如何。漓江旧日清冷水，泛滥而今浊几多。

桂岭樵归

始困何须问买臣，良妻贵后尚樵薪。那堪落拓怀前事，正合劳谦寄此身。采入虞衡原有志，来归道路讵无因。烂柯岭畔回头望，从桂凋零痛然人。

仙岩灵雨

夜骑健马快如龙，喜雨随车慰老农。旱魃十年偏九遇，仙灵八属且重逢。傅岩版筑开神运，卫国倌人祭秩宗。洗靥石盆今在否，尚烦推倒遏群凶。

槃涧清风

云藏谷口久传名，落落高风满太清。豹隐南山留本色，鹏搏北海避虚声。孤踪更续罗浮梦，两袖曾经月旦评。独有伊人卬最忆，妻梅子鹤总忘情。

——（民国）《平乐县志》卷五，文化，第361－362页。

平乐昭山，在城西。漓、乐二水合流处，有石山突起中流，名曰昭山。唐州之名“昭”以此。其石方正如印，又名印山。旧有点翠亭，八景中所谓“昭山点翠”也。今亭已无存。山旁为金富宫，有令公庙，祀李卫公靖。庙左旧有西竺庵，即西山寺，寺前有天绘亭，今俱废矣。

——（清）金武祥：《粟香随笔》，粟香二笔，卷四，第316页。

荔浦市

八景

荔浦曰：长生涌翠、猫岭朝霞、鼓架浮晴、鹅翎应祷、龙口农耕、青山晚照、双溪牧喝、独秀樵归。

——（雍正）《平乐府志》卷二十，外志，第599页。

古架山，县南二里，山后有洞，极宽大，春夏皆水。山半有泉，清冽异常，秋冬不竭。避乱者居此，足供百家。山岚青翠，日照烟凝，八景中曰“古架浮晴”。

——（雍正）《平乐府志》卷四，山川，第74页。

青山，县南二十里，林木葱翠，隆冬不凋，故名青山。下有洞，洞中有桥，止尺许，水深无底，过此把火可通。居民数百家，皆五方杂处，荔江绕其后，可通商贾舟楫。八景曰“青山晚照”。

——（雍正）《平乐府志》卷四，山川，第75页。

长生岭，县东一里。八景曰“长生涌翠”。

——（雍正）《平乐府志》卷四，山川，第76页。

猫儿岭，县东北一里，荔水由下过。八景中曰“猫岭朝霞”。

鹅翎岩，县南三里。岩有二层，高百丈，第一层有石状若鹅孔，中滴如乳，每遇亢旱，祷雨辄应。有石刻。八景曰“鹅翎应祷”。

——（雍正）《平乐府志》卷四，山川，第77页。

独秀岩，古架山之西，大不过数十丈，高止百尺，岩空有水，傍有石。夏日樵夫恒纳凉其内。八景曰“独秀樵归”。

——（雍正）《平乐府志》卷四，山川，第78页。

龙头石，县北三里，土岭半腰突出一石，状如龙首。八景中曰“龙口农耕”。

——（雍正）《平乐府志》卷四，山川，第81页。

明　荔浦八景

长生涌翠　梁能定

长生多占胜，叠嶂触眉低。匝地青茵布，连天翠羽齐。修篁常濯濯，瑶草自萋萋。多少春容媚，花中衬马蹄。

猫岭朝霞　梁能定

猫岭高如峙，阳乌每上迟。翠华铺玉案，光彩绚金机。郁郁天门芷，菲菲绝顶携。须臾收敛去，应与白云齐。

鼓架浮晴　梁能定

三峰如鼎峙，一井止涟漪。翠色晴方好，红妆雨亦奇。不闻传漏鼓，惟可豁愁眉。癖性耽泉石，往来无定期。

青山晚照　梁文定

青山如列戟，一带势崔嵬。落照纷纷去，斜晖冉冉来。江中鱼棹急，途畔客心催。迢递层阴起，山猿处处哀。

游鹅翎岩　吕文峰

夏日登台寻胜游，偶闻田妇答吴讴。人题往事诗犹在，石乳琼英香欲浮。半榻余杯携客饮，一盘残局唤童收。民贫赋简无他事，时对娥英一劝酹。

——（民国）《荔浦县志》，2014年，第673－674页。

蒙州八景

南楼远眺　李之靖

佳气蒸蒸四望浓，丛峦环绕一重重。蓝岩薜荔丹霞锁，华盖葳蕤紫雾封。花县遍栽千树柳，棠阴远荫百年榕。南楼高处频登眺，极目欣然为解容。

东渡回澜　李之靖

二水朝宗和汇流，山光去影碧波浮。澜回鱼寺天然巧，路绕雷潭地自幽。农父却能撑小筏，征人幸赖渡扁舟。望洋得免临深险，济世慈航处处讴。

鹅翎沐雨　李之靖

拳石何年化此鹅，蹲身藏首伏岩阿。崖流钟乳滋膏沐，洞作樊笼倩马罗。独径□更全不省，惟余祷雨应还多。山僧赖尔传奇胜，故有高贤杖履过。

鱼寺晚钟　李之靖

梵宫零落小浮图，胜迹金鱼较昔殊。暮鼓频敲催戍漏，晚钟初定静香厨。

鸟投丛树依楼稳，猿坐空林入夜呼。我亦逃禅酣醉者，惊回新梦学蹁跹。

梅洲鱼穴　李之靖

芳洲此地独称梅，深抱人家傍水隈。点点渔灯藏岸宿，星星蓬火逐波来。鸬鹚修羽排中立，水獭啣鱼浪里回。羡煞尔曹直□乐，烹鲜相聚笑传杯。

荔浦征帆　李之靖

水抱孤城似小庄，丹枫江上促归帆。扬帆堤向层澜去，挽缆时停□濑旁。刺浪丰篙惊鹭起，乘风一苇逐鸥行。劳劳名利场中客，历尽艰危叹异乡。

青山云树　李之靖

行家烟火抱层峰，林本阴森叠翠重。绿水霏微晨雾锁，悬崖黯淡暮云封。数声清逸渔舟笛，几度悠扬梵诗钟。借问青山何处是，松杉环护小城墉。

绿水烟波　李之靖

石堰层层障碧波，江光如黛卷堤过。晴岚翠映沿庄竹，湛露香凝遍陇禾。獞女乱吹芦叶哨，蛮童齐唱采茶歌。众家绿水村中是，配耦青山永不磨。

——（民国）《荔浦县志》，2014 年，第 680－681 页。

荔浦八景

长生涌翠　周克堃

高山何事号长生，空翠鲜妍浪得名。疑有真仙藏洞壑，不妨春树闲阴晴。顶盘孤鹤云中健，髻拥双螺雨后明。试采丹萸招羽客，前峰深处是蓬瀛。

鹅翎应祷　周克堃

片时呼吸走风霆，始信桑林祷有灵。宿雾半空通豹窟，淡烟一抹泾鹅翎。绿章夜上栖霞洞，碧草春回喜雨亭。借问此山谁得换，应须逸少写黄庭。

鼓架浮晴　周克堃

铜鼓南征夫不旋，山余鼓架尚千年。低云四面青黏树，晓日一林红满天。仙笔排空随岭远，石泉敲响碧秋圆。野花自好谁催得，十里春深发杜鹃。

猫岭朝霞　周克堃

晓钟动处树啼鸦，万叠红云趁日华。天外一猫盘峻岭，林间群鸟噪晴霞。昂头石笱排空出，照岭仙芝带路斜。分付樵童晨采药，满山莫摘鼠姑花。

独秀樵归　周克堃

秀绝一峰耸碧霄，夕阳西下认归樵。岩喧急瀑答新唱，路转丛花过小桥。满眼青山忘日暮，半肩红叶带秋挑。回头傍晚人烟少，孤柱擎天月影遥。

双溪牧唱　周克堃

前溪绿接后溪波，风送蛮音入牧歌。吹笛村中流水急，叱牛声里夕阳多。

斗残芳草青沾鬓，穿过落花红满簑。长啸归来天未晓，月明高枕卧云窝。

青山晚照　周克堃

西岭金乌欲坠空，黄昏返照碧玲珑。壁翻石溜晴疑雨，树映岩花翠变红。十里照回樵客路，半林明衬親酒旗风。此间晚景凭谁写，牛背夕阳一笛中。

龙中农耕　周克堃

叱犊连朝到处闻，何人龙口日殷勤。鼓声催起田间雨，麦气嘘成陇畔云。青醲香涎千亩润，绿黏鳞泾一犁分。南阳尚有躬耕客，卧起还应佐使君。

——（民国）《荔浦县志》，2014 年，第 681－682 页。

八景

长生耸翠　张翰书

砥柱江东一水滨，回环低与郭为邻。黛鬟依旧年年似，面目分明日日真。叠嶂含烟偏弄色，晴岚著雨更添新。若非遍地栽灵药，何得长留不老春。

龙口农耕　张翰书

昔日雷轰破壁飞，空留凡骨对斜晖。桑鸠唤雨青初活，秧马和烟绿正肥。鸦嘴一锄风细细，龙鳞半挂雾霏霏。天将薄暮躬耕罢，一路歌声缓缓归。

双溪牧唱　张翰书

曲曲弯弯两岸幽，前溪遥接后溪流。夕阳牛背横吹笛，暮雨江头独系舟。多谢山花送归路，更撩野鸟答清讴。桥边买得鱼偏美，脱却簑衣上酒楼。

独秀樵归　张翰书

独秀岩中别有天，樵观奇巧遇神仙。山梅野菊分双鬓，棫朴刍荛各一肩。绿树阴中聊小憩，白云深处漫流连。鸦声乱噪因催暮，歇住前溪待唤船。

青山晚照　张翰书

青山山下有人家，谷雨新晴课种麻。几缕炊烟荒径晚，一湾流水小桥斜。江头鼓角催归牧，渡口挟筇数暮鸦。西岭夕阳刚返照，余晖淡抹斗红霞。

鼓架浮晴　张翰书

接天苍翠杳难寻，山洞崎岖一径深。古井有声泉滴滴，层峦弄影树阴阴。螺鬟高耸云重护，鸦髻新妆雨半侵。至此何曾闻漏鼓，西楼月落夜沉沉。

鹅翎应祷　张翰书

古洞由来旧有形，遗形端的像鹅翎。心斯感格求斯应，听则无声叩则灵。甘雨早祈仙掌绿，泾云浓酿佛头青。右军省识来寻访，定与山僧换写经。

猫岭朝霞　张翰书

势若猫形障北嵎，可能添入牡丹图。托生岂是麒麟种，早起疑将锦绣铺。枫树衬成红树色，荔城权当赤城呼。书窗相对无劳检，争胜一方镇鼠符。

——（民国）《荔浦县志》，2014 年，第 682－683 页。

阳朔县

……上午抵城，入正东门，即文庙前，从其西入县治，荒寂甚。县南半里，有桥曰“市桥双月”，八景之一也。[桥下水西自龙洞入城，] 桥之东，飞流注壑。[壑大四五丈，] 是为龙潭，入而不溢。桥之南有峰巍然独耸，询之土人，名曰易山，盖即南借以为城者，其东麓为鑑山寺，亦八景之一“鑑寺钟声”。寺南倚山临江，通道置门，是为东南门。山之西麓，为正南门。其南崖之侧，间有罅如合掌，即土人所号为雌山者也。从东南门外小磴，可至罅傍。余初登北麓，即觅道上跻，盖其山南东二面，即就崖为城，惟北面在城内，有微路级，久为莽棘所蔽，乃攀条扪隙，久之，直造峭壁之下，莽径遂绝。复从其旁蹑巉石，缘飞磴，盘旋半空，终不能达，乃下，已过午矣。时顾仆守囊于舟，期候于东南门外渡埠旁，于是南经鑑山寺，出东南门，觅舟不得，得便粥就餐于市。询知渡江而东，十里，有状元山，出西门二里，有龙洞岩，为此中名胜。此外更无古迹新奇著人耳目者矣。急于觅舟，遂复入城，登鑑山寺。寺倚山俯江，在翠微中，城郭得此。沈彬诗云“碧莲峰里住人家”，诚不虚矣。时午日铄金，遂解衣当窗，遇一儒生，以八景授：市桥双月、鑑寺钟声、龙洞仙泉、白沙渔火、碧莲波影、东岭朝霞、状元骑马、马山岚气。

——《徐霞客游记》上册，粤西游日记一，第 329－330 页。

阳朔八景：东岭朝霞、西山晚照、市桥双月、黉宫万云、龙洞仙泉、鑑寺僧钟、白沙渔火、马山岚气。

——（康熙）《阳朔县志》卷一。

屏风山，在县西门外，西北联西郎、独秀诸峰，西南联膏泽、马山诸峰，形如屏风，色如碧玉，日暮樵牧，繇此而归。八景“西山晚照”即此。

寿阳山，在县正南，嵯峨拔起，东瞰大江，旧名异山，又名鑑山，故八景有鑑僧钟。布政洪公朱书“碧莲峰”三字于石壁水滨。崇祯间兵宪陈公前晋都直指使者又篆“江山锁钥”。今更名寿阳山。

…………

东岭，在县东对江，其岭迤逦数里，至白沙湾一带皆渔人所居，江畔皆渔船所泊。日将出则云霞掩映，水色山光，故八景曰“东岭朝霞”“白沙渔火”。

…………

龙岩，在县西关外里许，岩内有龙床麟甲，又有石盆，常载仙水，流而不竭，满而不溢。岁旱祷此，祈雨即应。故八景曰“龙洞仙泉”。

——（康熙）《阳朔县志》卷一。

津梁

双月桥，在县治前，即太平桥，宋绍兴十一年县令赵渡建。明县令方公鼎、正统县令万公霁、万历十季县令蔡公贵俱重修。八景“市桥双月”，其一也。

——（康熙）《阳朔县志》卷一。

万云楼，成化间知县杨经重修读书楼，大方伯黄公经登临，观山水环列，心甚惬，因愬宋名“万云亭”，乃慨然。曰云者，取云从龙之义。曰万者，取多士登云之兆。况八景“黉宫万云”即此，遂易“读书”二字，扁其额曰“万云楼”。后改“青云”，则非矣。

——（康熙）《阳朔县志》卷二，遗迹。

八景诗引

吾邑之志，八景非特留连风致，盖有深意存焉。每晨起观初日，晶光炫目，五色陆离，旋空文彩，炤映峰峦，故首标曰“东岭朝霞”。地脉自西来，屏开层嶂，夕阳斜照，逦迤如画，盼桑榆之渐收，对烟霞之未敛，继曰“西山晚照”。且绕邑皆青山，宅居锦绣，中有长桥卧波，风景迥异，当皓魄凌空，溪光潭影，上下相映，如陈侍御诗云“水天双月影，照见百年心”，乃曰“市桥双月”。而学临江渚，八面玲珑，忽飞五色，缕缕重重，非雾非烟，如绵如练，不可得而名状，遂曰“黉宫万云”。若乃治南梵刹高居云端，阇黎鸣钟，声开四达醒尘世之幻墙，向自性以寻真，即“鑑寺钟声”也。渡江而东，一洲名白沙湾，日暮维舟，鱼灯上下，独清独醒，想此川一派洗濯，英雄钓台千古辉映，前后由此观之，五湖烟景有二轨乎，是名“白沙渔火”。邑西南孤峰如天马，当微风细雾，昔恍乎腾踏行空，天欲雨，先有岚气，溟濛渐合，三农稼穑多以马山期下，故名“马山岚气”。西关外有龙洞，洞有甘泉，流之不竭，满而不溢，岁凶请雨必应，因命曰“龙洞仙泉”。若非稽骚坛韵府，声誉相续，则必为山灵瞥目耳。夫诗故不可以无序，然非剖义精深则不传，时因辑谐吟咏，以俟将来之品题。予非序，亦不过聊致数语，以志引端云云。

——（康熙）《阳朔县志》卷四，诗。

编者按： 后引收录的诗歌很多，因篇幅有限，在此不录入。

八景总咏　古　陈琼　广东举人教谕

阳川民众政清平，田野禾黍芃芃生。花封月明犬不吠，闾巷昼冰弦歌声。公余每出省民俗，肥马轻裘步平陆。携琴曳履相追随，共乐雍熙赋新曲。曈曈旭日上岭头，子耘父耨盈东畴。明霞舒开万张锦，光彩绚烂侵人眸。徘徊胜赏复回首，楼表红光方数秒。坡前牧笛牛羊归，景入桑榆若初晓。有时缓步市桥中，酒帘拂拂翻清风。双月明中抱素练，万波流入江之东。杏坛释菜威仪摄，乃召儒生讲径业。日中尚自玩羲文，头上白云生万叠。当前突起磨镜山，梵王宫在召门间。钟声晓暮到窗户，苍松翠竹迷禅开。远浦平沙白如雪，渔翁理钓江心月。夜船灯火暗复明，叹乃一声山石裂。碧莲涌作骅骝形，昂首加欲凌青冥。岚烟晓澜口吐气，甘雨时来汗血倾。洞龙得雨初归刻，洞口飞云如泼墨。神物天生性最灵，变化飞腾孰能测。

——（康熙）《阳朔县志》卷四，诗。

编者按：后引收录的诗歌很多，因篇幅有限，在此不录入。

寿阳山，在县正南嵯峨拔起，东瞰大江，旧名鑑山，有观音阁。八景“鑑寺僧钟”即此。布政洪公书“碧莲峰”三字于石壁。崇祯间兵备陈起龙篆“江山锁钥”。今更名寿阳山。

——（雍正）《广西通志》卷十三，山川，第219页。

屏风山，在县西门外，西北联西郎山、独秀诸峰，西南联膏泽、马山诸峰，形如屏风，色如碧玉，日暮樵牧，由此而归。八景“西山晚照”即此。

——（雍正）《广西通志》卷十三，山川，第219页。

东岭，在县东对江，其岭迤逦数里至白沙湾一带，皆鱼船所泊，水色山光，一日数变，故八景曰“东岭朝霞”“白沙渔火”。

——（雍正）《广西通志》卷十三，山川，第220页。

龙岩，在县西关外里许，岩内有石龙鳞甲，水流不竭，岁旱祷此祈雨，汲泉而去辄应。故八景曰“龙洞仙泉”。

——（雍正）《广西通志》卷十三，山川，第220页。

双月溪，在县南三十步，中建长桥，县民居集贸易，立桥视之，左右皆月也。八景“市桥双月”即此。

——（雍正）《广西通志》卷十三，山川，第221页。

鑑山，嵯峨拔起，东瞰大江。鑑寺僧钟，为县城八景之一。其东一面，摩崖题壁者甚多。

——（民国）《阳朔县志》卷一，地理，第 41 页。

龙山，在小姑前，再起为画山。明御史陈善治有摩崖“画山”二字，大尺许，其南一面有岩，名龙跃岩。明邑人莫之先孝廉刻诗于石壁。岩前旧有龙跃寺，久废。龙跃岩之右有小岩，曰小龙岩，岩内有石盆，盛水满而不溢。八景中所谓“龙洞仙泉”即此。

…………

天马山，在县城西约一里，形如马，由县城一面旁观，高踞云端，气象雄杰，俨如天马行空，矫首东向，不受羁勒，俗名马山。与膏泽诸峰相连，山麓有小山，一溪环绕，有石桥二拱，风景殊佳。县治八景“马山岚气”即此。

——（民国）《阳朔县志》卷一，地理，第 42 页。

鑑山楼，在县治南三百步，碧莲峰下，昔为鑑山古寺，建于唐开元初年，为县最古之寺。曹邺未第时，尝与寺僧智仙唱和。智仙有句云“灯暗禅心静，钟鸣旦气清”，邺之诗学日进。历宋明元清，均有重修，并设僧会司理佛，香烟极一时之盛。寺前临大江，风景绝佳，鑑寺僧钟，为县治八景之一。民国四年废寺改楼，邑绅黄周曾讲学于此。寺侧有楼，现改为碧莲乡公所。

——（民国）《阳朔县志》卷四，古迹，第 585－586 页。

万云亭，在县城东门外滨江，为唐时所建，宋李纲有诗，今毁。民国二十六年县长杨人杰因故址近江，易为水冲坏，改建城上，距原址二十步，为县治八景之一。

…………

东岭朝雾，在县东对河一里，旭日东升，俨然如画，为县治八景之一。

白沙渔火，在县东南一里白霜村前，晚景如绘，为县治八景之一。

马山岚气，在县西一里，山高百丈，气势雄杰，如天马行空，为县治八景之一。

龙洞仙泉，在县西里许，龙跃岩右。岩内有石盆二，一大一小，有水数寸，经冬不涸。

——（民国）《阳朔县志》卷四，古迹，第 585－587 页。

白鹤洞，在县南二里白鹤山下，山前有岩可通行，岩上有白鹤观，久废，遗址尚存。洞高爽平，入不深。邑令王之臣刻诗于石壁，对岸即“白沙渔火”，为县城八景之一。立岩上俯视，江中群峰倒影，颇著奇观。

——（民国）《阳朔县志》卷四，古迹，第592页。

资源县

西延古八景 莫大能

犀卧寒潭即大阜头大塘湾，今名寒潭秋月。

碧潭绿水漾江天，中有通犀不计年。五夜吐开波底月，光明千载照湘源。

双狮抵柱在大阜头下砂对岸，大沐江口，松山坪下。

双狮踞处数峰围，水月为毬云作幛。砥柱颓波宜白泽，彨彨长此拥晴晖。

龟浮水面在洸滩水口山，俗云荷叶盖金龟，即此处上有水月阁。

何年灵物出江心，底事悠悠卜古今。宛有洛书痕在背背有八卦纹，谁占消长定浮沉。

鸡峙云端在堑底坪对岸，俗名金鸡寨，即今之金峰宿雾是也。

苍翠层峰似锦鸡，昂头俯瞰远山低。五云深入疑飞舞，千古巉岩作寄栖。

燕山耸翠在大阜头对河下，今名燕山春雨。

呢喃声里陟崔嵬，疑是乌衣旧梦回。欲问司分少昊世，旧巢何自结苍苔。

石屋阴樵在洸滩水口山，今名石屋归云。

天然夏屋蕴清光，仙境无须羡画梁，应有樵夫柯烂处，何为枕石看青苍。

笔插青霄在浦田文峡山。

凌霄峰颖萃仙霞，春入江郎梦里花。烟雾濛濛浓照墨，飞云疑是画龙蛇。

今棠遗迹在大埠头武署上，即今之文昌阁地。

彷徨石径想唐虞，平阁临江入画图。仰望苍崖寻旧迹，沧桑自后有还无。

——（光绪）《西延轶志》卷之八，艺文志。

恭城瑶族自治县

北山，耸形如狮，顶平约三丈，即解元周加宾读书处。有八景，俱有悬咏。今石壁字句剥落，不可晓。

——（雍正）《平乐府志》卷四，山川，第65页。

银殿山，尝有白云覆其上，望之如宫阙《名胜志》。去富川县百五十里，有山焉，顶多白云石，白如雪，故名银殿山，即八景中之“雪飞银殿”。

——（光绪）《恭城县志》卷一，山川，第 28 页。

二童山，在县西南二里，近平乐县界，两山并耸，高六七十丈，中间平坦处有大石一方，旧志称为“二童讲书”，为县中八景之一。又省志载，双童山在县西五里乡，举多联发，或云此山灵秀所钟。

——（光绪）《恭城县志》卷一，山川，第 29 页。

道公山，在县东二里一带，土山忽出石峰，高十余丈，顶上一石，俨若黄冠，又一石如手执笏。前有圆石磊磊，左右供仪。旧志称为“道公礼斗”，县中八景之一。

——（光绪）《恭城县志》卷一，山川，第 30 页。

北山，耸如狮形，顶平三丈，即解元周嘉宾读书处，有八景题咏，今石壁字句剥落不可辨。

冬热岭，在城西五里，高峻凌云，行者寒天汗浃。旧志云相近有东华岭，即八景中之“东岭樵歌”。

——（光绪）《恭城县志》卷一，山川，第 32 页。

燕子岩，在县南，中隔一河，高十余丈，逼临溪边，常有燕集岩内，春来秋去。岩下水色澄碧，深不可测，即八景中之“燕岩垂钓”旧志。县南一里，外峻中宽，顶平如石，岩如燕巢然，其相近者曰狮子山《方舆纪要》。

…………

石角岩，在县东三里，有庵，今废，即八景中之“石角鸣钟”。

——（光绪）《恭城县志》卷一，山川，第 33－34 页。

金芝岩，在县东五里，石乳下垂，宛如芝草，故名，即八景中之“露滴金芝”。

——（光绪）《恭城县志》卷一，山川，第 36 页。

柳州

柳州市

按：旧志八景，一曰南潭鱼跃，二曰天马腾空，三曰笔峰耸翠，四曰鹅山飞瀑，五曰罗池夜月，六曰东台返照，七曰驾鹤晴岚，八曰龙壁回澜。颇擅龙城之胜，详见《山川》。

——（乾隆）《马平县志》卷二，古迹，第 22 页。

按旧志八景，一曰南潭鱼跃，二曰天马腾空，三曰笔峰耸翠，四曰鹅山飞瀑，五曰罗池夜月，六曰东台返照，七曰驾鹤晴岚，八曰龙壁回澜。颇擅龙城之胜。详见《山川》。

——（乾隆）《柳州府志》卷十八，古迹，第 216 页。

天马山，在县城南，近大江，高出群山之上。其下有杨文广洞，俗名马鞍山。

驾鹤山，在城东南，耸立如孤鹤，临大江。旧有驾鹤书院，今毁。

鹅山，在城西二里，隔江十里，水自半岭喷出，流小河入大江，远望如双鹅飞舞，又名深峨山。唐柳宗元有诗。

文笔山，在城西二十里。山势卓立，直上如笔。

龙壁山，在城北三十里油榨村对岸。石壁似龙形，下临滩濑。宋陶弼称“烟霞洞天”。

东台山，在城东。其一崖面江，相传有龙须常浮水面，又名龙须崖。

——（乾隆）《柳州府志》卷四，山川，第 48－49 页。

大龙潭，在立鱼岩之南，雷水出焉，旱则祈雨于此。有张忠简公钓鱼台、罗象三龙隐洞，又称南潭。

罗池，本在旧州治，宋末徙州治于龙江，州人复凿池于庙左，以志侯德。

——（乾隆）《柳州府志》卷四，山川，第 50 页。

柳江县

鹅山，在城西隔江二里许。《可游记》："鹅山在野中，无麓。"旧志云："隔江十里，水自半岭喷出，流小河入大江，远望如双鹅飞舞，又名深峨山。"又"鹅山飞瀑"为八景之一。

按：鹅山今无飞瀑，至"远望如双鹅飞舞"，系山后走马岭顶之山塘。当春夏时，塘水满溢，分两道下流，日当正午，水光潋滟。登西城遥望，如双鹅飞舞也。又称名"深峨山"，则不免误读《可游记》之一"其间多美山，无名而深"句耳。

——（民国）《柳江县志》（点校本）卷一，山脉，第 33 页。

南潭，旧志载雷山在城南夹道。又大龙潭在立鱼岩之南，雷水出焉。旱则祈雨于此。有张忠简公钓鱼台、罗象三之龙隐洞，又称南潭。

按：雷水发源于雷山。忠简公摩崖之五言绝句，详《石刻》。

——（民国）《柳江县志》（点校本）卷八，名胜，第 347 页。

柳城县

柳城八景（旧志）：乌蛮峭壁、青凤晴霞、渔翁晒网、牛轭樵歌、古潭夜月、合浦秋波、鹭洲渔火、铜磬旋螺。

——（民国）《柳城县志》卷三，第 30 页。

乌蛮山，在城南二里，形如凤凰展翅。大江环绕而流，下有深潭，澄清可爱，侧面峭壁，望崖石质深黑，故名。

牛轭山，城东南三里，南岗有路可通柳州。山脉牵伸大峒、小峒、北乡峒等，长三十里。

——（民国）《柳城县志》卷三，第 16 页。

网山，城北隔河八里，上锐下展，似渔翁晒网之形，景致清幽，最宜避暑。山岩建寺供佛，因迷信故，改名开山，然不如网字恰切。

青凤山，城西隔河三里，高约百丈，因山顶穿一大孔，故又名穿山。山脉包围马头村一带，长凡二十余里。

——（民国）《柳城县志》卷三，第 17 页。

融水县

五月二十六日，憩息真仙洞中者竟日。☐荆南龚大器春题真仙洞八景：

天柱石星：嵯峨盘地轴，错落布琼玖；风吹紫霞散，荧荧灿星斗。

龙泉珠月：冰轮碾碧天，流光下丹井；惊起骊龙眠，腾骧弄蹇影。

鹤岩旭日：仙人跨白鹤，飘飖下九垓；矫羽扶桑上，万里日边来。

牛渚暝烟：朝发函关道，暮入湘水边；一声铁笛起，吹落万峰烟。

寒淙飞玉：悬崖三千尺，寒泉漱玉飞；奔流下沧海，群山断翠微。

碧洞流虹：丹洞连海门，流水数千里；石梁卧波心，隐隐䗖蝀起。

群峰来秀：青山望不极，白云渺何处；郁郁秀色来，遥看峰头树。

万象朝真：真象两无言，物情如影响；回看大始前，无真亦无象。

…………

二十八日☐复出洞，北遵大道行。已而西望山峡间，峰峦耸异，适有老农至，询知其内有刘公岩，以草深无导者，乃从下廓南先趋老人岩。共二里，至其下，遂先入下岩。岩门东向，其内广而不甚崇。时近午郁蒸，入之即清凉心骨。其西北有窍，深入渐暗，不能竟。闻秉炬以进，其径甚远，然幽伏不必穷也。从门左仍跻石峡上抵前岩，转透后岩，其内结阁架庐，尽踞洞口，惟阁西则留余地，以为焚爨之所。前有台一方，上就石笋镌象焉。由此再西入石窦，渐隘而暗，执炬探之，侧身而入，悬级而坠，皆甚逼仄，无他奇也。出就阁前凭眺，则上下悬崖峭绝，菜邕江西来潆其北麓，自分自合，抵岩下而北转临城，大江当其前，环城聚其下，［渺然如天表飞仙；］其直北即为香山，为八景之一。

——《徐霞客游记》上册，粤西游日记二，第381页。

按旧志八景，元人有“水月洞天”“独秀青山”“香山叠翠”“玉华仙洞”“融江暮雨”“西楼夜月”“南院蔷薇”“安灵龙潭”诸诗。国朝刘昭汉易以“铜鼓鸣岩”“灵寿丹溪”“浔阳古渡”“古鼎龙潭”四景名目，余仍其旧。至胡启龙所载，又有“曲水澄潭”“刘公德岩”“云际碧潭”“清风古台”“小村竹圃”“博塘渔舟”诸景，彼此互异。细加考核，其实刘之所谓“灵寿丹溪”，即元人之“水月洞天”也；刘之所谓“古鼎龙潭”，即元人之“安灵龙潭”也；胡之所谓“博塘渔舟”，即刘之“浔阳古渡”也；胡之所谓“云际碧潭”，即刘之“古鼎龙潭”也。或一景而两易其名，毋乃好事者为之欤？真仙洞内亦有八景，一曰“天柱石星”，二曰“龙泉珠月”，三曰“鹤岩旭日”，四曰“牛渚暝烟”，五曰“寒淙飞玉”，六曰“碧涧流虹”，七曰“群峰来秀”，八曰“万象朝真”。石刻有宋杜应然摹古碑洞图，又增勒新景。至元、明人真迹尤多，不可胜载，今仍邑志，第纪其崖略云。

——（乾隆）《柳州府志》卷十八，古迹，第219页。

玉融八景选五首　失名

融水城西独秀峰，巑岏千尺若神工。平峦矗矗围天柱，远岫层层拱祝融。石磴嶙峋侵斗柄，楼台缥缈入晴空。凭高极目登临处，都付诗人望眼中。独秀青山。

翠屏一幅号香山，绝壁凌空不可攀。春山岩前兰蕙馥，秋天岭畔桂花繁。晓寒烟雾侵松竹，夜静风雷绕树坛。采罢紫芝无一事，闲观涧水溜潺湲。香峰迭翠。

石路崎岖入翠华，自从云际访仙家。松阴绕院猿啼树，山色满庭蜂闹衙。孤鹤夜深还舞月，清泉明汲自煎茶。当年刘阮人何处，笑拍栏杆看落霞。玉华仙洞。

落日滩头云气浮，近船风雨晚凉秋。白蘋洲上行行雁，红蓼河边点点鸥。贾客推蓬思故里，渔人举网下中流。我生本是江滨叟，就买蓑衣理钓舟。融江暮雨。

云净中天露气清，台前皎皎月华明。黄金戏马皆虚耀，铜雀姑苏岂得名。夜半吹箫游阆苍，风微跨鹤访长庚。光浮海岱星河静，身在蓬莱绝顶行。西楼月府。

——（乾隆）《柳州府志》卷三十八，艺文，第672页。

香山，在城西二里许，左为大旂山，右为硃砂山，三峰鼎立，大木千章，好鸟相呼，骄阳罕到。上有□，祀宋梁忠佑侯、吴显佑侯。旧有敕书楼、敕书亭、威烈门诸胜，今圮。邑人李振堂书“宋理宗封二侯敕碣”巍然仍存，为县八景之一。

——（民国）《融县志》第八编，古迹，第346页。

独秀山，在城西北里许，一柱撑空，高百丈，带水环其麓，笔峰矗其前，江城胜概均归眼底，上有观音阁□师台，今皆圮。红棉一株尚存，百年外物也。

…………

古鼎龙潭，在古鼎村丛山中，距城十一里，山半有洞，洞有潭水，澄碧深邃莫测。俗传内有蛰龙，故名。春冬不涸不溢，投以石，音如钟磬。邑人近醵资建亭于旁，以便憩息，为县八景之一。

——（民国）《融县志》第八编，古迹，第 346－347 页。

融县八景　元代志

水月洞天在真仙岩内

独秀青峰见前

香山叠翠见前

玉华仙洞在鲤鱼岩外

融江暮雨在迎恩门外

西楼夜月在城西

余亭风月在县署内，原名南院蔷薇

古鼎龙潭见前

按旧志载，县中八景，清举人刘昭汉易以铜鼓鸣岩、灵寿丹溪、浔阳古渡、古鼎龙潭四景，余仍旧。拔贡胡启龙又易以曲水澄潭、刘公德岩、云际碧潭、清风古台、小村竹圃、博塘渔舟。但胡之博塘渔舟即刘之浔阳古渡，胡之云际碧潭即刘之古鼎龙潭，其实灵寿丹溪与水月洞天地同而景异，浔阳古渡与博塘渔舟相隔亦三里许，安灵龙潭在真仙岩后，古鼎龙潭在古鼎丛山中，迥不相侔，前后歧异，实未详考之故云云。今按浔阳古渡在上下浔阳村外，春树苍苍，秋芦瑟瑟，渔舟三五，村笛咿哑，仿佛《琵琶行》，所纪风景自以刘说为是，龙潭亦当以古鼎为幽邃。至南院蔷薇，据私人纪载，故老传闻在县府南，今办公厅即其故址。蔷薇一架，百余年物，花时灿烂如锦，香彻内外。清道咸间匪乱，遗迹荡然无存，现辟为园林，细草铺茵，垂杨夹道，中有亭曰余亭。风晨月夕，饭后公余，偶一游憩，心目为爽，特易南院蔷薇为余亭风月，地旧景新，名循实核，谅亦流连光景者之所乐许也。

真仙岩八景：天柱石星、龙泉珠月、鹤岩旭日、牛渚暝烟、寒淙飞玉、碧洞流虹、群峰来秀、万象朝真。

——（民国）《融县志》第八编，古迹，第 348－349 页。

编者按：在此书的第 24－29 页附有融县八景照片，虽然该书所刊登的是黑白照片，且较模糊，但为了保存历史照片以供参阅，现将八景照片列下。

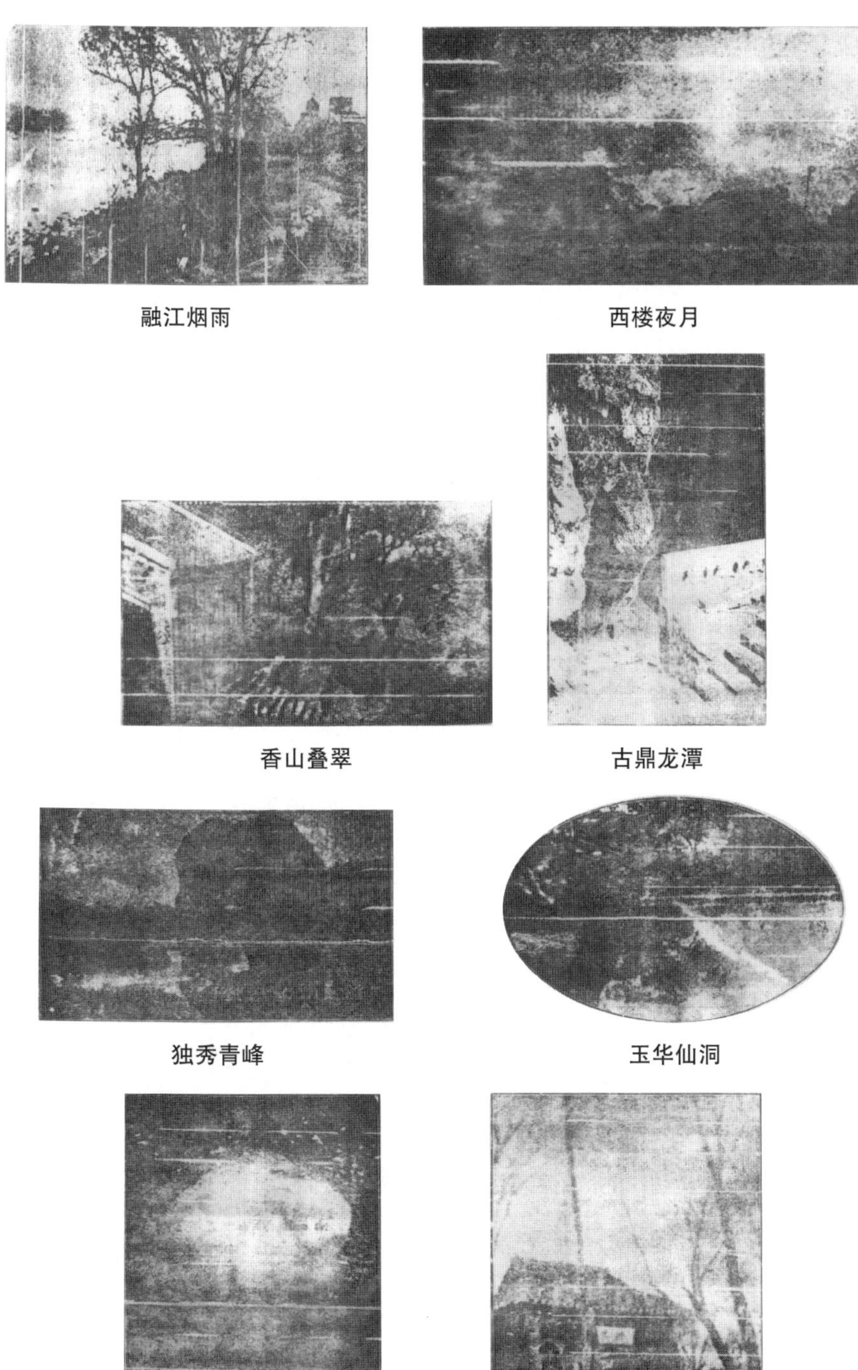

融江烟雨

西楼夜月

香山叠翠

古鼎龙潭

独秀青峰

玉华仙洞

水月洞天

余亭风月

玉融八景诗并序

玉融八景

八景诗序

玉融，古之名郡也，近改为邑焉。邑之得名，盖有取于山川秀丽之形似也。予佐政广西，亦尝闻之旧矣。今于□□之元年，朝议以玉融开设卫分所以镇驭边陲，奠安黎庶。时守将偕至都府，属予总其事。予来次邑越两月，而城垣屋宇焕然一新。因余暇之日，携二三子载酒登高，攀层楼，将以观山川之胜，概览八荒之攸同，俯仰周旋，徘徊竟日。见融之为邑也，东□长而澄清，西有香山独秀之森列，南有真仙岩之胜，北有玉华洞之赢，其他秀丽而得名者，益又多焉。雨晴则诸峰罗拱，或云霞吐吞而峥嵘，或烟岚滴翠而辉耀。日暮而长江浩碧，或鱼鳖沉浮，或舟帆上下，实一佳致也。诸景固不为美，独真仙岩尤为最焉，故古之名公、才士、宦游至是，无不歌咏镌石于其间。他之胜丽则未有闻。

予嗟夫人有一善，殆不可没，况天地英气毓，山川灵秀所钟，容可泯乎？于是窃效古人之志，择诸形胜而得名者，扁为玉融八景，作诗以纪于石。庶使山川之秀不独蕴于山川，而英精元气将以流润奋发于人间，万世之无穷矣，于予之志亦有得焉。是为序。

水月洞天

真仙岩内访真仙，别是人间一洞天。日□冷侵云漂渺，□□□□月□□。挂□星斗浮山岳……

独秀青山

融水城西独秀峰，巑岏千尺若神工。平峦□国天柱□，□□层□拱祝融。石磴嶙峋侵斗柄，楼台□□入晴空。凭高极目登临处，都付诗人望眼中。

香峰叠翠

门迎屏翠号香山，峭壁嵯峨行如攀。朝日岩□兰□嗅，秋天岭畔桂花繁。晓来烟□□松竹，□□风雷绕□檀。采罢紫芝无一事，闲□润□□□□。

玉华仙洞

石路崎岖□聚华，白云深入访仙家。松阴远院猿啼树，山色满庭蝉欲衙。孤鹤夜深还舞月，清泉时汲自邀茶。当年镏阮知何处，笑拍阑干看落霞。

融江暮雨

落日江头云气浮，满船风雨晚凉秋。白蘋洲□□□□，红蓼沙边点点鸥。贾客闲蓬思故里，渔人举网□中光。我生本是□江叟，就买蓑蓬理钓舟。

西台□□

云静中天露气清，台前皎皎月华明。黄金□□皆虚耀，铜雀姑苏岂得久。

主半吹箫游阆苑，风来跨鹤访长庚。光浮海岱星河静，身在蓬莱第几层？

南院蔷薇

东风□气蔼融□，满院蔷薇吐柔香。数朵鲜妍呈晓色，几枝烂漫压群芳。日烘腻粉□人赏，露湿娇红妃子妆。倚遍阑干观未已，一株□雨在东墙。

安灵龙潭

城南灵水若天池，一镜清光漾日□。似有延平双剑跃，空□雷□一梭飞。烟如□□□□生，潭为云雾腾产玉。文休□□泉深处，□□□□□明时。

昭勇将军广西都指挥佥事镏暹书，□□元年七月望日立。

（说明：摩崖在融水县真仙岩。）

——《中国西南地区历代石刻汇编》第六册，天津古籍出版社，第101页。

融水镇古为融州治地，境内有“融城八景”之胜。

融江暮雨，又称融江烟雨，即指在望江楼上眺望融江。望江楼始建于宋代，旧传为梁吴二侯行宫。楼前有一地坪，宽阔平整。旧时文人墨客常常聚集在此，观赏融江，吟诗作对。融江从北而来，从楼前奔腾而过，但见江水汹涌，浪遏石礁，激起千堆白雪。夕阳西下，余辉斜照，江面升起阵阵烟雨，蒙蒙胧胧，有如山水画卷一般。

西楼夜月，即于县城西门楼上观赏夜月。西门前有一张数十亩水面的池塘，旧时，池塘广栽荷莲，每当盛夏，荷花怒放，满池娇娜；暖风吹过，野凫三几成群，戏水其中。中秋之夜，皎月当空，清风徐来，水光潋滟，此时于西门楼上观赏夜月，恬静幽谧，赏心悦目。

香山叠翠，指位于县城西香山山麓景观。明代，香山山麓建有寺庙一座供奉梁、吴二侯。寺庙四周，古树参天，嘉木葱茏，景致幽雅。“文化大革命”中，寺庙被毁。近年融水镇群众集资重新修复。

安灵龙潭，位于真仙岩南面峰林谷地之中，四周古木葱茏，潭水澄碧平静，深不可测，雨季不涨，旱季不降。泉源在何处，至今无人知晓。相传远古时候，天下大旱，禾苗尽枯，正在无奈之际，忽有锣鸣鼓响，众人寻至龙潭，只见潭面雾气迷漫，群龙腾跃。不久，天空云遮雾盖，大雨倾盆，枯死禾苗回生，世人终于得救，安灵龙潭因此得名。此后凡遇天旱，农民置办酒肉，前往龙潭祈祷，求助龙王降雨。

玉华仙洞，位于融城西北。洞内翠碧绣错，光怪陆离，内有两尊怪石，一石象龙，一石象虎。南宋嘉定年间游客唐彬称二石为龙吟虎啸，并在洞壁上大书“玉华洞天”。宋徽宗时，广州观察史黄松巡游到融城，取名为“玉华仙洞”。昔日洞口建有阁楼庙宇，住有僧侣。

独秀青峰，位于县城北。孤峰拔地而起，峰高百丈，如文笔直立，一柱擎天。带水环山而过。山上旧有观音阁、祖师台等建筑（已毁）和一株百年红棉树。登峰俯瞰，全城风光尽收眼底，远眺群山，峰峦连绵不绝，如万马奔腾。

水月洞天，为真仙岩内一景点，位于真仙岩灵寿溪进口处。我国著名地理学家、旅行家徐霞客在考察真仙岩时，曾对这个景点作过生动的描述："……由洞溯流，仰属洞顶，益觉穹峻，两宕石壁，劈翠夹琼，渐进渐异，前望洞内天光遥遥，层门复窦，交映左右。从澄澜回涌中，破空蒙而人……既入重门，崆峒上涵，渊黛下潴，两旁俱有层窦盘空上嵌，荡映恍漾，回睇身之所入，与前之所向，明光皎然，彼此照耀，人耶仙耶，何以至此耶，俱不自知矣！"

南院蔷薇，南院位于旧县署正堂后侧蓄水池前。原址面积30—40平方米，种植有白蔷薇10数株，用木栅栏间架。每当春暖花开，但见千朵万朵缀坠柔枝，紫白相映，花气袭人。可惜几经苍桑，花早已无存。邑人欧阳丹谷先生曾感既地哀吟："蓬蒿满目荒凉日，不见蔷薇一院花。"

——《融水苗族自治县志》第二十二编，文物，胜迹，第658－659页。

三江侗族自治县

按旧志载，有"文星西指""天马东来""石门夜月""军听澄潭""太白遗岩""诸葛旧垒""一围玉带""九曲仙棋"八景。详见《山川》。

——（乾隆）《柳州府志》卷十八，古迹，第220页。

怀远八景选二首　廖蔚文

丹阳洲上一潭澄，军听曾传有令名。上下波光凝碧落，往来桂棹击空明。酌泉不改平生节，饮水何妨彻底清。无事燃犀照牛渚，却教人在镜中行。军听澄潭。

峰边九曲势巍峨，矗叠云边玉笋多。万仞高时看凤翥，一泓深处驻龙窝。旷观天下皆残局，留得山前有烂柯。胜负原来归造化，沧桑消长眼中过。九曲仙棋。

——（乾隆）《柳州府志》卷三十八，艺文，第678页。

马石门，在老堡南约十余里，当唐库（旧作塘窟）之上，夹大江（怀水）而对峙，旧称下石门，亦称马门。为怀远八景之一。

九曲山，在县西南合水乡培庙村背、下石门西边，距治八十里，旧志称其高万仞，山顶平敞，中有深潭，隆冬不竭，名仙女池。俗传有仙人下棋于此。

为怀远八景之一。

——（民国）《三江县志》卷一，舆地，山川，第79－80页。

挂榜山，在治南一百一十里，丹洲之西，如平头一字然，故有一字文星之称。为怀远八景之一。

——（民国）《三江县志》卷一，舆地，山川，第80页。

天马山，在县治南一百二十里，即丹洲对河东面之山，大小凡九驾，又名九马山。为怀远八景之一。

——（民国）《三江县志》卷一，舆地，山川，第81页。

太白岩，在治南七十里，马石门石壁旁边，相传李太白谪夜郎时，经过此地，曾登此岩，故名。亦怀远八景之一。岩深约二里许，宽丈余，可容万人。岩内有水潺然，惟口内窄暗，秋冬寒冷，蝙蝠属集累万，游踪罕至，不免今昔之感矣。

——（民国）《三江县志》卷一，舆地，山川，第83页。

马石门（见前列诸山）亦因马公希武死得名，石门潭为县治八景之一。

——（民国）《三江县志》卷一，舆地，山川，第84页。

军听谭，在丹洲北，怀远八景之一，见后列名胜。

——（民国）《三江县志》卷一，舆地，山川，第85页。

诸葛垒，在葛亮寨附近，为□八景之一。

——（民国）《三江县志》卷一，舆地，山川，第87页。

丹洲，在县南，与融邑接界处，旧治所在地也。怀水至洲头分流为二，曰东门河、曰西门河，环抱全洲，形似椭圆，面积约七八方里，城郭如故，有东南及西北两街，居民约二百户，土质肥美，宜种植，每年出产黄皮果、沙田柚、枇杷、芭蕉、甘蔗等类甚丰。洲之四面，群山围绕，二水环合如带，风景亦复甚佳，为怀远八景之一。

——（民国）《三江县志》卷一，舆地，山川，第88页。

怀远八景

文星西指，即挂榜山，在旧志（指丹洲，下同）之西，一山绵亘二三里，如平头一字然，故曰“一字文星”，无风晨夕月，哦咏对之，有春草夏禽之致。

天马东来，即天马山，自旧治东眺，两峰平列，如天马然，前后两驾，缥缈相逐，每风雨欲来，朔风夜吼，俨然嘶马之状，亦一胜概也。

石门夜月，即马石门，在老堡之下、塘窟（即唐库）之上，离旧治十余里，两崖夹峙，峭壁陡绝，横截如门，绾锁江流，每澄波印月，轻风微漾，澜光如练，亦快境也。

军听澄潭，旧治洲头，潭长十里，其深莫测，四时澈底澄清、一碧万顷，有“清风徐来，水波不兴”之致。

太白遗岩，在马石门右边石顶上，离旧治二十余里，相传李白谪夜郎登此游咏，至今遗址尚在。岩下江水澄清，每船只经过橹喧咿哑，如闻吟咏之声。

诸葛旧垒，今治西南一百二十里，在溶江福禄上面，与葛亮村相连，离旧治八十余里。考《广舆记》，溶江水出曹滴司，属贵州永从县，有亮寨司，有诸葛寨，此去永从最近，亦首尾相制之法。土人相传七擒孟获时所筑，至今台基尚在，壕堑依然。每涛声响应，如闻画角之声，亦古迹也。

一围玉带，丹洲旧治也，即前丹阳镇，四水环绕一洲，如玉带然，每月夜登楼一望，澄空如练，潋滟波光，亦一胜概也。太白诗云：“二水中分白鹭洲”，如此可见。

九曲仙棋，即九曲山，在下石门西山头，离旧治十余里。层峦九叠，相连如串玉贯珠，高入云际。顶上平敞，中有一泓名仙女池，隆冬不竭。相传仙人下棋如此，石上有诗云“九曲山头仙女池，眼前光景少人知。有人会得其中意，同与仙人下象棋”。

——（民国）《三江县志》卷一，舆地，名胜古迹，第 103 – 104 页。

光辉十景

紫衣南挂，在光辉之南，峰峦峻峭，远望之俨如紫衣高挂。

三色青云，在光辉小寨下边上，上有赤黄白三色土，故又名三色坡。

螺海秋波，一泓溪水，垂瀑如练，在光辉小寨下边溪脑，其地与寨准乡交界。

文溪春涨，文溪即文村江，每遇春涨。两岸渔篑往来于垂柳间，亦胜景也。

水从石眼，在石眼村，水从石眼穿过，其村即以之命名也。

鹿听天堂，其山最高，顶上有宽坪，昔传有鹿鸣于此，其地离黄排村约七里。

西指马鞍，在引本坪对面，其山与天堂接近，形肖马鞍，远近皆见。

南洲花埠，在光辉乡公所下边，三面绕水，洲花夺目。

官衙暮鼓，在引本坪对面官衙村外，寺鼓铿锵，今其村与寺均废。

白流石星，在文暇寨背约二里，白石晶莹，远望如流星然。

——（民国）《三江县志》卷一，舆地，名胜古迹，第 103－105 页。

斗江八景

三牙古石，在治东三十里，斗江对面，六墨岭上，三大方石，屹然壁立，一字排列，其状如牙。

双峰点翠，在三牙古石附近，俯临斗江，两峰相并，尖耸干霄。

天池印月，在白盐村九陇屯之背上四许里，生成一大天堂，周围十里，中有田地小山。

九江飞瀑，在白盐村附近九江屯滩口，有瀑布自山上泻下，高数十丈，浑如匹练。

鞍山晚磬，在治东四十里龙胜乡扶平村背，高耸入云，酷肖马鞍，山间有寺，每清磬一声，足醒尘梦。

紫阁朝天，在斗江村之西镇水口，杰阁独峙，下有深塘，斜阳倒影，亦极幽雅。

东坡曲水，在东坡村之北，长十里，水屈曲流，两岸树木交加，源头尚有岩洞，可容三五十人，境最清雅。

墨江晚眺，墨江村即斗江入浔处，两江交汇，一船三到岸，每值渔舟唱晚，临江远眺，风景殊佳。

——（民国）《三江县志》卷一，舆地，名胜古迹，第 105－106 页。

怀远八景

文星西指

县治之西，一山绵亘二三里，如平头一字然，故曰一字文星，俗又呼为挂榜山，每风晨月夕，哦咏对之，有春草夏禽之致。

西方一字列文星，保障丹阳拥翠屏。喜有空青来笔底，愧无佳句对山灵。平临奎宿千年聚，高接长庚万古荧。从此冈陵标翰墨，寻常蹊径改前程。

…………

天马东来　廖蔚文

县志之东，两峰平列如天马然，前后两驾，缥缈相逐，每风雨欲来，朔风夜吼，俨然嘶鸣之状，亦一胜概也。

对峙层峦出自东，宛然天马欲腾空。心依日月骧皇路，形在尘埃逐电风。

浊水难甘充我腹，青丝未必受人笼。孙阳若得逢今日，忍使骅骝困此中。

…………

石门夜月　廖蔚文

在老堡之下、塘窟之上，离县治（旧治丹洲）十余里，两崖夹峙，峭壁陡绝，横截如门，锁浔溶二江，阖为之响应，亦一快境也。

谁将峭壁琢成门，砥柱浔溶镇上源。陡峙两岸云欲合，悬流一线水如叠。逃秦锁住桃花片，归汉槎浮星斗吞。遥望千岩开玉镜，波光大寂自村村。

军听潭　廖蔚文

县治（旧治丹洲）洲头一潭，俗呼为军听潭，长十里，其深万仞，四时彻底澄清、一碧万顷，有清风徐来，水波不兴之致。

丹阳洲上一潭澄，军听曾传有令名。上下波光凝碧落，往来桂棹击空明。酌泉不改平生节，饮水何妨彻底清。无事燃犀照牛渚，却教人在镜中行。

太白遗岩　廖蔚文

在马家洲上，石门上水右边石顶上，离县治（旧治丹洲）二十余里，相传李白谪夜郎时登此，至今遗址尚在。每竹喧咿哑，如闻吟咏之声。

青莲见谪夜郎濆，此日登临访旧闻。岩洞有灵应识我，江山无恙又逢君。莺歌尤唱清平调，星斗常惊大块文。采石矶头还朗月，莫教村酒醉蛮云。

诸葛旧垒　廖蔚文

在大溶江福禄村上面，与葛亮寨相连，离县治八十余里。考《广舆记》，溶江水出曹滴司，属贵州永从县，有亮寨司，有诸葛寨，此去永从最近，亦首尾相制之法。土人相传七擒孟获时所筑，至今台基尚在，壕堑依然。每涛声响应，如闻画角之声，亦一胜迹。

渡芦深入讨溶江，营垒依然在水泷。六出奇谋功第一，七擒胜算世无双。涛声喷薄如闻角，山势峥嵘似展幢。不是天威还遣纵，南蛮那肯自归降。

一围玉带　廖蔚文

县治即旧丹阳镇，四水环绕一洲，如玉带然，每月夜登楼一望，澄空如练，潋滟波光，亦一胜概也。太白诗云：二水中分白鹭洲，于此可见。

盈盈二水绕洲横，四面缠环郭外萦。浊潦汰除潭影静，狂澜不起浪花平。中流一砥千年柱，保障三江百雉贞。自昔苏公归去后，留将玉带镇孤城。

九曲仙棋　廖蔚文

在下石门西山头，离县治（旧治丹洲）十余里。层峦九叠，相连如串玉贯珠，其高万仞，顶上平敞，中有一泓，名仙女池，隆冬不竭，相传仙人下棋于此石上，有诗云："九曲山头仙女池，眼前光景少人知。有人会得其中意，同与仙人下象棋。"

峰连九曲势巍峨，矗叠云边玉笋多。万仞高时看凤翥，一泓深处驻龙窝。旷观天下皆残局，留得山前有烂柯。胜负原来归造化，桑沧消长眼中过。

八景总题　邑庠生唐之愈

天马东来迈五常，文星西指照怀阳。一围玉带悬圭组，九曲仙棋赌墅庄。

功绩武侯垂弈冀，名同太白亘穹苍。石门夜月明如镜，掩映澄潭潋滟光。

——（民国）《三江县志》卷五，文化，诗，第593－598页。

编者按：此处八景材料除了介绍其位置外，还有诗歌，因其量实在太大，在此仅抄录八景的文字说明和部分诗歌。

光辉十景（总题） 邑亚元侯养瑞光辉乡文大村人

紫衣南挂太平村，三色青云岭上腾。螺海秋波摇夜月，文溪春涨卷幽荪。水从石眼通渠古，鹿听天堂飞瀑奔。西指马鞍来帝阙，南洲花埠过天门。官衙暮鼓三更梦，白石流星大转坤。

紫衣南挂

山窗石阁几磨砻，细缕宫袍挂碧空。雨后添来春草绿，云阑催出晚霞红。金针压就如神剪，矶石穿成点化工。一色飞扬荣万里，君门带到岭南中。

三色青云

数点新云搁小丘，鹧鸪啼不得行舟。芙蓉日暖堪飞鹤，杨柳烟开可饭牛。如绣霓裳游月下，赛花容貌卧山头。人间天上虽差别，三色吹灯五色俦。

螺海秋波

青山八面起嵯峨，石澜中流绣绿波。铁甲将军铺水阵，朱衣使者恋沙窝。多方欲茧西陵祖，有术观澜邹孟轲。不必沧浪歌孺子，汀泓清浅费吟哦。

文溪春涨

长溪一线倒山来，夹岸猿声果快哉。鸟集柳州愚子谱，鱼游渭水钓翁台。绿云深处桃花浪，清草初生惊蛰雷。间去寻路归迹绕，依稀身到武陵回。

水从石眼

十里江流一洞天，涓涓绿水石中穿。无眉笑带三春柳，有路愁浮独钓船。岩外悬津犹半缺，波间印日竟全圆。玲珑怒辟浔源水，荡漾南溟陋辋川。

鹿听天堂

何年泉涌出山腰，风长雷声叫野鹩。不断玉虹高百尺，半空白雪下千条。疑从湖海翻涛浪，信自峰峦倒汐潮。云霁午天红日近，也将蓑笠入林樵。

西指马鞍

铜驼荆棘不须题，天马横空绝径蹊。飨露百年青嶂外，临风一辔白云依。铁衔高挂归良骥，金镫常悬伴野骙。极目遗鞍山路远，夕阳斜照板桥西。

南洲花埠

南洲风雨过村前，带着浓香入钓船。花傍松阴开古色，水从林麓荫青涟。倩红杜宇啼高下，爱紫黄鹂舞万千。分李移桃多作意，谁知春巧出天然。

官衙暮鼓

孤村冷路一荒坪，衰草残花剩老茎。鸟起琴堂燃鬼火，鹊鸣野罴走山猩。革音抗坠天晴雨，雷响高低风笠横。声动黄昏人不见，岁深难记甲和庚。

白石流星

皑皑砵磲岭下亭，白云窝里见流星。大刚低结小刚友，蝴蝶反为蛱蝶荆。秋日冶银倾野壑，溪风吹雪上山庭。何年玉骨种晋此，不染东陵半点腥。

——（民国）《三江县志》卷五，文化，诗，第 602 – 603 页。

三江县八景　邑贡生陈殿青丹洲乡板壁村人

两峰天马

飞来天马倚城东，灵秀居然造化功。騄骃尚留周穆迹，蒲梢犹拟汉皇风。齐驱误识华阳牧，群处应教冀北空。他日再逢孙伯乐，定增声价重寰中。

一字文星　前人

文星璀璨绕方城，西枕长垂一字名。助我似曾师训获，照人时见葆光呈。昔传挂榜皆为瑞，谁道看山不喜平。岳降崧生灵自效，丹阳共信毓菁英。

九曲仙棋　前人

层峦叠翠亘牂牁，路入幽深坳迹多。起伏山随流水曲，纵横石作众星罗。群峰欲转恒迷径，一局初成已烂柯。料得神仙常会处，棋枰终古不销磨。

一围玉带　前人

万家城郭起丹洲，一水中分两岸流。江汇浔溶成玉带，道通黔楚奠金瓯。激湍左右青罗绕，天堑东西白链浮。从此澜安波静后，渔歌谱入太平讴。

石门夜月　前人

万壑千岩拥大川，东西屹立石苍然。舟行岸曲疑无路，月印潭空别有天。碧海何年飞驻浪，丹洲今夕靖蛮烟。迩来门户休关键，砥已平兮镜已圆。

军听澄潭　前人

侧闻帝德兴潭深，紫极遥巡水国森。鳞族几曾知北拱，翠华何幸获南临。波光荡漾涵天地，圣泽汪洋自古今。数百载来风浪息，长留明鉴印澄心。

太白遗岩　前人

闻道青莲放夜郎，黔滇楚粤旧连疆。骑鲸人已烟云幻，倚马才遗姓字香。酌酒尚留山月影，题诗犹见石苔芳。岩前花草青青处，览古情同江水长。

诸葛旧垒　前人

征蛮昔著渡泸文，何事岩疆亦驻军。遗孽未擒终抱恨，不毛深入敢辞勤。六师仿佛鸣风柝，八阵依稀卷暮云。诸葛千秋传旧垒，天威犹足靖余氛。

——（民国）《三江县志》卷五，文化，诗，第 610 – 611 页。

鹿寨县

鹿寨八景　民国　于湘

鹿山耸翠

山势峥嵘翠欲流，鹿肥正好趁高秋；芙蓉万丈凌空起，仙迹还留最上头。

牛洞迴澜

奇峰哨拔峙江边，一水潆洄古洞前；遮莫惹人赋招隐，波光山色小春天。

石牛春雨

萦芜绽绿认新痕，叱犊山村又水村；春雨一犁农事急，秧歌声里细评论。

铜鼓名阳

形同卧鼓亘西陲，石穴风来听倍疑；想是武侯留遗制，夕阳声振万家知。

鹅洲晴雪

芦花如雪满汀洲，老鸭归来已白头；好山好山添画本，两边还泊打渔舟。

古寺神钟

寒山一杵首频搔，午夜闻钟兴倍豪；惊破旅人残梦醒，满庭凉月听蒲牢。

西塘夜月

横塘十么影迷离，双月争辉水底时；三五蟾圆云净夜，休教人误认罗池。

人迹桥霜

长虹十丈卧平堤，青女来时一望迷；不是旅人行太早，屐痕先印板桥西。

——《鹿寨县志·附录诗词选》，广西人民出版社，1996 年，第 793 页。

铜鼓夕阳距鹿寨镇二里许，即长鼓山也，形如卧鼓，耀灵仪景际登山西眺，见朱霞返照，一轮红日落于江中，且石涧中有声，绝类鼓声，故名。

形同卧鼓亘西陲，石穴风来听倍疑。想是武侯留遗制，夕阳声振万家知。

鸦州晴雪距鹿寨镇西三里，即老鸦洲也。在长鼓山左侧，岁冬间两岸一徧，芦花似雪，沙上蹲鸦千百计，渔歌欸乃鸦声嘲，故名。

芦花如雪满汀洲，鸦老归来已白头。好水好山添画本，两边还泊打鱼舟。

古寺晨钟在鹿寨镇中，即古回龙庵也，内有洪钟一口，康熙初庵僧普净募化所制，敲时声闻数里，故名。

寒山一杵首顷搔，午夜闻钟兴倍豪。惊破旅人残梦醒，满庭凉月听蒲牢。

西塘夜月距鹿寨镇西一里，有孤塘一口，其形似月，阔数亩，月初升至月沉时，塘内皆见月影，故名。

横塘十亩影迷离，双月争辉水底时。三五蟾圆云净夜，休教人误认罗池。

人迹桥霜距鹿寨西南三里，即霜降桥也。每逢霜降，旅人往来，履痕皆印桥上，日出始消。里人林建兴所建。

长虹十丈卧平堤，青女来时一望迷。不是旅人行太早，履痕先印板桥西。

——（民国）《榴江县志》，第 207 页。

榴江八景

莲塘夜月　唐本心

一曲涟漪绿映堤，教人仿佛忆濂溪。冰盘皎洁云如洗，香雾濛腾月渐低。风送幽芬来沼北，天开夜色想湖西。清游最是情怀畅，对此寒光句漫题。

榴水清波

山自嵯峨水自清，依稀远浦画难成。柳塘绿映吟眸阔，桃岸红分照眼明。荡漾四围烟树绕，潆洄千顷浪花生。回龙古庙凭栏望，遥见归舟一叶轻。

灵岩嘘气

灵岩耸秀绝尘寰，紫气浮空飘渺间。叆叇偏多云影荡，氤氲尤映石文斑。奇氛幻出迷青嶂，瑞霭争腾拥翠鬟。选胜何人携蜡屐，殷勤采干自回还。

怪石鸣钟

闲寻梵宇径斜欹，怪石峥嵘造化奇。响送深山霜信递，音传古寺夕阳迟。倦飞野鹤僧归暮，忽听铿鲸我尚疑。恍悟金镛天铸就，三生有约证前知。

寺绕白龙

幽深古寺纪仙灵，时有山僧诵佛经。几见松关云缭绕，行来藓径石珑玲。禅门尤胜蜿蜒势，峭壁长留变化形。只觉红尘飞不到，梵宫无锁月常扃。

桥飞彩凤

寻芳不计路迢迢，有客扶筇度野桥。传说来仪鸣雁齿，问谁题柱过虹腰。翩跹欲觅格罔集，约略行来柳岸遥。五采分明留胜迹，前溪眺望认归桡。

仙盘玉露

炼神服气悟真诠，闲诵黄庭不记年。好藉盘承天上露，飘然云拥洞中仙。瀼瀼浓滴金茎满，湛湛甘流玉液圆。此处长留蓬岛客，餐霞应共细参玄。

佛座法云

金粟前身自昔闻，磷磷巨石有灵氛。飞空现出十方佛，劈絮纷呈五色云，远望高峰形变幻。近观法座气氤氲，庄严宝相人争讶，往复如来影不分。

——（民国）《榴江县志》，第 204－206 页。

西桥晚眺　雒容八景诗　清恩贡　唐本心

挹来爽气豁吟眸，偶向平桥作胜游。沿岸修篁青欲滴，环堤流水碧如油。虹腰新月光初现，鸦背斜阳影渐收。牧笛数声吹不断，扶筇闲步且勾留。

东阁朝暾

卓然高阁耸层峦，有客登临纵大观。晓日瞳瞳明远岫，朝烟漠漠绕回栏。光衔洛水胸襟阔，影射童山眼界宽。俯瞰孤城如在目，开轩权作画图看。

双童捧日

双童山上雨初晴，造物留形画不成。好似垂髫擎玉镜，几如总角捧铜钲。直冲霄汉心常切，横扫云烟眼倍明。岂是夜来通吉梦，扶桑遥弄一轮清。

一柱擎天

漫云砥柱作中流，怪石嵯峨迥不眸。揞柱深岩泉有韵，扶持古洞径通幽。参天卓立标千古，拔地巍然镇四周。最是玲珑人共赏，谁题诗句把名留。

鹿山冬雪

巍巍千仞耸高峰，天意冲寒雪意浓。远岫高蹲飞六出，北风凛冽冷三冬。孤山鹤守栖香国，灞岸驴归认旧踪。行过平原回首望，花飞疑是白云封。

象洞薰风

幽深岩穴感苍茫，洞口风来一阵凉。漫谓渡河形隐约，应知歌曲韵悠扬。谁能解愠怀虞帝，我亦披襟学楚王。高卧南窗频寄傲，置身如遇古羲皇。

观音真境

天然幽僻启禅关，宝相庄严自驻颜。坐有蒲团垂雾鬓，居来莲座袅烟鬟。因参妙悟花能散，始信听经石不顽。从古遐陬多胜地，无须海外觅仙山。

响水鸣琴

忽闻流水响涓涓，寻得空山一脉泉。两岸蓝光清有韵，半溪黛色绿无边。跳珠激澈疑丝竹，泻月无声杂管弦。谁是知音参妙谛，渊源自悟乐陶然。

——（民国）《雒容县志》（卷下·艺文），第130－132页。

梧州

梧州市

苍梧八景　解缙

千古苍梧剑气明，白云深锁鹤回程。孤洲系住龙潜伏，双井中分水浊清。牛粪黄金遗古迹，鱼生丙穴出嘉亭。鳄鱼已去无消息，皓月清风一舜庭。

——（嘉靖）《广西通志》卷六十，第716页。

苍梧八景　解缙

千古苍梧剑气明，白云深锁鹤回程。孤洲系住龙潜伏，双井中分水浊清。牛粪黄金遗古迹，鱼生丙穴出嘉亭。鳄鱼已去无消息，皓月清风一舜庭。

——（雍正）《广西通志》卷一百二十三，艺文，第2019页。

郡县八景图说

自宋迪画潇湘平远，始立八景之名，后世僻壤偏隅转相仿效，几成陋习，而非所论于梧也。梧为山水窟，翠微赤壁，秀木高林，泉石云烟，情不给赏，桑郦所未及记，荆关所未及图，郡城有之，属邑亦各有之，信足光志乘矣。山水古迹，诸门并已详载，兹不复複叙云。

——（乾隆）《梧州府志》卷首，图，第32页。

府城八景：桂江春泛、云岭晴岚、鳄池漾月、鹤冈返照、金牛仙渡、龙洲砥峙、冰井泉香、火山夕焰。

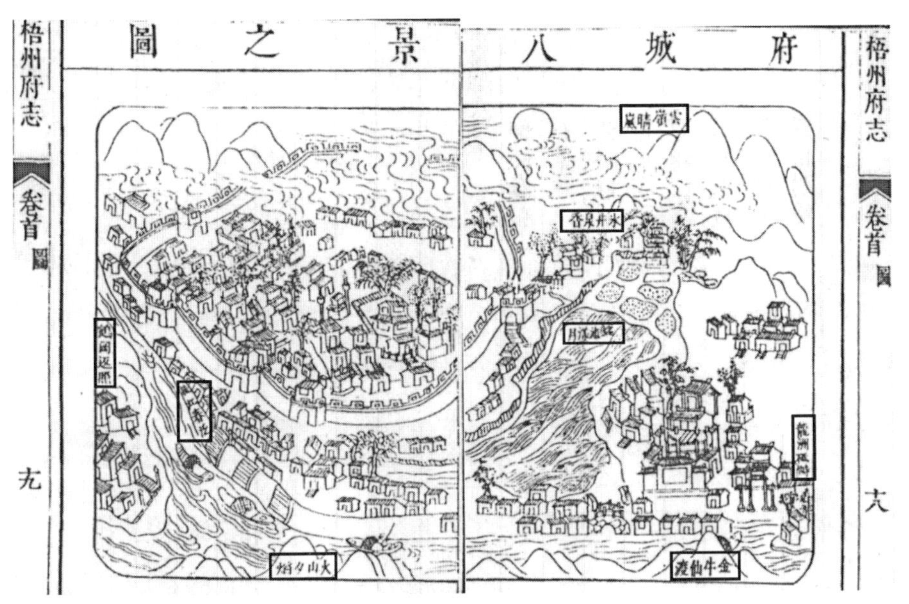

梧州府城八景图

——（乾隆）《梧州府志》卷首，图，第33页。

编者按：此图据（乾隆）《梧州府志》中的府城八景图拼接而成。

（苍梧县）大云山，城东三里，旧名大灵山，山脉发自桂林，高百仞，迴出群峰，遥连五岭，总纳三江，蜿蜒盘亘，雄峙安敦，府治之主山也。列苍梧八景，曰“云岭晴岚”。以下参《通志》、旧府志并各县志。

冲霄山，即火山，梧郡之案山也，在城南，隔江当三合渚。山上有火，每三五夜一见，若野烧。或言其下水中有宝珠，光烛于上，或言南越王尉佗藏神剑于此，故焰腾如火。又产灵麋，三足，郡有灾祥及使车将至，则先鸣。《寰宇记》云山下有丙穴，嘉鱼生焉。唐沈佺期诗：“身经火山熟，颜入瘴江销。”明隆庆四年总督张瀚因郡市多火，更今名。旧有祥光亭，万历末知府陈鑑改建真武庙，以镇火灾，今久不见有火光矣。列八景，曰“火山夕焰”。

…………

金石山，县东南二里，《图经》云吴时有道士牵牛渡江，语舟人曰：“舟内牛溲聊以为谢。”舟人视之，皆金也，道士与牛并隐石下，因名。列八景，曰“金牛仙渡”。

——（乾隆）《梧州府志》卷二，舆地志，山川，第58页。

鹤飞冈，县西二里，石英山之左。南汉太守刘曜凿断其脊，有双鹤飞去。

列八景，曰“鹤冈返照”。

石鼓洞，在县北二里，约深广丈许，高五尺，以椎投地，如伐大鼓。明太史程文德有记。面临桂江，左为邀月岩，前有鼓岩，堂麓有庆林寺，苍梧之胜景也。金牛石在系龙洲下。列八景，曰“金牛仙渡”。

…………

桂江，即府江，在县西北，一名漓江，源出兴安县海阳山，入灵渠合漓水，由昭潭至府城，与西南大江合流，四十里至广东封川县。一名始安江，又名金沙江。杨慎《丹铅录》云：“古有‘金沙浮转多，桂浦忌经过’之谣言。”滩大水急，上下舟皆难行也。列八景，曰“桂江春涨”。

——（乾隆）《梧州府志》卷二，舆地志，山川，第61页。

系龙洲，县东大江上，亦名七里洲，江涨时，洲独不没，又名浮洲，屹然中峙，盖三江砥柱也。旧建有亭，林木森秀，可供游览。明知府陈鑑复建文昌阁，后圮。国朝康熙二十四年左江道王毓贤、知府陈天植复建，祀关帝。五十八年知府范大士相继重修。列八景，曰“龙洲砥柱”。六十一年邑人李世瑞重修。后增祀文昌，置祀业税二十八亩奇，在河南行埠口，每年收税以为香灯之资。

…………

嘉鱼池，城东门外，旧名鳄鱼池。列八景，曰“鱼池漾月”。详见“古迹”。

——（乾隆）《梧州府志》卷二，舆地志，山川，第62页。

编者按：乾隆《梧州府志》在同治十二年时重刊，八景史料内容一致，在此不再重复摘录。

系龙洲

梧州当黔、郁、桂三江之冲，其下有系龙洲焉。悠然尘外，将十里而遥，宛在水中，为八景之一。江流浮玉，海石沈珠，此其亚矣。

——（清）金武祥：《粟香随笔》，粟香三笔，卷七，第616页。

编者按：明清时期岭南地区关于伏波庙的记录还见诸清代越南使臣来华朝贡的燕行文集当中。2010年复旦大学出版社出版的《越南汉文燕行文献集成（越南所藏编）》第24–25册收录了后黎朝阮辉滢的《燕轺日程》、阮朝裴樻的《如清图》和《燕台婴语》、阮朝裴文禩的《燕轺万里集》，里

面有详细的出使途程路线。书中还绘有使臣所见到的广西一些府城的示意图并配以小字介绍该府城的八景，为后人留下了可贵的图画史料。

咸丰癸丑，我国使正月入关，九月初二到燕京，十一月初一出京，甲寅六月到梧州。因匪梗，停梧州城中。至乙卯四月起回，循丰川、肇庆江道下广东，驻静海门外万和铺。广东奏明奉旨准由海道回故国，九月初八日出澳门，三日到琼州，六月到海阳。自梧州至广东四五日，江广水程顺便。梧州八景：桂江春泛、龙州砥峙、金牛仙渡、水井甘泉、火山夕焰、鹤岗夕照、鳄池檬月、云岭晴岚。

——《越南汉文燕行文献集成（越南所藏编）》第24册，第212页。

士臣生于此，为交趾太守。相传有八景：桂江、龙州、云岭晴岚、金牛、冰井、火山、霍冈、鳄池，多有虎狼。”

——《越南汉文燕行文献集成（越南所藏编）》第24册，第34页。

咸丰癸酉，我国使正月入关，九月初二到北京，十一月初一出京，甲寅六月到梧州。因匪梗，停梧州城中。至乙卯四月起回，循丰川、肇庆江道下广东，驻静海门外义和铺。广东奏明奉旨准由海道回故国，九月初八出澳门，三日到琼州，六月到海阳。自梧州至广东四五日，江广水程顺便。梧州八景：桂江春泛、龙门砥峙、金牛仙凑、冰井甘泉、火山双焰、鹤山夕照、鳄池样月、云岭晴岚。

——《越南汉文燕行文献集成（越南所藏编）》第25册，第44页。

梧州府，秦属桂林，汉曰苍梧，明为梧州府，乃西粤襟悮之地。唐置交州治之。此府有八景曰：桂江春泛、龙州砥峙、金牛仙度、冰井泉香、火山夕焰、鹤岗夕照、鳄池澜山、云岭晴岚。城外街铺连叠，舟舷辏集，洋货径贯东上俱聚于此，为西粤大马头。

——《越南汉文燕行文献集成（越南所藏编）》第25册，第176页。

苍梧县

苍梧县八景：桂江春泛、云岭晴岚、龙洲砥峙、鹤冈返照、金牛仙渡、鳄鱼漾月、火山夕焰、冰井泉香。

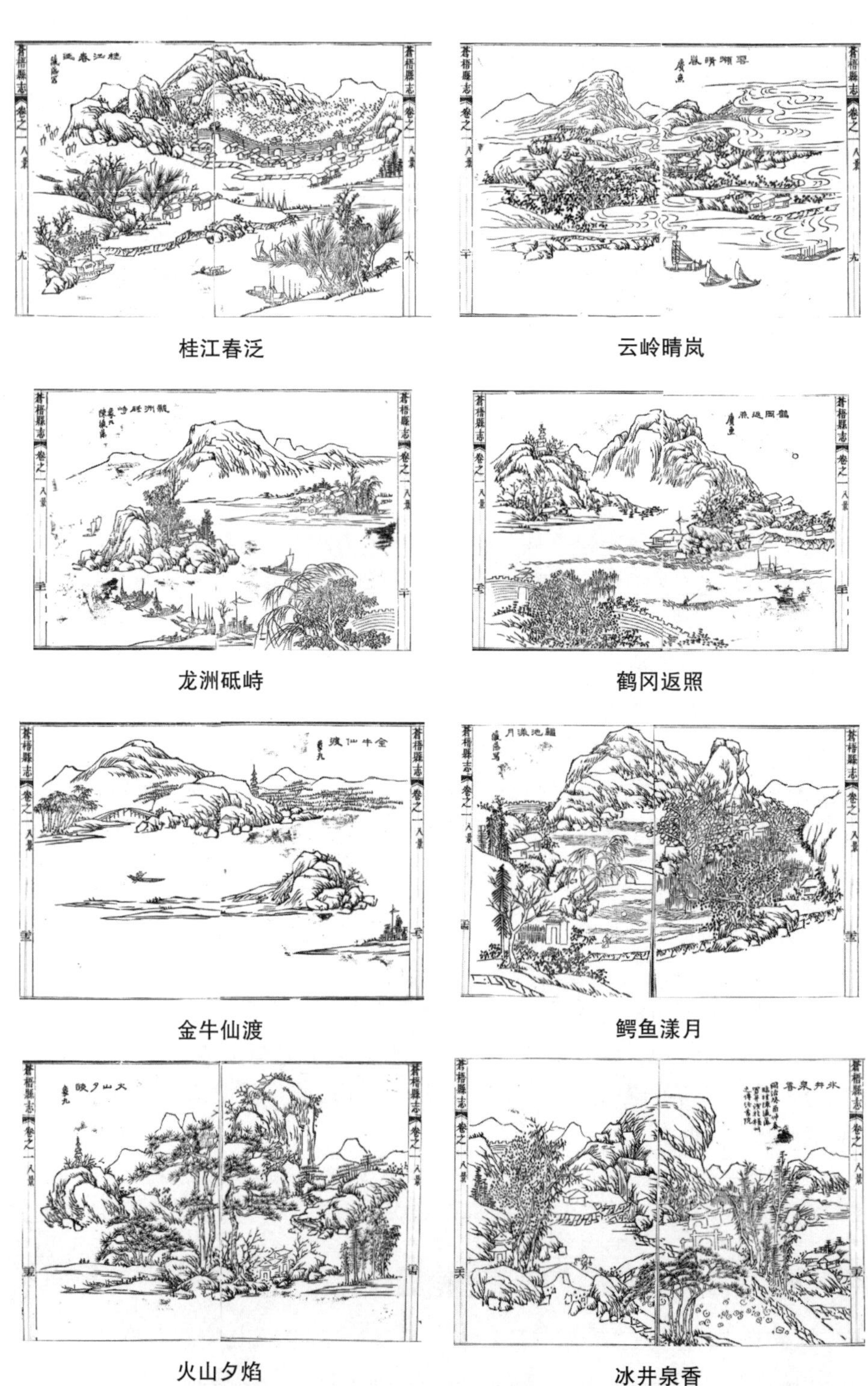

桂江春泛　云岭晴岚

龙洲砥峙　鹤冈返照

金牛仙渡　鳄鱼漾月

火山夕焰　冰井泉香

——（同治）《苍梧县志》卷一，图经，八景，第 18－26 页。

苍梧八景题咏

苍梧八景　解缙

八景苍梧夙记名，云岚桂楫趁春晴。浪翻洲渚观龙系，日照冈峦听鹤鸣。唤渡舟横仙珮响，临池风细月波生。火山冰井铭镌石，元结当年最有情。

桂江春泛　熊兆祥

万峰积翠俯江流，九十风光纪胜游。红雨弥漫横匹练，碧波荡漾点孤鸥。一声长啸山河动，双桨轻摇烟雾浮。好向春宵追赤壁，互邀明月共扁舟。

云岭晴岚　李世瑞

翘首城东望眼齐，新晴岚气古蛮溪。几重高栈通星北，一栋遥连挂榜西。晓露乍溥初日上，晚烟如幕夕阳低。佳哉郁郁葱葱处，遗老徒闻觅锦鸡。

龙洲砥峙　王文灿

屹然江上孰为俦，耸翠连云日夜浮。看尽长空飞野马，会归冥漠泛灵舟。只凭定力高深在，直任狂澜左右流。风细月明相对好，不妨呼作小瀛洲。

鹤冈返照　关正运

城西隔岸叠峰稀，落日平冈见鹤飞。山上赤腾余倒景，江心红映半斜晖。四围暮色侵樵径，一片霞光绚钓矶。最是可观翻石壁，水边人立似衣绯。

金牛夜渡　屠英

粤嶠西来第一津，晴沙茫茫水粼粼。凡心讵识仙源近，俗眼偏逢道骨真。石已鹭残江上客，金应买断渡头春。牵牛此去无消息，奚啻人天隔两尘。

鳄池漾月　傅潢

皎月东升夜气微，无端先照鳄鱼池。缺愁堤畔走棱露，圆爱桥心镜影移。玉液云浮光潋滟，金波风动碧涟漪。采莲人向黄昏后，疑是菱花出匣迟。

火山夕焰　王维泰

越王台畔镇南关，夕焰曾闻出此间。埋剑吐芒宵烛漠，藏珠流影夜辉山。圣灯掩映分岩壑，野烧依稀照市阛。今日韬光休待问，尽移宝贵落人寰。

冰井泉香　黄裳吉

为访幽岑踏径苔，寒泉相对赏心开。琼花滟滟随云起，玉液深深滴露来。砺齿何人耽石漱，知音有客试茶杯。名因漫叟传芳洁，仰止惭无作赋才。

邑人许懿林书。

——（同治）《苍梧县志》卷一，八景诗，第27－28页。

藤县

藤县八景：剑江春涨、石壁秋风、赤峡晴岚、东山夜月、龙巷露台、鸭滩霜籁、登屿耸环、谷山列嶂。

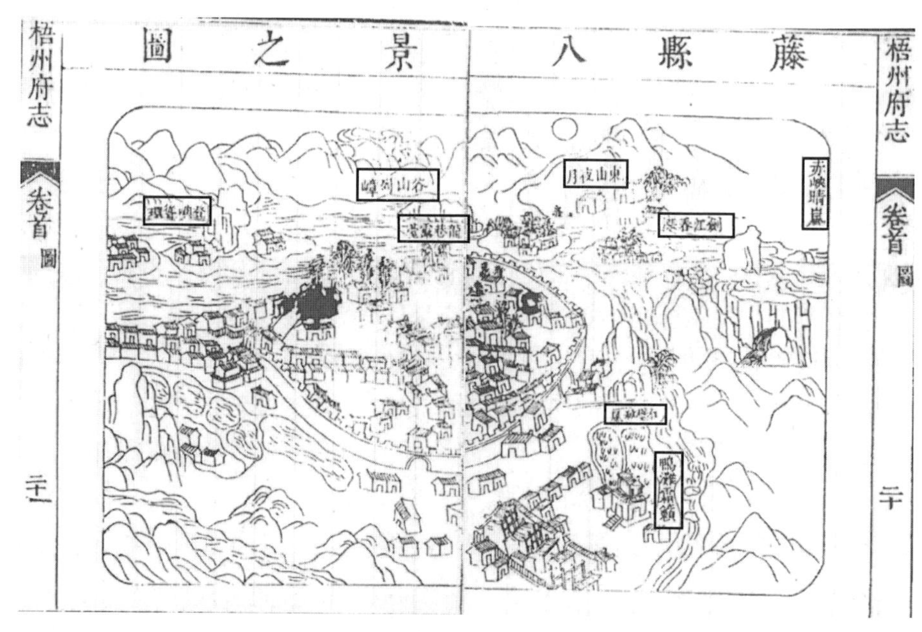

藤县八景图

——（乾隆）《梧州府志》卷首，图，第 34 页。

东山，在县东一里通津门外，蜿蜒秀丽，供于县左，上有唐李卫公祠。列藤县八景，曰“东山夜月”。

石壁山，县南二里南山之傍，高十余丈，石色皆赤，亦名赤壁，下临绣江，树皆倒悬，岩石如削。列八景，曰“石壁秋风”。

谷山，县西北五里，一名西山，隔岸临江，其形若谷，高冠诸峰，奇挺秀拔，望之森然。列八景，曰“谷峰列嶂”。

登屿山，县西十五里，二峰对峙，崔嵬苍翠，形如螺髻。列八景，曰“登屿耸鬟”。

——（乾隆）《梧州府志》卷二，舆地志，山川，第 62 页。

茂潭，底有鱼影石，其影如鱼，春水盛时，江鳞群聚。列八景，曰“赤峡晴岚”。

龙巷石，县北郁江中，垒壁崚嶒，其中成路若巷，巷有九，皆如砥，长数十丈，阔丈余，冬月水涸，可以游观。列八景，曰“龙巷露台”。

藤江，一名郁江，又名弥江，源出交趾，经太平、南宁会浔水，绕城东与绣江合流，经府治合桂江而东至番禺，注于海。唐有安抚使泛舟，所佩剑跃入水，又名剑江。宋绍圣间，苏黄门子由谪雷州司户，其兄子瞻亦徙儋州，相遇于藤，即此处也。列八景，曰“剑江春涨”。

——（乾隆）《梧州府志》卷二，舆地志，山川，第64页。

（藤县）鸭儿滩，在将军滩南五里，湾环泊涌，春水泛涨，波澜潆秀，弥漫旋转。列八景，曰“鸭滩霜籁”。

——（乾隆）《梧州府志》卷二，舆地志，山川，第65页。

东山，在县治东一里，通津门外，高百余丈，林树苍蔚，上有唐李卫国公祠，下有秦少游二女墓。山左一峰有文昌阁，楼五层，阁下瀛台浮金亭。山后有文笔，夜月初升，清光如镜。列八景，曰“东山夜月”。今改为“东冈霁月”。

石壁，在县南二里，高十余丈，其色赭，亦名赤壁，下临绣江，树皆倒悬，岩石如削。列八景，曰“石壁霞纹”。

谷山，在县西北五里，一名西山，隔岸临江，其形若谷，高冠诸峰，奇挺秀拔，常有云气，如烟横雾结，望之森然。列八景，曰“谷峰列障”，今改为“翠叠”。

登屿，在县西二十里，江中高耸二峰对峙，崔嵬苍翠，形如螺髻，列八景，曰“登屿耸鬟”。今易“文岭云环”。

文岭，在黉宫西，常有云气周回环绕，登其巅，如身在九霄。列八景，曰“文岭云环”。

——（光绪）《藤县志》卷之四，舆地志，第87－88页。

赤峡，在九都赤水峡中，两岸地高，山岚环绕，溪雨初晴，别增幽致。列八景，曰“赤峡晴岚”。

——（光绪）《藤县志》卷之四，舆地志，第90页。

龙巷石，在县西北江中，垒壁崚嶒，中虚若巷者九，阔丈余，两旁石齿纵横，苔痕样〈漾〉绿，其形如龙鳞，然巧力不能成也。世传苍龙尝卧于此。冬月水涸，游人争诣观焉。为藤州八景之一，曰“龙巷露台”。

鸭儿滩，在将军滩南五里，秋冬水落弥漫之声，与北风相应。为藤州八景之一，曰“鸭滩霜籁”。元麦徵有诗。

——（光绪）《藤县志》卷之四，舆地志，第113页。

藤州诸胜（八景）　（明）富礼

剑江春涨

泊舟沧海滨，天云喜高旷。化剑已成龙，桃花涌春浪。刻舟彼何人，怀古空惆怅。

石壁秋风

断崖如削铁，开辟自太古。江风西北来，斑斑湿秋雨。扁舟晚经过，中流欲掀舞。

鸭滩霜籁

秋高霜降余，滩浅石齿齿。渔郎吹笛来，野鹜斜飞起。山头两石人，并坐如笑指。

龙巷露台

海月照珠宫，隐见蛟龙窟。神人或径行，风雨助飘忽。石台晨可登，秋风正萧瑟。

谷山列障

联石如重屏，仿佛郭熙画。云横鸟道长，月照虹梁跨。荒塚卧麒麟，令人起悲咤。

登屿耸环

江流岛屿分，亭亭耸高髻。螺堆脱雾浓，翠滑春云细。徘徊顾清影，澄江去无际。

东山夜月

东山气鸿濛，夜色白如昼。明月斗牛间，江动金波溜。步归松径深，清露湿衣袖。

赤峡晴岚

峡口涨晴岚，秀色渥如赭。天寒山鸟啼，月白林猿下。仙人读书台，石磴水湍泻。

——（光绪）《藤县志》卷之二十，艺文志，第863－864页。

藤州八景　（六言古体）边其晋

剑江春涨

延平曾闻剑合，藤水潜藏卧龙。时作春雷一轰，霖雨已遍三农。

石壁秋风

峭壁天然如削，孤峰砥柱中流。一曲高歌谁继，武陵留待渔舟。

龙巷露台

巷口龙潜何日，石上鳞甲斑斑。不知秋雨春露，千古常在人间。

鸭滩霜籁

鹅鹳不整喧豗，蓬岛而今清浅。双凫飞去随波，知是仙源不远。

登屿翠鬟

湘妃危立峰巅，时露云鬟雾鬋。中流洲渚独峙，一双燕尾轻翦。

谷山列障

百二重关辟就，谷山一带翠屏。天然付与保障，呵护不须巨灵。

东山夜月

登楼几回望月，少焉已在东山。浮金亭下秋水，可有诗人往还。

赤峡晴岚

槛外晴江如练，烟岚树色分明。游人不辨昏暮，渡口孤舟已横。

——（光绪）《藤县志》卷之二十，艺文志，第 911－912 页。

蒙山县

八景，永安曰：□□□□、□□□□、□□□□、蒙江湛碧、普济芹香、同乐椒芬、银山晓霁、凤岭春屏。

——（雍正）《平乐府志》卷二十，外志，第 599 页。

眉江渔唱　袁植修

夕阳红蓼满汀洲，曲曲眉江晚翠浮。何处酒酣歌水调，芦花丛里泊渔舟。

凤岭樵归

凤岭如屏碧四围，采樵人担夕阳归。依稀虚里孤烟直，一路歌声到耳微。

峻岭摩天

当空峻岭插云罗，十万连山未足多。牧笛有人临绝顶，星辰历历手频摩。

双峰插云

双峰峭削独凌空，古寺苍茫翠霭中。我读南华忘世累，白云深处听疏钟。

回龙仙掌

今古尘凡拨不开，沧桑到处长莓苔。谁从一片青溪石，记取仙人足迹来。

龙潭瀑布

此去龙潭才十里，层峦叠嶂记分明。珠帘百丈从空下，人在庐山道里行。

文奎夕照

文笔擎天一塔悬，尼山道脉古今传。余霞散绮宫墙路，听读书声二月天。

落甕晴岚

落甕山前露气清，岚光终日过云行。一天晴煦云初敛，着色丹青画不成。

七星连珠

平芜几点石头青，曾说当年坠七星。斗柄不妨旋地转，人文端合毓清灵。

三山叠翠

一发三羓神技绝，千年壁立溯遗风。不同石虎埋荒草，赢得青青翠几重。

——（嘉庆）《永安州志》卷十七，艺文，第393－394页。

眉江渔唱　中州杨遇春

江流环绕漾眉洲，云影波光一色浮。风送渔歌堪入听，芦花浅水月明舟。

凤岭樵归

凤岭崇高绿一围，樵歌牧唱暮云归。当年仙灶今何在，好向烟光认翠微。

峻岭摩天

峻岭巍峨映碧罗，登临曾蹑白云多。而今星斗仍如系，牧笛何人手再摩。

双峰插云

双峰突兀插青空，瑞霭祥光绕寺中。无数彩云凝绝顶，晚风吹送一声钟。

回龙仙掌

谷口清幽万象开，纡徐曲径翳苍苔。欲寻仙掌从何处，须向回龙道上来。

龙潭瀑布

龙潭泻水静无声，瀑布奔腾远照明。好识庐山真面目，一般珠浪过云行。

文奎夕照

眉州文塔与云连，岭踞鳌鱼自昔传。一片夕阳斜照里，奎光耿耿耀南天。

落甕晴岚

天开霁色晓峰清，岭上晴云带日行。一片岚光飞野马，淡妆浓抹画难成。

七星连珠

七石横排一色青，当年遗迹陨明星。遥观地脉联珠络，应是蒙山毓秀灵。

三山叠翠

到处石羊均可叱，千秋石虎卧秋风。何如一发三羓后，翠嶂青青叠几重。

——（嘉庆）《永安州志》卷十七，艺文，第394页。

眉江渔唱　城西陈本懋

眉江曲曲绕蘋洲，一带渔船逐浪浮。最好夕阳人静后，漫吟清词漫摇舟。

凤岭樵归

拶拟古木满山围，樵子行人得意归。日暮断桥红一角，村墟深处篆烟微。

峻岭摩天

岭插青空拂翠罗，天高尺五暮云多。牧童犹记当年否，历历星辰信手摩。

双峰插云

峭壁双擎倚碧空，仙台古寺白云中。登临何日呼如愿，半听松涛半听钟。

龙潭瀑布

瀑布潺潺泻玉声，高悬匹练漾空明。何时结室龙潭畔，卧看匡卢自在行。

文奎夕照

写云文笔向空悬，胜踞鳌头地脉传。一塔玲珑虚四面，奎垣光耀夕阳天。

回龙仙迹

寰中尘俗渺难开，到处青山覆绿苔。谁向石间留足迹，仙人今日不重来。

落甕晴岚

日映岚光到处清，山横螺黛逐云行。惭无谢朓惊人句，一种烟蛮韵不成。

七星连珠

平芜七石倚青青，当日珠连坠列星。不是蒙山人瑞好，天宫何事降精灵。

三山叠翠

成羊成石术难穷，翠幢而今对晚风。好认箭痕深着处，荒烟蔓草拂重重。

——（嘉庆）《永安州志》卷十七，艺文，第394－395页。

眉江渔唱　城南杨拔荣

两水双流出古湄，光浮蒙岭系人思。潭清荡漾澄青嶂，波静湾环列画眉。一带扁舟摇晚翠，数声水调唱新词。年来自喜烟波长，听罢渔歌意欲痴。

凤岭樵归

凤山特出别凡尘，日暮行歌有负薪。蓑笠湿沾岩上翠，花枝香绕担头春。岚遮古灶峰如画，夜透灵光火照人。遥望恍同屏列锦，城西三里见情真。

峻岭摩天

劈立千寻近日边，名山不枉号摩天。抟空雕鹗迷青汉，到夜星辰落翠巅。尽可披云朝雾里，无妨吟月晚风前。只今不尽登临感，输与牧牛人醉眠。

双峰插云

奇峰并峙势超群，仰望仙凡到此分。一片岚光迷古寺，双擎玉笋透层云。江河俯视崖中泻，钟鼓传声峡内闻。那得高登临绝顶，飘然不染俗尘氛。

文奎夕照

一枝彩笔千霄汉，四壁玲珑美在中。岭踞鳌鱼征地脉，阁缠奎宿起文风。天钟灵秀真如此，人泽诗书自不同。最好夕阳回照处，红墙隐隐是黉宫。

落甕晴岚

落甕潭前秀气钟，岚光晴景绕奇峰。参天黛色三千丈，锁地烟霞十二重。云净愿看锅现影，风清乐听庙鸣钟。欲知此处佳山水，漫审图中有适从。

龙潭瀑布

奔崖破壑急飞流，泻入龙潭景倍幽。万丈银河悬翠壁，千寻雪浪照蒙州。珠帘直落惊鱼变，素练长拖拟剑浮。水色山光皆画本，我从何处纪来由。

回龙仙掌

西望仙人去不回，空遗仙掌印莓苔。千秋芳躅留青壤，万古高踪辟草莱。汉殿露盘空忆想，板桥霜迹费疑猜。何如一片回龙石，长卧蒹葭永不隤。

七星连珠

西南瑞气坠平铺，小结峦头信不诬。自昔落星传七座，于今成岭喜连珠。天机变化谁能测，人事经营孰可图。应是地灵征人杰，直同北斗耀寰区。

三山叠翠

落得浮生尽日闲，好从叠翠数烟鬟。当年箭镞痕犹露，此日羊蹄石尚斑。知是异人遗古迹，留为后代认奇山。题诗不厌频游赏，岂惮崎岖路往还。

——（嘉庆）《永安州志》卷十七，艺文，第395页。

永之为邑，编户五里，开于成化年间，东界昭平，西邻平南，北接荔浦，南通藤县，内有诸瑶各堡错杂其间。山环水绕，岩壑争奇，虽地属弹丸，而物色亦有可观也。我国家教养边陲，生息向化，农服田畴，士习诗书，瑶童咸知慕义，村堡之俗可封，堪舆图注其名，如细观之，可静会其中山青水秀之景象云。

宛平李炘谨识。

——（光绪）《永安州志》卷首，州治总图及十景图，第2页。

文奎夕照

峻岭摩天

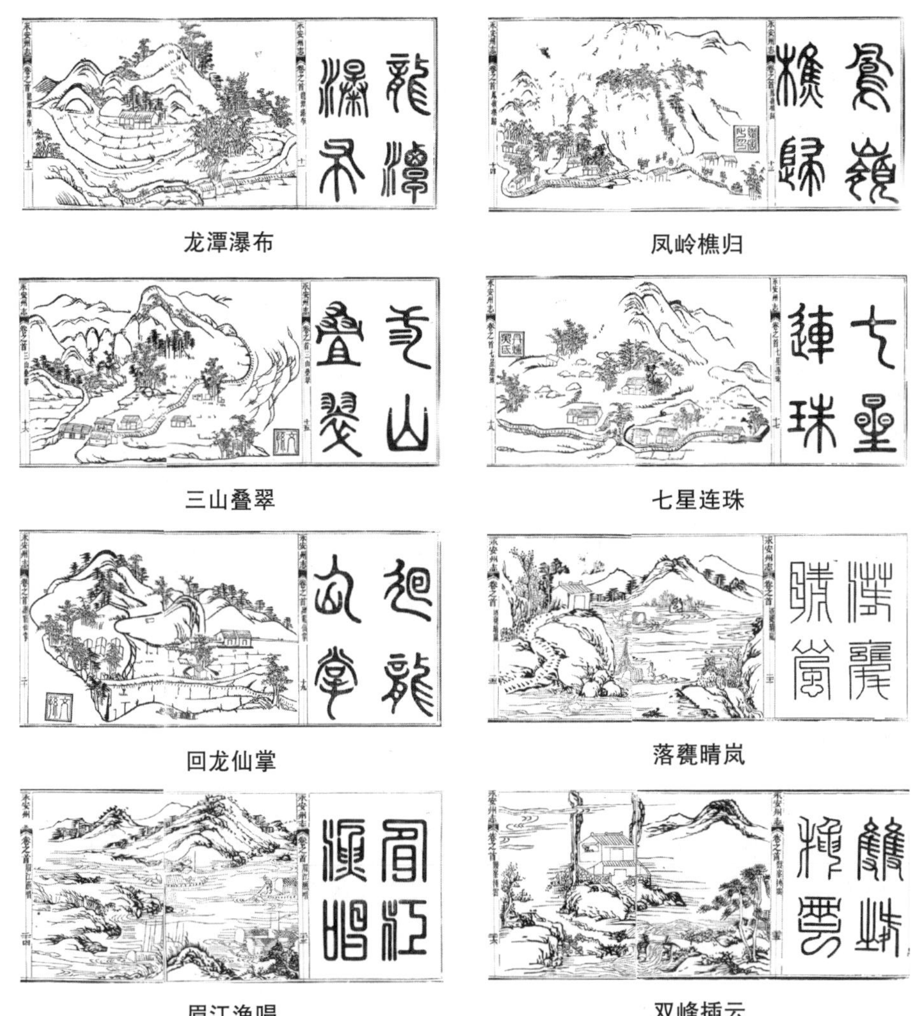

龙潭瀑布　凤岭樵归

三山叠翠　七星连珠

回龙仙掌　落䶮晴岚

眉江渔唱　双峰插云

——（光绪）《永安州志》卷首，州治十景图，第7－26页。

今地之下篇所志山水，凡土所贵，固在滋谷，用取筑治引水，实利及民者列前。其岩洞幽胜，流注漫演有名可录，悉录于志。旧志所记景，概奇峻十所，大半具在，遂割析诸诗咏，条系其下。

山岩

文奎岭，在州东南半里，有岭如鳌鱼形，相传有作窑岭背上，如人叫者数日，作楼祀文奎镇之，遂息，因名不叫□。光绪十年州人士建亭于楼前，冰壶社人为之额曰“跨鳌”，亭中并题曰“乐寓游观”四字。其亭势与楼势相接，旧志永安十景称“文奎夕照”指此。

——（光绪）《永安州志》卷二，地第一下，山，第1－2页。

编者按：后所题列的诗词甚多，难以完全收录，在此均略去不录。

摩天岭，在城东二里，朝暮云气矗合，若可摩天。相传有童子牧牛是岭，枕石而睡，其岭忽合，伸手摩天，星辰可数，故名。旧志永安十景所称“峻岭摩天”指此。

——（光绪）《永安州志》卷二，地第一下，山，第 4 页。

凤岭，在州北三里，上有古灶。乡人樵采或遇之，若有意寻之，则不可见。至夜常有火光，闪烁如灯。旧志永安十景所称“凤岭樵归”指此。

——（光绪）《永安州志》卷二，地第一下，山，第 6 页。

七星岭，在城西南三里，有小山七座，行人夜见七星坠此岭畔，诘朝往视，成七小山，故名。旧志永安十景所称“七星联珠”。

——（光绪）《永安州志》卷二，地第一下，山，第 13 页。

三石山，在城西南十一二里，有三大石，故名。相传云有异人过其处，见群羊举弓射之，一发中三，悉没其羽，既而视之，皆石也。今箭痕犹存。

路鹏飞铭

三石嶙峋，神奇谁纪。马蹄留踪，雕翎没羽。叱羊有黄，射虎称李。在昔我闻，今复睹此。仙迹宛然，仙人杳矣。四顾徘徊，烟凝山紫。藓莓翠苔，鼎列无语。暑往寒来，孰测终始。旧志永安十景所称“三山叠翠”指此。

——（光绪）《永安州志》卷二，地第一下，山，第 15 页。

仙掌岭，在城南六里回龙村旁，石上有掌痕，长尺许，深一寸。旧永安十景称“回龙仙掌”指此。

——（光绪）《永安州志》卷二，地第一下，山，第 19 页。

落瓮山，在城南二十里，古眉峡右中。山脚有石如瓮，水涌沙满，则岁大有年，半则中岁，虚则岁歉。土人以占岁，常验。旧志永安十景所称“落瓮晴岚”指此。

——（光绪）《永安州志》卷二，地第一下，山，第 20 页。

双峰插云，在城北六十里龙回里中。两峰相对，有仙台寺。旧志永安十景称“双峰插云”指此。

——（光绪）《永安州志》卷二，地第一下，山，第 24 页。

龙潭，在城北五六里，其水甚深，飞瀑布数十丈。旧传有龙潜此，春暮群鱼皆来朝云。旧志永安十景称“龙潭瀑布”指此。

——（光绪）《永安州志》卷二，地第一下，水，第 28 页。

眉江，在州南二十里，曲若蛾眉，因名。永安水全汇此，由陈村至藤县五屯所。水深时可架小舟出蒙江大河，惟多石滩耳。旧志永安十景称“眉江渔唱”指此。

——（光绪）《永安州志》卷二，地第一下，水，第 30 页。

据《永安州志》载，邑内原有“永安十景”，此十景为：鳌山夕照、峻岭擎天、凤岭樵归、七星联珠、三山叠翠、迴龙仙掌、落雍晴岚、湄江晚唱、双峰插云、龙潭瀑布。

解放后，由于行政区划变化，以及诸多人为因素，原十景中的部分景点或易划他县，或被毁坏，至今景观尚完整者仅龙潭瀑布及湄江渔唱等处。另外，解放后，邑内建设中又出现一批新的景点。至今，县内自然景点主要有 8 处。

永安古城，永安州城（今蒙山县城）始建于明成化十三年（1477），历代有修葺。现仅存州城西段城墙 142 米，墙砖上面“道光”二字清晰可见。

鳌山夕照，鳌山位于县城东南角，因山形似巨鳌，故名。

州头古榕，位于蒙山县城北街头，三榕合一，华盖亭亭，其形若伞，荫蔽 800 多平方米的地面，相传为宋时所植，已有千年历史。

山湖秀色，位于蒙山县城北面茶山冲。

龙潭瀑布，龙潭瀑布在城北 4 公里的石龙冲内，冲纵深 10 余公里。

湄江晚唱，湄江，是纵贯蒙山县全境的一条主河，汇合茶山、福垌、文圩、瓦冲、以孟等水系齐汇水秀峡，南流西江，素称蒙山“水都”。水秀峡口，山婀水媚，绿竹列岸，夕阳染照，人挑担赶牛群归，十分壮美。

以孟胜景，由县城东行 5 里，至以孟冲。以孟冲由葫芦江和三叉江合流而成，冲水蜿蜒于以孟峡谷 10 余公里，两岸山奇石异，千姿百态，如一幅天然山水画廊。

龙寮天堑——龙寮岭位于蒙山县城东面 10 余公里的古苏冲内纵横蜿蜒至 40 多公里，山势雄伟，群峰林立。

——《蒙山县志》文化志，第 534－535 页。

岑溪市

岑溪八景：春泛花洲、秋风石室、南楼晚眺、北山松籁、仙亭觞月、龙潭听雨、葛岩瀑布、西泷晴岚。

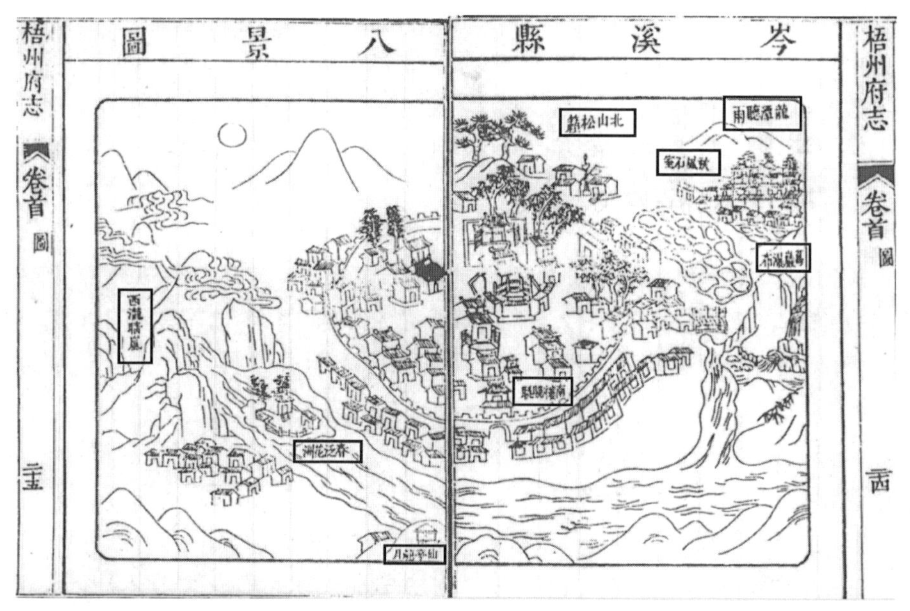

岑溪县八景图

——（乾隆）《梧州府志》卷首，图，第 36 页。

西泷山，县西七里，峭壁森秀，县前河西流绕山麓，乱石激湍，十里不通舟楫，锁岑溪水口。相传，烧山则居民有火灾。《通志》作小龙山。列八景，曰“西泷晴岚”。

邓公山，县西十里，山麓有邓公祠。又西为云松山，上有聚仙亭。今废。列八景，曰“邓巘仙亭”。

——（乾隆）《梧州府志》卷二，舆地志，山川，第 67－68 页。

葛仙岩，在县北七里，巾子山麓，有瀑布如匹练，冬夏不涸。列八景，曰“葛岩瀑布”。

白象岩，县东十七里秋风村，巉岩石穴如室，可容十余人，磴道曲折而上，游者有摩天弄云之致。左右有钟、磬、鲸鱼三石，扣之，各如其声。列八景，曰“秋风石室”。

望里岭，县东二十二里，麓有龙潭。列八景，曰“龙潭听雨”。

——（乾隆）《梧州府志》卷二，舆地志，山川，第69页。

百花洲，在城西河中。列八景，曰“春泛花洲”。

龙潭，在县东归义乡，水源出七山，至望思岭脚停蓄成潭，其深莫测，久旱祷雨辄应。列八景，曰“潭洞龙湫”。

——（乾隆）《梧州府志》卷二，舆地志，山川，第70页。

白象山，城东十七里，麓有白象岩，详八景“秋风石室”。

望里岭，城东二十二里，麓下有龙潭，深不可量，详八景“龙潭听雨”。

——（乾隆）《岑溪县志》卷一，地舆，第151页。

葛仙岩，在城东一里根子山麓，旧传葛稚川尝奕棋于此，详八景。

逍遥亭，在城西十八里云松山顶，正统间羽士邓子真建，详八景。

——（乾隆）《岑溪县志》卷一，地舆，古迹，第162页。

岑溪八景

南楼晚眺，南城上层楼高耸，八窗玲珑，四望水色山光，芳村烟树，夏则薰风拂面，夜则皓月窥帘，种种皆堪图画。明季楼为兵毁，今继作数椽，规模卑隘，殊非旧观。

北山松籁，城北枕山，其麓有古松三株，老干拏云，虬枝屈铁，清风引籁，韵若笙簧，每登振岑楼听其涛声，烦襟尽涤。今松已久枯，而楼亦先废矣。

春泛花洲，洲在城西河中。明初掌教钟振辉，举人李茂、廖标选胜买洲，与县尹钱梦兰构庵置田，招僧常住，环植花木，因以百花名洲，香海名庵。其景晴雨俱宜，水月多致，涤钵濯缨，泛舟垂钓，无不可人。雍正三年，知县刘信嘉，举人钟朝朗，监生黄之发、李典捐资募助修庵。乾隆二年，知县何梦瑶清出侵蚀田塘，并惩强砍竹木，给示防护。载“艺文”。

西泷晴岚，西泷山壁立城西，县前河流绕其麓，乱石激湍，怒涛迅驶，有大小泷之名，因以名山。振衣峰顶俯瞰，河流屈曲，写入襟怀，心目开旷，雨后岚烟浮碧，变态万状，尤属可观。

仙亭觞月，即逍遥亭，相传邓羽士聚仙于此，重檐四柱，翼然凭虚，每当素月流空，金波万顷，俯视人寰，尘埃尽洗，举杯相属，觉庾楼清兴，正复不浅。

葛岩瀑布，即葛仙岩，山势回抱，岩洞幽邃，玉莎绕径，铺茵画壁，倚云作障，瀑布中悬，如挂匹练，跳珠洒雪，清韵泠泠。

秋风石室，秋风村背白象山巅有岩如室，可容十余人，磴道曲折而上，游者有摩天弄云之致，左右有钟、磬、鲸鱼三石，叩之各如其声。山人谭四我尝隐于此，得一白石类象，又名白象岩。

龙潭听雨，水源出七山，至望里岭脚停蓄成潭，其深莫测。久旱祷雨，投纸钱于水，沉速则雨立应。邑绅严李奇、廖标、李茂建龙界庵其上。夏日避暑于此，溪云乍起，山雨忽来，滴响潭中，锵然成韵，听之忘倦。

——（乾隆）《岑溪县志》卷一，地舆，八景，第162页。

募重建花洲香海庵引雍正二年　举人钟朝朗

岑有八景，花洲居其一。两水环之如襟带，洲形鸥起鹭立，浮于水面，障下注之狂澜，形家见其与下一洲相掩映，以为日月作峡也，方之桂林象鼻、平乐印亭、梧郡系龙、五羊海珠，虽大小悬殊，而灵奥不异。然在他处则琳宫梵宇，月榭风亭，咸有点缀，使山川之灵不至荒寂。吾岑花洲，秀毓于天，而独艰诸人。明季余先人叨司岑铎因与廖、李两先达选胜买洲，栽花植木，建庵招僧，且置寺田，以永来兹。当斯时也，花木芳妍，钟鱼清逸，宰官绅士恒停棹以飞觞，迁客骚人每探奇而觅句，名传香海，号擅花洲，由来久矣。讵至于今，庵颓花谢，洲瘠僧凉，文人韵士闻所闻而来者，徒见所见而去。盛衰得失之感，凡属登临，宁勿以之兴怀也哉。今夏寺僧告余谓诸檀越有重建之举，欲得予与黄、李两监元为首事，计工料之费非百金不办。余度募助有限，恐不克襄事，敬谢不敏。或曰，事贵乘时，新邑侯刘公留心兴举，甫下车即修通济桥，行人利赖。及今期年，政通人和，闻兹胜举，当所乐与。第往请之，藉其登高之呼，则众擎共举于焉。有济夫美不自美，因人而彰，兰亭遭右军，曹溪遇智药，兹庵香海而得刘侯，岂偶然哉？用撰小引以请，且求给官薄，俾捐助者显名其上。凡吾绅士耆老，知必踊跃恐后，集腋成裘，会见颓举废兴，兰若重新，地灵再焕，可与象鼻、印亭诸名区争胜矣。是为序。

——（乾隆）《岑溪县志》卷四，艺文，第237页。

古八景

南楼晚钟，旧志载："南城上层楼高耸（实为三层）八窗玲珑，四望水色山光，芳村烟树，夏则薰风拂面，夜则皓月窥帘，种种皆堪图画。"民国二十八年（1939）连城墙一起被拆毁，今在南门旁新建县委办公大楼，高六层。

北山松籁，原记县城北山有古松三株，"清风引籁，韵若笙簧"。清初松已枯死。

春泛花洲，洲在城西河中，当时曾在洲上建有香海庵，四周环植草木，其景晴雨俱宜。至清中叶洲景已无存。1992 年在洲下筑坝建电站蓄水，建成南湖景区。

西泷晴岚，西泷山壁立城西，离县中心约 2 公里，海拔 543.9 米，义昌江流绕其麓。旧志记述：“振衣峰顶，俯瞰河流屈曲，泻入襟怀，心目开旷。雨后岚烟浮碧，变态万状，尤属可观。”现西泷山区遍山苍松，野草异花。峰颠有电视差转台，山下有大湾发电站，县计划开发大山顶（即西泷山）为游览区。

仙亭殇月，相传在明正统年间道士邓清建亭于马路云松山顶，名为逍遥亭，邓清常聚仙在此亭饮酒，因此又名仙亭殇月。亭早圮。

葛岩瀑布，在城东 2.5 公里处的根子山下，传说晋代炼丹成仙的葛洪曾在此下棋，故称葛仙岩。旧志称：“四势回抱，岩洞幽邃，瀑布中悬，如挂匹练，跳珠洒雪，清韵泠泠。”现在该地建葛仙岩水库，已成新的景观。

秋风石室，归义镇秋风村背白象山巅，有岩如室，可容十多人，蹬道曲折上游，有摩天弄云之致。石磬、石鲸叩之各如其声。近年开采石灰岩，景观已遭破坏。

龙潭听雨，龙潭在归义镇义和村西北角，旧志载：“水源出七山，至望里岭脚，渟蓄成潭，其深莫测。”传说潭水直流龙宫，故名龙潭。明末邑绅严李奇等人建龙界庵在其上，“夏日避暑于此，溪云乍起，山水忽来，滴响潭中，锵然成韵，听之忘倦”，故称龙潭听雨。清乾隆后，庵已毁。解放后，在龙潭之滨建起一座储水 700 多万立方米的水库，又建起一座 220 千瓦的水力发电站，在龙潭河两岸和水库两边遍植柑桔、柚子、李子等果树，并有乡村公路直通。

——《岑溪市志》，广西人民出版社，1996 年，第 871 页。

贺州

贺州市

八景，贺邑可知者：三沸水飞、泉江东夕照、三乘晓钟而已。

——（雍正）《平乐府志》卷二十，外志，第599-600页。

丹甑山，城西五里，稍后二里许，曰幽山俗名二甑。一山两峰，端然并峙，为县之主山。唐大和时，彩云见，刺史李郃更名瑞云或云宋元祐知州邓璧事，因建瑞云亭，有记不存，亭今废。瑞云晴霁，为八景之一。

玉印山，城东南五里，当临贺二水合流，兀峙江中，虽洪涛泛涨，城市渰没，而此山挺出，因又名浮山，为一邑水口砥柱。古树蓊翳，上有陈王祠、迎碧亭，宋建《名胜志》，亭今在作环碧。玉印晓风，八景之一。

禄山，城东十里，上有海螺、凉繖、金鸡诸峰。海螺夕照，八景之一。

——（光绪）《贺县志》卷一，地理部，山，第9页。

橘山，县北四十五里，有七十二峰，或断或连，争奇竞秀，多生橘，故名。唐时有铜冶，又产银。宋置银场，今废。橘峰余雪，八景之一。

——（光绪）《贺县志》卷一，地理部，山，第10页。

临江，旧曰临水（省志误为贺江），由富川灵亭发源。《水经注》云此从封水溯源，出冯乘县西、谢沐县东界牛屯山（冯乘今为富川西境，谢沐今为恭城东境），东南流迳萌渚峤西（在贺境内），又东南左合峤水（庾仲初云，水出萌渚峤，南流入于富水，流至县北松柏寨，合峤水处即为临水），又迳临贺县东，又南至郡左（郡县俱名临贺县，附郭郡署南向，故水在左），会贺水，东南迳封阳县东（今信都司），为封溪水（故地理曰县在封水西）。又西南过开建入广信县（今苍梧），南流注郁水（今梧州大江谓之封溪水口者，是也）。临江晚钓，八景之一。

——（光绪）《贺县志》卷一，地理部，水，第19页。

三乘寺，在临江书院左侧，宋德祐间建寺。钟为南汉大宝年铸，铜质甚异，系乾亨寺钟，寺废，迁此。三乘晓钟，八景之一。

——（光绪）《贺县志》卷二，建置部，坛庙，第13页。

浮山陈王祠在大车滩，上有环碧亭，宋建。玉印晓风，名列八景。诚附郭一胜地也。

——（光绪）《贺县志》卷二，建置部，坛庙，第15页。

丹甑山，城西七里，接近里许，曰幽山（俗名二甑）。一山两峰，端然并峙，为县之主山。唐太和时，彩云见，刺史李郃更名瑞云（或云宋元祐知州邓璧事），因建瑞云亭，有记不存，亭今废。瑞云晴霁，为八景之一。

…………

玉印山（城东南五里），当临贺二水合流，兀峙江中，虽洪涛泛涨，城市淤没，而此山挺出，因又名浮山，为一邑中流砥柱。古树蓊翳，上有陈王祠、迎碧亭，宋建（《名胜志》），亭今在作环碧。玉印晓风，八景之一。

禄山，城东十里，为县城锁钥，上有海螺、凉繖、金鸡诸峰。海螺夕照，八景之一。

——（民国）《贺县志》卷一，地理部，山，第49页。

临江，旧曰临水（省志误为贺江），由富川灵亭发源。《水经注》云此从封水溯源，出冯乘县西、谢沐县东界牛屯山（冯乘今为富川西境，谢沐今为恭城东境），东南流迳萌渚峤西（在贺境内），又东南左合峤水（庾仲初云，水出萌渚峤，南流入于富水，流至县北松柏寨，合峤水处即为临水），又迳临贺县东，又南至郡左（郡县俱名临贺县，附郭郡署南向，故水在左），会贺水东南迳封阳县东（今信都司），为封溪水（故地理曰县在封水西），又西南过，开建入广信县（今苍梧），南流注郁水（今梧州大江谓之封溪水口者是也）。临江晚钓，八景之一（相传在水南祠前）。

鲤江，二源，一出大桂山西北车皮岭，为槽碓冲，经华洞山口；一出大桂山西南，为黄石水，至山口合流，出南木洞迳官路。乾隆间众费千金建大石桥（桥废，今复建）。东入天井湾，又东会磨刀冲水（水出瑞云山之沸泉）沸水寺（寺本清普阁，宋知州陈良佐建，后改为寺，复名瑞云尊福寺，今名沸水寺）前有登仙桥（明万历间钟珍等同建），泉水迳桥下，百丈悬崖成飞瀑。沸水清音，八景之一（桥下有飞瀑二字石刻，明知县欧阳晖题，门人王廷梧书）。

——（民国）《贺县志》卷一，地理部，水，第55－56页。

三乘寺，在临江书院左侧，宋德祐间建寺，钟极南汉大宝年铸，铜质甚异，系乾亨寺钟，寺废，迁此。三乘晓钟，八景之一。清雍正三年袁膺善修。乾隆戊子、嘉庆癸酉复重修。

——（民国）《贺县志》卷三，政治部，坛庙，第 170 页。

桂花井，在城南内，其水清洁可爱，城内居人悉饮之。桂水喷香，八景之一。

——（民国）《贺县志》卷三，政治部，井泉，第 181 页。

云腾渡龙门滩。江中两巨石对峙如门，水势湍急，游鱼至此争跃，登者化龙，见《一统志》。龙门夜月，八景之一。

——（民国）《贺县志》卷四，经济部，交通，第 248 页。

古迹

桂水喷香。桂花井在县治南门，其水清洁味甘洌，香如桂花，故名。城内居民悉饮之。

临江晚钓。东门上□水府□，前临大江，相传旧有榕树一株，大达数围。落日照映，从树中透光下垂，如红丝□，四注直射波中，若垂钓然。树底为石岩，内空豁游鱼出没其间。昔有渔人入岩捕鱼，闻钟鼓出其上，后湮，是树亦不存。

三乘晓钟。城内三乘寺，古钟由乾亨寺迁来，南汉大宝四年铸造，其声清越，大而远，天将晓则击以鸣，音彻城治内外二十里。

玉印晓风。城东南五里许，两江汇流，中有山名玉印，俗称浮山，上建陈王祠，危槛杰阁，环绕峰丛，林木翳翳，清风徐来，至隐尤佳。

沸水清音。城南十里有寺，曰沸水。寺前石凳陡绝，山畔流水出桥下，触石有音清悦耳，泻石壁下，浪花涌滚如沸，极耳目之娱。石壁刻有“飞瀑”二字，大盈尺，旁署欧阳辉题字，体甚佳。

瑞云晴霁。城西丹霞山，唐时彩云现，复名瑞云。晴日烘照，明丽可鉴。

海螺夕照。东城禄山上有海螺峰，声旋肖海螺，翠黛曲绕，日西落则见，诚佳景也。

橘峰余雪。橘山多奇峰，积雪初晴，峰峦秀出，余光映数里。

——（民国）《贺县志》卷九，古迹，第 404 页。

狮子山，即狮岭回澜，为八景之一。县治下关锁钥，半山建有文昌阁，杨凤腾记。石路为县道，南通石城铺扶之路。民国丙寅，邑人黄瓒任县长时，由阁之下端开凿新路，建筑凉亭二所，行人咸称利便。道旁巉岩峻壁，野草奇花，缤纷满目，俯视回澜，风景尤胜，其在壁中镌有玉卓峰、罗孝兰各题詠焉。

——（民国）《信都县志》卷一，山川，第 77 页。

寺坪石山，县南十五里，三面环绕，缺其东面，山脚即寺坪村，村前筑成雉堞，亦可避乱。咸丰间，发匪攻围不破。城门外有河回环，东麓有岩一口，深约里许，外窄内广，中多奇石，形似人物，为龙岩崛古，八景之一。

——（民国）《信都县志》卷一，山川，第 84 页。

狮岭文昌阁，在县治下关锁钥，乾隆二十三年建，贺县知县杨凤腾记。民国十一年重修，韦县长启瑞有记。（狮岭回澜　八景之一）。

云台庵，在上洞村饭匙岭，县南三十五里，一连三座，三峰突起，中高旁低，形如笔架，故又取名焉。山巅有池，广数亩，深数丈，四时不竭。明嘉靖间里人争岭下之田，贺县知县欧阳晖临勘田界，有榄树，先一夜雷击分析，遂依此为界。里人建庵其上，曰云台庵。（台阁云蒸　八景之一）。

梵安古寺，在石城外，县南二十二里，一连三座，宋宣和间建。寺内天井种有凤尾草一株，横生数尺，蜿蜒如龙睡地，复起直至檐口，分作五枝，共有二丈余长，相传建寺时种，其青葱可爱。（凤草长春　八景之一）。

——（民国）《信都县志》卷三，庙坛，第 385－386 页。

狮岭回澜八景之一

狮山，在县治下关锁钥，半山建有文塔，乾隆间贺县知县杨凤腾记。道旁巉岩峻壁，林木奇花，风光满目。

邑人马葆光

啸间雄狮何处来，倔强山势踞江隈。林亭点缀传贤尹新辟路上凉亭、林树，为邑人黄瓒任县长时公暇捐廉手植，逸老留吟羡雅才邑中逸老玉昆山、陈明乾等均有题咏，镌石壁上。百丈回澜瞻胜景，万家村路透纡徊。登临更欲寻彭蠡，烟水孤舟任濯罍。

——（民国）《信都县志》卷七，古迹，第 927 页。

编者按：其后所收录的八景诗极多，在此仅按顺序抄录第一首，其他不做抄录。

龙门夜月八景之一

县治上游六里滩中，两巨石对峙如门，水势湍急，鱼游至此争跃，登者化龙，见《一统志》。龙门难越，即此也。

邑人莫伯贞

人间到处皆风月，曷比龙门夜气清。蛟浪翻腾神禹迹，蟾辉照彻锦鳞城。茫茫玉尺千寻海，皓皓金波万里程。想是此中涵圣泽，顿开一景焕文明。

——（民国）《信都县志》卷七，古迹，第 934 页。

龙岩崛古八景之一

县南十五里寺坪村石山，该山极峭拔，山顶平坦如交椅，林木秀盛。内有岩洞，名曰龙岩，颇高广，中有人物、龙、狮、水田、坡塘、深池，奇形异色，不可胜数，亦奇观也。

邑人梁恩济

龙钟灵气结岩阿，数艳英奇尚有多。景物中藏都耀彩，形形色色尽包罗。

——（民国）《信都县志》卷七，古迹，第 937 页。

鱼影江村八景之一

县南十五里大凤石山壁上，天然生有石鱼三尾。山脚之屋，每值春雨，小溪澎涨，有鱼跟水沟入屋，其形气感召如此。聂峰黎兆书“鱼影江村”四字于石壁上，自明至今，墨迹朗然。山脚之屋，早已迁居矣。

邑人莫伯贞

江村孤落值伶仃，盘有莼鲈酒亦醒。门巷客稀春草碧，神仙人去暮山青。从今未见鱻鱻迹，留影空瞻矻矻形。莫道来游无雅士，将诗题向石鱼听。

——（民国）《信都县志》卷七，古迹，第 944 页。

石城天险八景之一

周围石山环绕，分南北二门，县南二十三里。城内地场颇阔，居民数姓。北隅有巨石，托出一坪。康熙间举人陈腾騳在此坪四围修筑，高约二丈，创建正厅一座，两旁房屋。厅后半山有石岩颇宽广，就其岩之形势，亦建有屋宇。惟岩内有石蛇一条，约有丈余长，从地昂头而起南望，形如吐气。南门城脚有大石一砖，其形如蛤，俗人云蛇出吃蛤，城基即崩。南门城基间有崩塌，惟北门自创建以来坚固无恙，而南门或因蛇蛤之感触，有以致之，未可知也。

邑人莫伯贞

天然城郭势崔巍，疑是仙人鞭石来。别辟洞天堪永驻，漫嫌胜地不宏开。桑麻鸡犬今犹昔，枳棘凤鸾去未回。惟有石蛇蟠峭壁，欲飞何事尚徘徊。

——（民国）《信都县志》卷七，古迹，第 946 – 947 页。

凤草长春八景之一

县南二十三里，石城北门外梵安古寺内，天井有凤尾草一株，横生数尺，蜿蜒如龙，睡地复起，直至檐口，分作五枝，共有二丈余长，相传宋代建寺时种，其青葱可爱。

邑人陈赞参

古寺清幽一径深，阶前凤尾绿萧森。灵根具有回春力，古干宁无向日心。生长梵宫忘岁月，脱离丹穴寂声音。英奇岂独人争羡，留与千秋伴碧琳。

——（民国）《信都县志》卷七，古迹，第949页。

台阁云蒸八景之一

县南三十五里庵后，树木颇盛，有水透入厨房，虽处高山，俨如平地，诚谓临阳胜景。

玉昆山

云台风景夙称优，为读新诗忆旧游。飞雨泉声天际落，凝岚山色望中收。僧房阒寂今犹昔，佛殿清凉夏亦秋。胜地无常增感触，倚吟还藉酒消愁。

——（民国）《信都县志》卷七，古迹，第955页。

凤冈文塔八景之一

县南四十五里，道光间建，光绪八年重修，贺县知县黄玉柱记，为临江锁钥。

邑人英伯贞

从来鸣凤本高冈，瑞应祥征卜世昌。况有塔尖排岭上，居然文运在中央。层峦到处烟云绕，健笔还争日月光。既倒狂澜谁独挽，全凭一柱镇南方。

——（民国）《信都县志》卷七，古迹，第964页。

题八景　邑人罗孝兰

龙门得月夜光莹，狮岭回澜浪且平。好看江村鱼息影，更闻文塔凤来鸣。长春凤草知何代，崛古龙岩幻莫名。台阁云蒸开眼界，包罗天险石中城。

邑人黄瓒

漫羡金陵说燕京，封阳八景自垂名。龙门月上观鱼影，狮岭澜声壮石城。凤草龙岩怀古迹，云蒸文塔肇贤英。斯邦山水无伦匹，会启多才济圣明。

邑人陈赞参

高登台阁上云程，凭眺石头天险城。狮岭澜回波浪静，龙门月照锦鳞呈。草名凤尾长春秀，岩韫龙头崛古生。鱼影江村仙迹在，凤冈文塔耀文明。

——（民国）《信都县志》卷七，古迹，第967-968页。

怀集八景：塔山晓霁、佛灯晚晴、沙田春雨、石井寒泉、笔架文峰、南溪古渡、龙湾渔苗、燕岭樵歌。

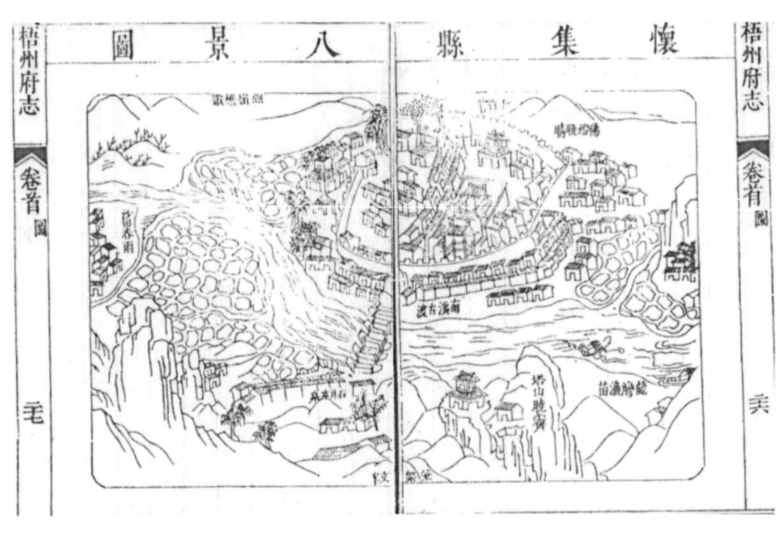

怀集县八景图

——（乾隆）《梧州府志》卷首，图，第 37 页。

笔架山，县西南一百二里，三峰并峙，学宫面之，列八景，曰“笔架文峰”。

…………

燕岭，县西六十里，其高半于忠说，大燕、小燕双峰远连，望若差池飞羽，列怀阳八景，曰“燕岭樵歌”。

——（乾隆）《梧州府志》卷二，舆地志，山川，第 71－72 页。

怀溪水，在县西南，一名南溪，源发铜钟，伏地中行，数百步复出，东流合牛栏水，经兰峒合古城水，经马宁，下范铁渡合赤水，经栏马合冷坑水，经黄冈合下朗水，经高合白沙水，名三江口。南下设厂榷，税名河利。绕城东流合甘峒水，经象角合桃花水，至大庙峡下合永固水，经广东四会县入海，列八景，曰“南溪古渡”。

——（乾隆）《梧州府志》卷二，舆地志，山川，第 73 页。

哆啰水，在县西，源出忠说山鸡头岭，自哆啰山出。有龙潭，广阔百步，渊深难量，怪物时见，古祷雨处也。经燕岩合开建县金庄水入海。八景曰“龙湾渔笛”，殆指此欤。

佛灯水，在县北，源出登云岭，列八景，曰“佛灯晚晴”。

…………

沙田，在梁村北，水势湾环，沟塍绮错，村农耕者以万计，列八景，曰

"沙田春雨"。

——（乾隆）《梧州府志》卷二，舆地志，山川，第 74 页。

昭平县

黄姚八景 清 莫怀宝

珠江夜月

半亩榕荫护野蔬，画桥亭畔月明初。横江匹练澄如许，览景人归夜读书。

宝刹晚霞

行人踯躅暮方归，叶落鸦翻乱夕晖。古寺霞光偏个好，金乌如逐马蹄飞。

龙楼春潦

一湾姚水绕龙楼，好景分明一望收。最是如膏春雨足，问谁破浪海西头。

螺岫秋云

螺峰秋色任迢迢，山势嵯峨似太骄。吐出红罗云上下，乘风摇曳到云霄。

游岩仙迹

谬说仙岩一洞开，偏嫌屐齿印苍苔。自从聚族斯岩下，辜负勋名出草来。

盘道石鱼

已羡龟蛇护武峰，石鱼偏又现临冲。莫言伏矣非神物，一变终当是化龙。

天然风景

广济咸歌造化功，天然空际驾飞虹。闲来洗马江头去，水有声来树有风。

文阁晴岚

雨余云湿未曾稀，霁色遥看上翠微。好景乍晴文阁外，岚光一抹映岩扉。

——《昭平县志》，广西人民出版社，1992 年，第 586－587 页。

文明阁，坐落在黄姚镇东南天马山麓，前依姚江，右旁螺峰，为黄姚八景之首，建于明万历年间。清乾隆四十五年（1780）、道光十年（1830）、同治九年（1870）及民国十五年（1926）4 次重修，原有步云亭、文明首第、土地祠、豁然亭、福禄亭、惜字炉、天然图画、财神殿、大堂正殿、不夏亭、桂花亭、魁星楼等 12 个建筑物，今存 8 个。阁内历代名人题诗勒石颇多。

——《昭平县志》，广西人民出版社，1992 年，第 492－493 页。

富川瑶族自治县

富川八景　赵之璧　邑令

岩岩西屏山，横空青未了。飞翠落琴堂，祥烟杂缭绕。屏峦耸翠
富水西北来，雪浪吼巉石。绕郭夜闻声，惊起秋思客。富水奔涛
浮屠峙南郭，直上矗青云。影落平川晚，斜阳细草熏。塔影穿云
晴雪洒空山，遥天悬匹练。东峰月上时，万斛明珠溅。山泉飞瀑
爽气袭人裾，一峰天外秀。吏俗不可医，踟蹰封岩岫。秀峰挹爽
昔是富川城，今作钟山镇。畊耨古所传，寒烟老田畯。钟镇耕烟
圣世原无战，将军自足兵。搜苗而狝狩，麦岭亦干城。麦岭团操
掉转前溪湾，一转景一好。翠篠瞰苍波，此地将吾老。西湾放艇

——（光绪）《富川县志》卷十一，艺文，第134页。

富川八景诗刻

编者按：富川八景始于何时？无文可考。但为八景作诗，则首见于明万历年间。清乾隆二十一年（1756）赵之璧署富川县事时，将富川八景普成组诗，已收入光绪《富川县志》。民国元年夏，胡杼、张衍曾二人又分别撰写“富川八景组诗”，并将组诗始刻于石。八景诗刻现藏于瑞光塔入口左壁。刻石高30厘米，横宽102厘米，共刻富川八景组诗16首。其中，七言绝句8首，行书，五言绝句8首，正书。

屏峦耸翠

西望屏山与有余，几重烟翠绕清虚。欲将此景归图画，淡抹轻描总不如。

富水奔涛

神源倒峡石龙降，迤逦东南汇富江。回报狂澜千顷雪，浪花飞剪送轻艭。

塔影穿云

几层浮塔倚斜曛，题雁犹怜旧日文。一柱天南撑半壁，倒垂尖影破江云。

山泉飞瀑

山水泠泠静也清，一帘寒碧雨初晴。终归河海为膏泽，遍润田桑乐岁成。

秀峰挹爽

蔼然平地起嶙峋，青豁眉端翠爽神。那许桂峰称独秀，故留峭壁待诗人。

钟镇耕烟

曾见钟山一镇雄，万家阡陌晓烟笼。数声布谷催东作，人在霏微雾露中。

麦岭团操

麦岭云高龙虎关，将军耀武服群蛮。八门九子连环发，声在千岩万壑间。

西湾放艇

好似平湖水一湾，江如匹练月如环。渔舟唱晚传空谷，稳住风波任往还。

壬子夏　华春　胡杼

屏峦耸翠

万岫排西廊，遥瞻积翠多。个中奇绝处，层垒迭青螺。

富水奔涛

富水推波急，狂翻走巨鳌。海门朝夕浪，恍惚落双桥。

塔影穿云

古塔撑江岸，玲珑玉一簪。浮光凭身射，不碍入云深。

山泉飞瀑

高泻仙源水，山腰涌浪花。甘泉休用祷，长些润桑麻。

秀峰挹爽

富水皆环列，孤标独此名。雨余千碧合，岚霭一峰晴。

钟镇耕烟

易市归田舍，而今雨泽匀。绿云团野色，无地不农人。

麦岭团操

武偃修文日，英雄老白头。闲来勤训练，还看护轻裘。

西湾放艇

晓月浮溪白，山花夹岸红。客舫随曲水，不借一帆风。

壬子夏　栗斋　张衍曾

编者按：此碑现于富川瑞光塔入口左壁。民国元年刻。

贵港

贵港市

旧传八景　梁志

怀城紫水

思湾夜渡：在县东思湾。传有仙人夜宿媪家，仙谢以金，不受。时天寒，媪子方在隔江，欲归不得，仙渡以还，至今石步仙迹犹存云。

南山米洞

北岭仙棋

铁巷朽榕：县东河滨巷中，旧传有枯榕一株，烧毁复生，或指为龙物。

莲塘夜雨：在县东一里。

西山方竹

东井渔歌

旧传八景诗　梁志

紫水滔滔下县城，思湾晚渡送还迎。南山米洞僧余饭，北岭仙棋子满枰。铁巷朽榕生木叶，银塘夜雨长荷英。西峰方竹饶天籁，东井渔歌唱月明。

——（民国）《贵县志》卷十三，古迹，附名胜，第 829 – 830 页。

清曾光国南山十景碑。在县南八里南山寺，正书存。

——（民国）《贵县志》卷十四，金石，第 868 页。

南山八景诗

南山八景最为奇，石象连狮石佛骑。丹灶火调龙虎伏，御碑书敕鬼神司。锦鳞变化施霖雨，玉料留传吐瑞芝。更有一般添胜迹，飞来钟响日初曦。

——《中国西南地区历代石刻汇编》第八册，天津古籍出版社，1998 年，第 121 页。

编者按： 此碑在贵港南山寺。 清代刻。

桂平市

东塔，在城东三里白沙，隔岸与宝山对峙。明豫章刘万安为桂令，建塔其上，仅成二层，寻卒。邑人立遗爱碑于其下。崇祯间御史李仲熊、郡守葛元正增高九层，而塔成布山八景之一。

——（雍正）《广西通志》卷四十五，古迹，第 821 页。

八景图说，见于府志，如白石洞天、西山晚照、罗丛岩月、东塔回澜、南津古渡、铜鼓秋涛、金莲夜雨、北岸渔樵。今则分载于山川各志，可考而知也。愚按《浔州府志》，统各属而宜悉载，乃平南畅岩、贵县南山、先贤遗踪、名流寄迹，屏之不图，而独载桂平之景，识者有遗议焉。况此八景之中，如金莲夜雨，或云南湖，即上下结塘，以今考之，特一鱼塘，间所谓一荷一钱，荡然无有。则其与马氏之园、涌金涵碧之亭，均无所据耳。至于津渡渔樵，何郡蔑有，亦未堪为此地特擅之奇。因舍彼三景而特为增补之。一曰浔楼春晓。南江亭之前，于乾隆癸未新建浔阳楼，每当春晓，烟雾初开，白石独秀，诸峰拱峙于前，铜鼓郁江，舟楫鼓桡于下，村树卷苏，塔影倒流，古渡虹桥，烟波灭没，天然一图画也。一曰龙安悬碧。其山岩平地突起，在土寨、下畬二村之前，岩洞空阔，中有石笋，擎天一柱，如榕树状，约七八丈。按此岩在桂贵交界，然其山周围之塘属桂平下畬，当三冬粮米，离贵县平竭圩尚有五里许，故于观音岩洞门之上，题曰布山龙岩，记其实也。一曰宾秀特朝。崇姜里宾山寺一名仙沙寺，面朝五指山，秀出云表，虽邱琼山诗所云“撑起炎州半壁天”，不是过也。因合而题之曰布山八景，附图于后，以当宗文卧游之一快云。

——（乾隆）《桂平县志》卷首，第 355 页。

新编布山八景图：罗丛岩月、白石洞天、浔楼春晓、铜鼓秋涛、西山晚照、东塔回澜、龙安悬碧、宾秀特朝。

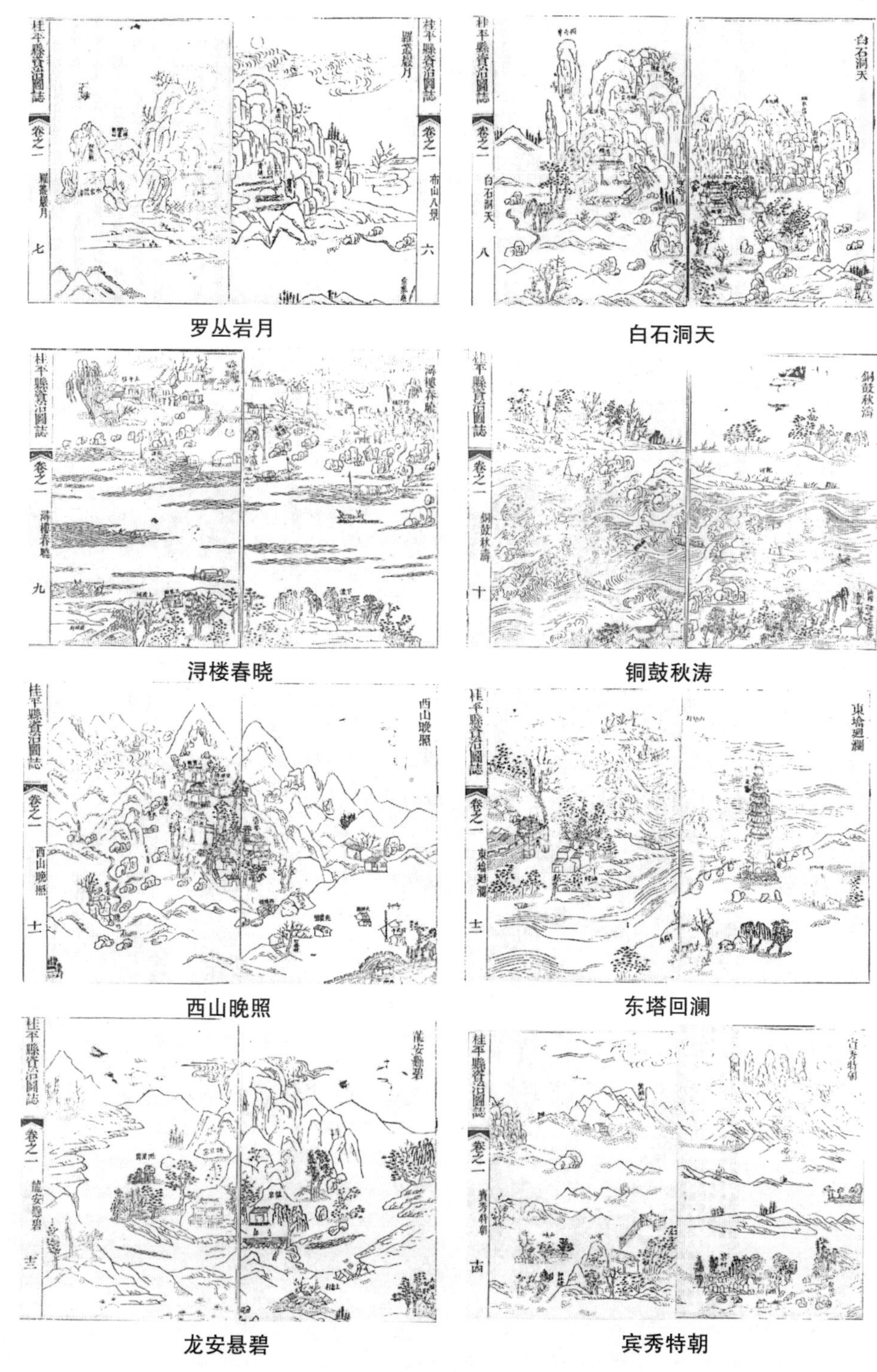

罗丛岩月

白石洞天

浔楼春晓

铜鼓秋涛

西山晚照

东塔回澜

龙安悬碧

宾秀特朝

——（乾隆）《桂平县志》卷一，第 355－359 页。

西山晚照辨异

孝廉李开葱尝告余曰："西山当日暮后，或夜半，自浔城遥望，隐隐半山中，有火光如炬，辉映郡城，乍无乍有，故邑侯傅公诗有'乍吐轻红夜有无'之句。今府志以近时罕见，疑诬，改为残阳返照。虽是实景，却失却虚景矣。"此说甚有据。乾隆二十八年秋间望后，余于署中后院，夜二鼓时，见西山中翠微间，忽有数十火炬，如神灯状，由山腰鱼贯屈曲，渐次上至山顶而灭。家人惊异。余谓此即李孝廉所称"西山晚照"真境也。三十年秋，见山腰间有四五火炬，如大灯亮状，须臾而灭。又与前所见略异，录此以资考证。

罗丛岩月辨异

□□陈良士辨异云：罗丛岩西有月岩，亦名水月洞，岩口宽朗，□□□□如衡，内甚幽暗，燃炬以入，约二十余丈，有石乳下垂，□□□□时间，火光烛之，闪烁点点，如列宿，名曰天星石，咫尺□□，深不可测。蹲而视之，有光彩浮水面如半规，广约盈丈，水波荡漾，所谓月也。府志谓洞上石穴透天，每月影穿穴，倒映洞中。论或近之，然光影常现，不分昼夜晦明，非待月影穿穴而后然也。里人好事者，当以东草烟薰其中，验其上穴之所在，烟竟无透出处。则石穴透入之说，亦未必然矣。周程三夫子读书岩上，而岩月传焉。志阙失考，安知非造物欲留贤人之迹，故以此显其奇，与千潭一月印之意有抬合者耶。则谓之，必源印月也。可愚！按，此说可称为罗丛书屋语录。

——（乾隆）《桂平县志》卷一，第359－360页。

古渡，在浔阳楼前，南津古渡，为八景之一。傅辉文诗：西竹寺前斜日落，南津郭外暮潮生。城头戍鼓支残漏，渡口孤舟棹月明。帆影晚随烟树碧，江流寒入驿楼清。秋风一夜芦花发，多少离人动客情。

——（乾隆）《桂平县志》卷一，城厢，第370页。

罗丛岩，名罗丛岩月，为布山八景之一。距城西南五十里，平地突起，层峦截窠，怪石嵯峨，岩中石乳玉笋，琪花文草，嵚崎嶙峋，奇境天辟，中有大岩，祀三教。

——（乾隆）《桂平县志》卷四，山川，第456页。

白石山，当罗秀下都中秀、下秀里之间，离城南七十里，白石洞天，为布山八景之一。其山自大容发脉，顿起石峰，高耸百余丈，道书作二十一洞天。有一小山名鹅颈峰，最险难过。过此则见丹灶仙棋，灵景奇辟。有观音岩，岩内有面壁僧，远望山上有晒仙衣。有李仙岩，基础具在。有三宝殿，亦名寿圣寺，殿后五石岩，壁立千丈，一名五姥峰。杨大节刻"白石洞天"四字于岩上，字大径丈。前有石坊，旁有观音堂，左有元珠池，其水自山巅出，四时不绝。数武有洞门，名洞天门。内磴道三百余级，两旁石岩夹立，中为一线天。

——（乾隆）《桂平县志》卷四，山川，第457页。

宾山，一名仙沙，有寺，面朝五指山，宾秀特朝，为布山八景之一。

——（乾隆）《桂平县志》卷四，山川，第459页。

铜鼓滩，大江汹涌，滩流湍驶，相传汉马伏波将军征交趾，舟载骆越二铜鼓，跃入八桂江中，或云即此滩下。明朝有渔人于滩头举网得一具，同日白石山人动土，亦得其一，后并跃去。本朝雍正八年，北流县农民获一铜鼓，完好无剥蚀。是年滩下有御波趋浪，隐隐欲跃者，渔人纠众力举之，铿然又一铜鼓也。是时将此铜鼓置诸城隍庙中，复不知所在。滩之中，有磨盘石，每值秋高水落，涛声𥕢砰如雷，名曰铜鼓秋涛，为布山八景之一。

——（乾隆）《桂平县志》卷四，山川，第459－460页。

临江设巡司，裕国通商，有八景曰：白石、西山晚望、兴丛岩月、东塔回澜、南津古渡、铜古秋涛、金莲夜雨、北岸渔樵。

——《越南汉文燕行文献集成（越南所藏编）》第24册，第27页。

浔州府，秦为桂林，汉属郁林，唐曰浔江，明为浔州府。府有八景，曰：璧洞凌天、西山晚望、兴丛岩月、东塔回澜、南津古渡、铜鼓秋涛、金莲夜雨、北岸渔携。地产桂皮，号荆山桂，乃赵武帝以献汉文帝者。

——《越南汉文燕行文献集成（越南所藏编）》第25册，第169页。

浔州府，秦属，汉属郁林，唐为浔江，明为浔州府，产桂皮，号荆山。桂乃赵武帝以献汉文帝者。今有，但气味太辛烈。浔州八景：白石峋天、西山晚望、东塔回澜、南津古渡、网鼓秋涛、罗丛岩月、金莲夜雨、北岸樵鱼。

——《越南汉文燕行文献集成（越南所藏编）》第24册，第205页。

浔州府，秦属桂林，汉属郁林，唐为浔江，明为浔州府，址产桂皮，号荆山桂，乃赵武帝以献汉文帝者。今有，但气味太辛烈。浔州八景：石白岧天、西山晚望、罗丛岩月、东塔回澜、南津古渡、铜鼓秋涛、金莲夜雨、北岸樵鱼。

《越南汉文燕行文献集成（越南所藏编）》第25册，第37页。

西山，一名思灵山，灵水出焉。灵或作陵。在城西五里，故名西山。宋以前县城居此，山形上锐下广，蟠根数里，如荷叶倒盖，又若巨网自空中倒撒，复若大人端坐左右，张手于椅栏也。……旧志云此山薄慕阴翳，烟景万千，旧以“西山晚照”为八景之一。

——（民国）《桂平县志》卷四，山川，第 80 – 85 页。

宾山，县东北十里，盖山以思陵为主，则此其宾也。北瞻五指山，秀出云表，故吴志绾以“宾秀特朝”为八景之一。山似螺形，碧树萧森，澄泉甘冽。日逢重九，里人多于此登高。壁间句云：“古树临风犹引鹤，重阳有酒复登楼。”览胜之情古今一概矣。属崇姜里。

——（民国）《桂平县志》卷四，山川上，第 101 页。

白石山，在县南七十里，脉由大容山蜿蜒而来，县南上中下秀、军陵、吉大一二各里，诸山脉多发源于此。山之东为独秀峰，孤翠插天。乾隆间知县吴志绾诗云“千寻起律屼中秀”，此为断，卓荦孤翠顶，独写风和月。中五姥峰排比森列，西鹅颈峰殊险峻。初由土阜取道至寿圣寺，石坊巍然，入重门，历阶七级，为三宝殿，殿后高阁，殿前左右为客厅、僧厨、精舍。寺后峭壁千仞，上刻“白石洞天”四字，为明杨大节书。寺右径平行五百余步，为会真观，石室宽敞，有坛，奉三清。坛后石穴名勾漏洞。……旧府县各志咸以“白石洞天”为八景之一。明进士龙国禄与徐宏祖皆有记。宋运新有赋，以及各诗家题咏不一，详纪文附考。

——（民国）《桂平县志》卷四，山川上，第 109 – 112 页。

南湖，旧志云城南百余步，广三里，延袤二里，向多植莲，香闻数里，故府志以“金莲夜雨”入八景。湖中洲旧有平波亭，南岸旧有南浦亭，今圮。俗呼上下结塘，中有一塍为大路今结塘亦大半为田矣。

按，南湖旧为邑中第一名胜，其地自今小南门外之文家塘，旧亦在湖地范围，面积之广可想而知。明末遭乱，居民奔走，十室九空。清继明统，天下始定，旨在招集来氓，公地任居，不问故。湖中水注者为鱼塘，洲渚为第宅，日久旧迹渐湮。故旧志作时，但以今上下结塘当之，询诸城上久居之民，云不仅此也。

附考

南湖，在城南延袤二里，中有洲，洲上有平波、南浦二亭《名胜志》，一名洁湖，广三里许，今渐堙塞，为民塘《方舆纪要》。俗名结塘湖《一统志》。

——（民国）《桂平县志》卷五，山川下，第 168 – 169 页。

铜鼓滩，在北江委下合南江，相传汉马伏波征交趾，舟载骆越二铜鼓，跃入桂江中，即此。吴志引《纲目汇编》，谓成化十年韩雍用兵两粤，军门设铜鼓数十，殆欲继伏波之余烈欤。滩中有磨盘石，近岸有独醒岩，旱干方可见。旧志以“铜鼓秋涛”为八景之一。府志古迹。

附考

铜鼓滩，其声如雷，或如火炮作战斗声，游鱼皆惊惧《西事珥》。滩流声细则居民安，轰而震则有火盗《粤西丛载》。然值秋高水激，砀砰如雷，辄又不验。铜鼓滩，城东一里，当黔郁二水合流处《方舆纪要》，多巨石，春夏水涨，响如鼓声《名胜志》。

——（民国）《桂平县志》卷五，山川下，第176页。

南江上渡，在浔税南厂上流，旧有浔阳楼、迎晖亭，即所谓南津古渡也府志。

——（民国）《桂平县志》卷五，山川下，第179页。

南楼，今废，或以城南门外近晖亭前。乾隆二十八年知县吴志绾建，以在郡城之南，故名。每当春晓，烟雾初开，白石独秀，诸峰拱峙，铜鼓滩与郁江舟楫荡桡于下，村树扶疏，塔影倒流，古渡虹桥，烟波灭没，天然一画图也。旧志以“浔楼春晓”为八景之一。清督学叶观国有记。

——（民国）《桂平县志》卷二十，古迹，第633页。

八景附

自宋宋迪画长沙八景，后来各抄，县志因之，近于依样葫芦。然前人既有品月，妇孺能举其称，加往日守令观风，暨过客题咏，辄以命题，若为删去，殊未便也。兹将旧志杂记所载附录于此。

罗业〈丛〉岩月、白石洞天、浔楼春晓、铜鼓秋涛、西山晚眺、东塔回澜、龙安悬碧、宾秀特朝。

诸景中罗丛、白石、龙安平地崛起，而背城独远，未易常游，殆如高人逸士之僻处荒陬，徒深人以仰止者，惟西山负郭可亲，涧水松风韵人耳目，近俗而侪于俗，其柳下之和而介者乎？时而筇屐登临，则浔楼之晓景可收，铜鼓之秋涛可听，回澜东塔恰在当前，至若北岸之宾山，因主我而得名，虽属一邱一壑，然其光明俊伟，独立一方，则固不得以寻常培塿视之矣。以上节旧志。

按：府志栽〈载〉县中八景，无浔楼春晓、龙安悬碧、宾山特秀，而有莲塘夜雨、北岸渔樵、南津古渡，为旧志所无。盖地方景物随人性情之所好，喜怒忧乐，心境既殊，山川云月感观斯异，得失是非，无可论焉。

——（民国）《桂平县志》卷二十，古迹，第655－657页。

平南县

八景图

——（道光）《平南县志》卷一，八景图，第 15 – 16 页。

蛇岗，在县北二里，层峦耸翠，势若游龙，为县治后屏，逶迤而下，中有九珠之胜。旧产蛇黄石，今无。每岁九月，邑人登高于此，名曰“蛇岗挹翠”。

燕石，在县东二十里，江岸屹峙凌霄，上有二石，宛然如燕，每风雨飞燕云集。昔人题壁名曰“燕子巢云”。

乌江，在县西一里，春夏之交，水入大江，大江水清则小江水浊，大江水浊则小江水清，随时泾渭，奇异莫测，名曰“乌江清浊”。

游鱼洲，在县前大江中，春夏淹没，秋冬水涸，始见形如游鱼，常有鸿雁飞集于此，邑人以为科甲之征，名曰“鱼洲瑞雁”。按《西事珥》云：古谶谓游鱼水干至乌江，当出状元郎。后唐同光初水干，平南梁嵩登南汉进士第一。

畅岩，在县西二十五里，峭壁凌空，上有数岩，玲珑洞彻，屹立天半。宋两程夫子侍父宦龚州时，从周濂溪先生读书于此，邑人常游咏于此，名曰“畅岩怀古”。

阆石山，一名文峰，在县西北一百三十里，高峰插天，秀甲一邑。上有岩洞，石室轩豁开朗，南汉梁嵩读书于此，名曰“阆石钟英”。

——（道光）《平南县志》卷七，古迹，第 3 页。

将军滩，在县前大江中游鱼洲南畔，中有三石品立，旧传汉马伏波征交趾，引兵渡江，遗一铜锅，大丈许，在滩下，名曰“将军古渡”。按府志载，铜鼓滩声流细细，则民居安；轰然而震，则有火盗覆舟之警。将军滩亦然。

绿水潭，在县东南三十里，方圆十余丈一泓澄清，其色如黛，遇旱祷雨于此，辄应，名曰“绿水灵洲”。

——（道光）《平南县志》卷七，古迹，第4页。

平南八景　张显相

天开屏障卫山城，岂以蛇黄浪得名。一自迪功遭难后，满山芳草写忠贞。蛇黄岭。

大江水浊小江清，派别澄淆理亦明。有客濯缨曾载咏，临流如晤采荷情。乌江。

阆石山高千古在，殿元名重一时钦。只因曾献倚门赋，留得荒台说到今。梁嵩读书台。

平畴突兀启贤关，人去岩空道可攀。洞达邃深方晓畅，书台讲席认般般。畅岩。

龙蛰碧渊思大隐，水涵明镜见天心。一声雷震飞腾处，四境苍生戴泽深。绿水潭。

勋传铜柱曾平越，名在龚江话伏波。试看将军滩上水，犹留豪气击鸣鼍。将军滩。

沙滩雁集亦何奇，闻道龚江瑞兆宜。为有鱼洲能上达，人文甲第卜累累。瑞雁洲。

故国梁空事已非，来从江畔振乌衣。于今化石巢云际，不傍人家帘幙飞。燕子石。

——（道光）《平南县志》卷二十，艺文二，第22页。

挹翠山，旧名蛇黄岭，岭一作冈，《一统志》载县北一里。属厢一里，层峦耸翠，势若游龙，中有九珠之胜。旧志载产蛇黄石，每岁秋仲，里人掘土深七八尺始得之，如鸡子，色紫，可磨傅肿毒，治小儿惊痫。《名胜志》山为县治后屏，在一邑名景之列。昔人名曰“蛇冈挹翠”。

——（光绪）《平南县志》卷三，舆地略，山川，第1页。

燕子山，县东二十里，江滨奇石矗立如双燕，凭崖并栖，每风雨，飞燕云集。唐置燕州，以此得名。昔人题壁曰“燕子巢云”。

——（光绪）《平南县志》卷三，舆地略，山川，第2页。

畅岩，县西北二十五里，属路三里，平畴突起，石势嶙峋。山半有岩，宽敞如屋，为宋两程夫子侍父宦游龚州时，从周濂溪夫子读书于此。有印心亭、莲花池遗迹。穿穴而过，为文昌岩。循石径行有三宝岩、飞鼠岩、遇仙岩诸胜。宋知州姚嗣宗尝游之，乾道间平南尹陈寿嵩有题名二十七字。邑人多游咏其间，名曰“畅岩怀古”。

——（光绪）《平南县志》卷三，舆地略，山川，第3页。

阆石山，一名文峰，在县治西北一百三十里，石峰如笋，高插云表，四围皆峭壁，唯一径蜿蜒，搴萝扪壁，始可达其巅。登眺者，四顾苍茫，云生足下，山半有岩，石室轩豁，南汉梁嵩读书于此，名曰“阆石钟英”。

——（光绪）《平南县志》卷三，舆地略，山川，第6页。

乌江马头，雍正三年知县成宗发、邑人韦荣等始创砌石，同治十一年捐赀修复，黄立宸碑记略。云地有以盛传者，晋之金谷团乌衣巷是也。有以胜传者，浙之西湖、苏之虎邱是也，岂第其地？传即附其地者，亦传邑之乌江渡口，在县治西偏，每逢集期及饮射读法之事，舆马往来，奔越络绎，歆欤盛哉。熙攘如此，其众也。顾其地岸阔而水阻，不可以桥，道光五年合众捐赀，设义渡以济焉。同治癸酉春，复命匠石结砌马头，凡数十级，藏事后列芳名于碑左，所谓附其地之盛以传也。江流襟带县城，合龚水而来，如汉之入江、湘之达洞庭，滔滔汩汩，有朝宗之势，自成巨观，且一水而清浊之分，为吾邑八景之一。旧有乌江濯缨亭，翼然临岸，又嵌石而刻名人诗歌于其侧，以岩涤为首，唱至于今，了不复存矣。然后人犹知有亭之名，而石上诗歌犹吟咏于文人骚士之口。谓非附其地之胜以传耶，则谓之不传也可，则谓之不传之传也亦可。时潦尽津清，夕阳古渡，因援笔以记之。

——（光绪）《平南县志》卷十，建置略，石路，第32页。

平南新八景：

红陵远眺，该景指县城附近革命烈士碑所在地蛇岗岭。旧名“蛇岗挹翠”。

畅岩怀古，畅岩山在县城10公里处的畅岩村，又名思回石山，或称二程岩，原为八景之首。

田湖映翠，指县城西北32公里的田贵水库风景区，该库（区）70年代建成，人工湖泊，山明水碧，巍峨的笔架山、观音山岿然挺立，与周围群山构成一幅壮丽的天然山水画。

花洲腾龙，位于县城东南15公里的国安乡花洲村。群山环绕，山重水复，后有羊牯顶作屏藩，前以东王顶为前哨。山峰起伏如游龙。

碧海银川，在县城东南 45 公里的六陈水库风景区。

白马双英，此景在县城东 35 公里的白马圩风景区。该处是明督师袁崇焕故里，现存袁崇焕之父袁子鹏墓及南汉状元梁嵩庙遗址，故名。

鱼洲雁信，鱼洲在县治龚江中，因形似游鱼而得名。秋冬见洲，时有鸿雁飞集，邑人以为科甲之征兆。原名“鱼洲瑞雁”，为旧八景之一。

新隆丰碑，在县城东 45 里寺面乡新隆村，为平、藤、容三县交界处。群山起伏，风景秀丽。

——《平南县志》，广西人民出版社，1993 年，第 776 页。

玉林

玉林市

隐仙岩，城西北三十里，又名仙隐岩，一名张道岩，寒山之别幹也。密箐丛杉，郁然深秀。中有石室，广周数亩，石乳四垂，琳琅满目，倾视一隙当空如日，始昏而见星者。然岩外瀑布横流，石上有人脚迹，长尺余，深数寸，指痕宛若，不生莓苔，州人谓石室仙踪。

——（光绪）《郁林州志》卷二，舆地，山川，第40页。

石人岭，城北十五里，岭上有石，如人立傍，又有石平而陂，如人坐起，臀迹留焉。前有二脚迹，如人仰踞伸缩其足之状，迹并深半寸，有光泽，不生苔藓。别有巨石，一梯而登之，有泉一泓，酌尽辄盈。州人咸以此为仙迹云。

——（光绪）《郁林州志》卷二，舆地，山川，第41页。

寒山，城北二十五里，是山作镇，郁林最为雄峻，其下盖周数十里地焉。《九域志》云南越王赵佗夏日遣使入山采橘，旬日方还，问其故，曰山中大寒不得归，故名。下有龙潭，水色如青靛。山巅建庙，有飞来石，上书“感应龙神”四字。州人岁旱祷雨，辄有应焉。山产小竹，高不及尺，圆如细管，其节甚密，若以置盆盎甚佳，移种即枯，故惟登山者见之。案，寒山神于光绪九年敕赐“溥泽龙神”封号。

——（光绪）《郁林州志》卷二，舆地，山川，第41页。

重修云龙桥引　嘉庆二十四年　知州恒梧

窃以虹腰宛转，遥通弱水三千，雁齿纵横，曾见扬州廿四，吟到刘郎之句“朱雀斜曛谱成坡，老之词绿杨新月”。由来冠盖不乏通津，自古河梁俱当孔道。州治南郊旧有一桥，号曰云龙，盖郁林八景之一也。创自前朝，修于当代，作下流之控扼，用障狂澜，通异地之往来，同歌周道，洵属一州之锁钥，尤为五郡之津梁。无如物有变迁，事多代谢，清流括括，终朝漱齿，以何堪白石粼粼。比岁骞崩而殆尽，过客望洋而叹。

——（光绪）《郁林州志》卷二十，艺文，第 296 页。

合赋郁林八景　学正许其源

牢州赏胜涤尘嚣，景物怡情四望饶。仙渡洞天寻石室，鱼游紫水越龙桥。寒山池暖蛟曾起，凤岭岩虚月自昭。喜我官闲无别事，地灵薪楚乐翘翘。

石室仙踪　训导张星扬

日日白云新，岁岁青山故。紫气灶中烟，轻云上天路。芳踪万古悬，危峰难学步。明月与清风，不老长春树。

——（光绪）《郁林州志》卷二十，艺文，第 312 页。

更定郁林八景诗

嘉靖丙寓冬刻于景陆堂白石洞天。

瓯池春暖

西瓯池上蛟龙窟，龙气成云水自波。蛟龙飞上九天云，春水茫茫奈若何。

凤岭秋清

凤凰岭上凤皇栖，凤凰飞去岭云低。高飚万里松涛急，空有芳名天与齐。

寒山应雨

寒山绝顶飞来石，与雨与云自岁年。知是傅岩龙幻化，商霖随处有尧天。

紫水流霞

城南紫水不常流，桂丛新香□□□。尽说江霞能映树，祥光遍□照龙头。

白石洞天

萧萧松叶下秋山，金丹蟠龙紫雾间。白石煮叶秋欲暮，不知笙鹤几时还。

水月岩虚

天上水生岩半间，岩□得月透天关。水流到海源头活，月照人心不照颜。

石室仙踪

□峰嵯峨高插云，丹□□室隐神仙。黄叶九拷□□云，洞口桃花空紫烟。

龙桥古渡

鳌头浪涌金沙碧，江国飞虹瑞气摇。发洩地灵知有待，使君题作瑞龙桥。

五岭山人邝元乐书篆。

——《中国西南地区历代石刻汇编》第五册，天津古籍出版社，1998 年，第 184 页。

编者按：摩崖在广西玉林市，嘉靖四十五年（1566）刻。

容县

容县八景：南山秋色、书台朗诵、凌云斑竹、勾漏丹砂、采桑化石、负薪登仙、钟斗龙潭、濯缨晚眺。

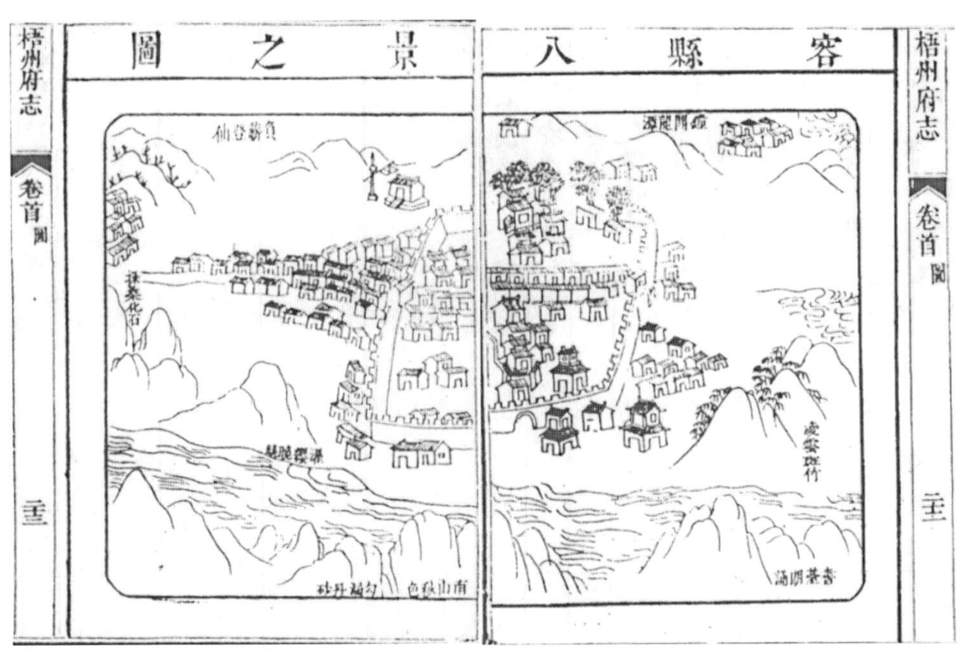

容县八景图

——（乾隆）《梧州府志》卷首，图，第 61 页。

都峤山，在县南二十里，又名南山，列八景，曰“南山秋色”。东自高凉，经广东西宁罗定界，历岑溪县，起伏五百余里入县，分为八峰，高三百三十余丈，八峰曰马鞍、香炉、仙人、丹灶、八叠、兜子、云盖、中峰。而八叠最奇秀，南北两洞，中峰有岩，曰中宫，名为宝元之天。断崖绝涧，下临百仞，沿磴扪萝而上，横眺白云，俱在足下。又有东山洞、白鹤洞、蒲涧洞、飞瀑岩、太极岩、龙头岩、白云岩诸胜。葛洪炼丹勾漏，常往栖息，道书称为第二十洞天。

…………

凌云山，县东北十五里，与金牛岭相连，旧产斑竹。八景列“凌云斑竹”是也。

…………

勾漏山，县西南三十五里，叠峦耸翠，有洞深窍，为晋葛洪修炼之处。内产仙米，形如圆豆，推佐食贵品。道书称第二十二洞天。列八景，曰“勾漏丹砂”。

——（乾隆）《梧州府志》卷二，舆地志，山川，第66页。

濯缨石，城西五里，在江上，枕江而横，上平如砥，石上有罇状，如紫玉樽，受水数斗，清似沧浪。昔有亭，曰濯缨，列八景，曰“濯缨晚眺”。

…………

龙潭，县北十里，旧传唐时风雨之夜，有寺钟飞来，与潭龙战。列八景，曰“钟斗龙潭”。

——（乾隆）《梧州府志》卷二，舆地志，山川，第67页。

读书台，在城东十里江之南崖，两峰峭立，拂溪东下，相传有渔舟夜宿其下，闻书声朗彻，及早登视，无人，因名。列八景，曰“书台朗诵”。

——（乾隆）《梧州府志》卷四，古迹，第108页。

都峤山，县南二十里，高三百余丈。（《一统志》：张九龄《山堂肆考》高三百五十丈）周回一百八十里，名宝元之天，在容州（杜光庭《洞天福地记》：邟湛若赤雅，名太上寶元之天）。山上有八峰，曰兜子、马鞍、八叠、云盖、香炉、仙人、中峰、丹灶，而八叠奇秀，视诸峰最高，亦号箫韶山。有南北两洞，俱有石室。（《寰宇记》《方舆纪要》《闵叙》《粤述》《名胜志》《广舆记》《云笈七签》均有纪载，不备录。所有八峰及南北洞形胜，俱分列于后）又名南山，列八景，曰南山秋色。断崖绝涧，下临百仞，沿磴扪萝而上，横眺白云俱在足下。葛洪炼丹句漏，尝往来栖息，道书称之为二十洞天。

——（光绪）《容县志》卷三，舆地志，山川，第135页。

编者按：都峤山高几许，在此材料中用了《山堂肆考》一书的记载，写作者是张九龄。应是错误的。此书的作者应是明人彭大翼。

濯缨亭，在县西三里，江上石平如砥，有罇，如紫玉尊，受水数斗，元次山名之为窪尊。水色澄澈，似沧浪，故以名。……旧志“濯缨晚眺”为八景之一。亭久圮，俗又名薄鹰石。悬厓崭绝，如张两翅，其地傍夕即有野鹰百十成群，纷飞奔赴，当坌集时，抉眥遥望，惟见横空如芥子半点，迤逦渐近，林薄为满，昧爽，复鼓翼星散。伊古以来，每夕如此，亦一奇也。

——（光绪）《容县志》卷四，舆地志，古迹，第176页。

读书台，在县东十五里。江北峭石，拥溪东下，旧传渔者夜闻山巅琅琅有弦诵声，因名。……旧志列入八景，曰“书台朗诵”。

——（光绪）《容县志》卷四，舆地志，古迹，第185页。

杨妃故里，在辛墟里羊皮村，世传唐太真故里，旧称“云凌斑竹”，为八景之一。有井曰杨妃井，久已湮塞，乡人为立杨妃庙焉。

——（光绪）《容县志》卷四，舆地志，古迹，第186页。

望仙坊，相传宋时有卢某采药仙去，邑人为立望仙坊。后有梁贤植之德者同住坊侧，皆入山仙去。旧称八景之一，曰“负薪登仙”指此。

…………

龙潭，县东半里，真武阁下，潭深莫测，世传有龙蛰其下，东门灵钟尝与之斗。按，“钟斗龙潭”为八景之一。

双女石，在思传里高车、石塘二村。相传宋时邑民生二女，年未及笄，性孝谨。春月养蚕，日采桑于江畔山侧，常以一婢相随。里中有来议婚者，辄愠恚不怿。既而父母以女年长，密许聘于里人，二女侦知，诘朝沐浴更衣，托采桑为名，登山立化为二石人。其母初见二女情景有异于往日，少间往视，惟见婢犹立二石旁云。谨按县属旧列有八景，其一曰“采桑化石”即指此。

——（光绪）《容县志》卷四，舆地志，古迹，第189－190页。

按：区志列有八景，曰南山秋色、濯缨晚眺、勾漏砂丹、采桑化石、云凌斑竹、书台朗诵、负薪登仙、钟斗龙潭。乾隆间邑人苏五常重修县志，以钟斗龙潭、书台朗诵事几于幻，负薪登仙谓不能确指其处，因易其名曰峤山秋色、大容积雪、濯缨晚眺、钓矶鱼跃、龙坟致雨、温泉盥祓、石潭泛月、登高览胜，且言景不须多，有一南山秋色便垂不朽，何必于八？自是通人特识，然复排比八景，若舍其旧而新是谋者，抑何持论之相背也？夫造物之胜，本无尽藏，必举境内之岩壑林泉，强为奏拍，而又得一孔之儒相与检韵，标题、绘图、撰说，一似八景外，概无足观焉，亦未免窒而鲜通矣。善夫象州郑献甫之言曰：深言之，则合县无一景；浅言之，则无处非景。诚通其旨，亦何事袭故蹈常，致与胶柱契舟者等诮哉。

——（光绪）《容县志》卷四，舆地志，古迹，第196－197页。

陆川县

石湖晴雪，石湖山，在城西三十里，沙湖堡，一名石袍山，高百余丈，巉岩峭壁上有一池，澄静而深，雨后山色晶莹，望之如积雪。

——（乾隆）《陆川县志》卷一，第 8 页。

瀑布山，一名东山，城东七里，与挂榜山相连，高百余丈，山半有岩曰妙洞岩，求雨以纸条探岩内石穴，有雨则湿，干则无雨。岩壁有诗。岩下一潭深丈余，秋冬不竭。山上有田数十亩，流泉灌溉，泉汇为一道，挂流石壁。详载八景。

——（乾隆）《陆川县志》卷五，第 17 页。

金坑山，城东十里，胜迹，详八景。

…………

奎岭，城西北四里，苍松盘错，每当月夜风清，松涛幽韵，尘襟为之尽涤。旧八景曰奎岭松涛，此其一也。邑人庞颖建书室其中，都人士藏修游息，多附青云，聚奎之名竞相传美。

…………

石湖山，一名石袍山，城西北三十里，胜迹，详八景。

——（乾隆）《陆川县志》卷五，第 18 页。

鸣石山，一名天马山，城西十里，山腰一石，叩之，其声如钟，详八景。

…………

应午山，城西南五十里，详八景。

——（乾隆）《陆川县志》卷五，第 19 页。

伏波滩，城南六十里，即县前南流江下流，详八景。

——（乾隆）《陆川县志》卷五，第 23 页。

温泉，城南一里，泉从石窍喷出，蒸沸如汤，可浴，有硫磺气。近石窍丈许，其水皆温。八景之一。

…………

应午泉，城西南五十里，山半一石窦，午时泉喷，时过即止，八景之一。

——（乾隆）《陆川县志》卷五，第24页。

石湖晴雪

雨霁山开一望空，石湖映日转玲珑。不须六出奇花现，一派河山水鉴中。

——（乾隆）《陆川县志》卷十七，第38页。

鸣石开天

层峦绝巘半西山，鸣石风封日自开。属报登高人莫击，一鸣都恐震寰间。

东山飞瀑

高山远水望依稀，石壁寒流入翠微。喷薄无殊霏玉屑，奔腾却似白云飞。

灵泉应午

石窍玲珑吐玉珠，会同阳晌佐康衢。何须萱荚征奇信，灵异知含造化枢。

伏波滩声

中流击楫独踌躇，汹涌波涛吼碧虚。钲鼓咚咚来夜月，犹疑汉将下蛮墟。

——（乾隆）《陆川县志》卷十七，第39页。

东山，县东三里，乔木蓊郁金《通志》，峰峦秀丽，中有妙洞《方舆纪要》，高三十丈，中有泉水南入妙洞。其下为金砂溪《名胜志》。瀑布山，一名东山，县东七里，与挂榜山相连，高百余丈。山半有岩，曰妙洞岩，求雨以纸条探岩内石穴，有雨则湿，干则无雨。岩壁有诗。岩下一渠深丈余，秋冬不竭。山上有田数十亩，流泉灌溉，泉汇为一道，挂流石壁。详载八景石志。

——（民国）《陆川县志》卷二，舆地类，山川上，第33页。

鸣石山，县西十里，一名天马山，山势耸峻如马金《通志》，中有大石，扣之有声，亦名石鼓山《一统志》。《郡国志》云，董奉死，人见于鸣石之山。《山海经》云长石之山拱水出焉，山多鸣石，即此《寰宇记》。山腰一石，扣之，其声如钟，详八景石志。今名石狗嶂，脉由沙湖堡、馒头岭来，北接泗里堡、马鞍坳，山南连大洞堡之辣里山，绵亘八九里，高约二百余丈。清光绪戊戌年匪乱，山顶筑有土寨，今废。

——（民国）《陆川县志》卷二，第34页。

奎岭城，西北四里，苍松盘错，崖涧幽邃。庞氏建书楼于半山，号聚奎斋，因以名岭金《通志》。当月夜风清，松涛幽韵，尘襟为之尽涤。旧八景曰

"奎岭松涛"，即指此也。邑人庞颖建书室其中，都人士藏修游息，多附青云聚奎之名，竞相传美石志。

——（民国）《陆川县志》卷二，舆地类，山川上，第36页。

应午山，县西南五十里。详八景。石志。今名旺风龙山，由五指山来脉，高二百余丈，广四里许。山顶筑有土寨。山半有泉，天旱不涸，早晚犹小，当午始大，光明如镜，昔人称曰应午灵泉，为八景之一。

——（民国）《陆川县志》卷二，舆地类，山川上，第37页。

伏波滩，县南四十里，岸左有伏波庙，即乌江下流金《通志》。

案：伏波滩县南六十里，属沙井、吹塘二堡，金《通志》作"四十里"，误。左岸有伏波庙，右岸有文昌阁。滩水湍急，下多大石，水石相击，声震如雷，远闻数里。滩下有潭，宽约半里，深不可测，中心旋螺转泡，大如小山，舟行经此，甚为危险，为八景之一。

——（民国）《陆川县志》卷三，舆地类，山川下，第47页。

温泉井，在妙洞水旁，泉自石窍中出，四时温热，冬日亦可浴《一统志》，有硫磺气，人有癣、癞，浴之即愈，为八景之一。

…………

附八景：石湖晴雪、鸣石惊天、东山瀑布、金坑孕瑞、温泉浴日、灵泉应午、龙潭夜月、伏波滩声。

——（民国）《陆川县志》卷三，舆地类，山川下，第48页。

奎岭松涛，在泗里堡泗里寨后，奎风书室左右，距城三里，为县中旧八景之一。旧有古松十余株，大者周约十丈余，高若参天，时引风作，涛声不绝，经其下者，每盘桓不去。今松已尽枯，徒存其名而已。

龙潭夜月，在大洞堡龙堂庵背，距城十里，亦县中八景之一。潭水清澈，夜月相照，澄然可见，以此得名。嗣吕姓将河改塞为田，潭随以灭。近以大水冲去田亩，潭复如故。

——（民国）《陆川县志》卷六，古迹，第115页。

温泉浴日，位于县城九洲江与妙垌江汇合处的三角洲上。旧八景称之为"温泉浴日"。

——《陆川县志》，广西人民出版社，1993年，第817页。

博白县

双角岭，在县北十里，即八景之一也。（详“胜景志”）

——（道光）《博白县志》卷二，山川，第 23 页。

将室山，在县西柯木堡，山上有雾必雨，即八景之一也。（详“胜景志”）

…………

云飞山，在县西那裸堡，离城一百里，即八景之一也。（详“胜景志”）

——（道光）《博白县志》卷二，山川，第 24 页。

宴石岩，在县西南顿谷堡，离城五十里，与紫阳岩相接，即八景之一也。（详“胜景志”）

——（道光）《博白县志》卷二，山川，第 26 页。

蟠龙山，在县南陀角堡，离城九十里，俗名尖山头，此八景之一也。（详“胜景志”）

——（道光）《博白县志》卷二，山川，第 27 页。

九岐山，在县南大黄、大地二堡，离城六十里，即八景之一。（详“胜景志”）

——（道光）《博白县志》卷二，山川，第 28 页。

石钟岩，在县东南，即八景之一也。（详“胜景志”）

——（道光）《博白县志》卷二，山川，第 29 页。

铜鼓潭，在县治北二十里，即八景之一也。（详“胜景志”）

——（道光）《博白县志》卷二，山川，第 31 页。

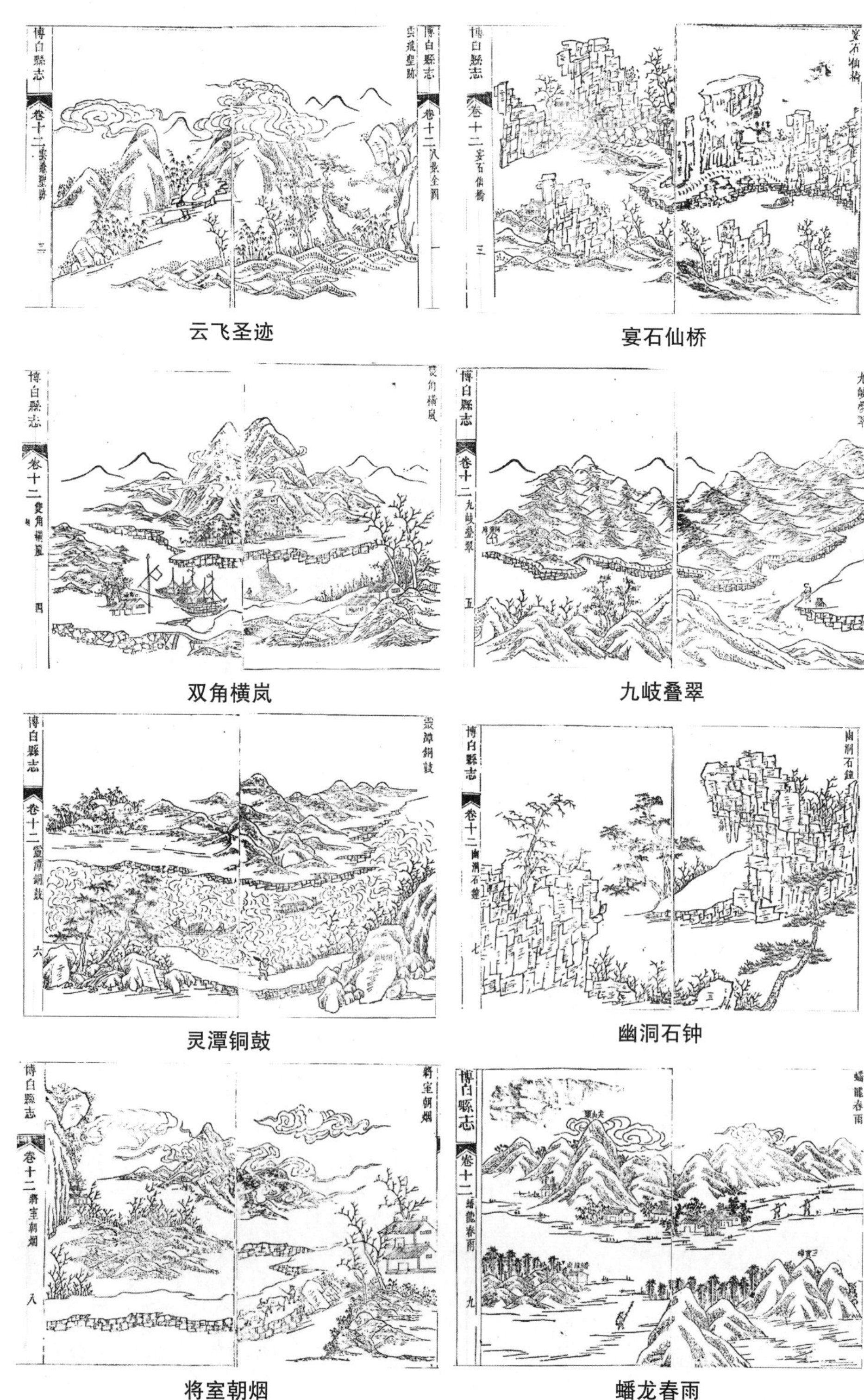

云飞圣迹

宴石仙桥

双角横岚

九岐叠翠

灵潭铜鼓

幽洞石钟

将室朝烟

蟠龙春雨

博白县八景：云飞圣迹、宴石仙桥、双角横岚、九岐叠翠、灵潭铜鼓、幽洞石钟、将室朝烟、蟠龙春雨。

——（道光）《博白县志》卷十二，八景全图，第2－9页。

云飞圣迹

云飞山，在那裸堡，离县治西一百里，山势崇峻，常结云气。石上有巨人迹，有扶禄王坛在其上。坛左右有二竹，相对而生，枝垂至地，风来则二竹自能洁扫其坛。坛前有二池，水清可鉴毛发，有菩萨鱼游泳其中。坛下时有仙果遗其旁，只可拾啖，不能携归。或他日再至，又失所在。穿云上跻，或见轩敞，或见幽邃，罕津逮者，殆仙境耶。

宴石仙桥

宴石岩，在顿谷堡，离县治西八十里，岩皆盘石，壁立高百余丈，上周可数里。古神人陈越王宴此，故因名宴石。旧有汉伏波祠，唐咸通高节度骈征南诏经此，建寺。南汉刘都监崇远铸铁佛及罗汉诸像，号觉果禅院，今石碣尚存。临江崖上镌佛像，名望江佛。旁有石山，名马骑石，周可数里，有石桥通岩上，名仙人桥。寺前对面有二石笋，高数丈，如烛双炷。寺顶半壁中，人迹不能至。有竹梯一具，不知置自何时。询近百岁人，称幼时已见如此。又询故老，亦然。常经风雨漂剥，久不伤坏，亦神物也。康熙十九年土寇叶天易倡乱，避居岩上者，悉被焚劫，王氏三烈女于此坠崖。北有石山，亦壁立百仞，周围险峻。岩下有寺，名紫阳观，南汉刘崇远建，其清幽与宴石寺等。

双角横岚

在浪平堡，离县治北十五里，高百仞，二峰并峙，峻拔环丽，俨然双角。富林侯之坛在焉。

九岐叠翠

在大黄、大地二堡，离县治南七十里，迴峦复嶂，分为九峰，春深草色，浓缛积翠，浮青山影，如旌旗张列，秀色扑人眉宇。

灵潭铜鼓

在马禄堡，离县治北四十里。石高数仞，峻峭壁立，下有铜鼓湾，相传夜有铜鼓浮起，波浪相搏，声闻数里，乡人聚观。明宏治十二年五月邑人获送督府。

幽洞石钟

在三瑾堡，离县治东三十里。幽洞中岩，底垂二石笋，一叩之有钟声，一叩之有鼓声。其岩有神坛，乡人七月七日崇祀连日，叩其钟鼓以祈平安。

将室朝烟

在柯木堡，离县治西二十里，相传唐庞孝泰筑室于此。泰为将时，山顶清晨常有烟雾凌霄。

蟠龙春雨

在陀角堡，离县治西南九十里，高数百仞，四面峭石壁立，一峰挺秀。山巅有雾则雨，春雨后山景弥佳。峰顶旧有池，池有大菩萨鱼，时见时不见，亦神异也。道光十年乡民于山间掘得一铜鼓，绅耆购送攀龙庙。

——（道光）《博白县志》卷十二，古迹，胜景，第 17－18 页。

博阳八景　曾才鲁

嵯峨宴石古山名，远接云飞列画屏。岩隐石钟千嶂寂，水浮铜鼓一潭清。蟠龙雨过春田绿，将室烟开晓洞晴。更喜岚横双角秀，九岐叠翠愈分明。

云飞圣迹　曾才鲁

嵂崒峰峦气势雄，云舒霞卷影玲珑。巨人迹在千层石，扶禄祠连一径松。鹤唳风声秋峤外，鸦飞虹影夕阳中。晴看宛若芙蓉帐，压倒罗浮第几峰。

宴石仙桥　黄时秀

此地清幽蓬岛分，丹山碧水锁闲云。越王久罢笙竽宴，仙客时乘鸾鹤群。洞口谩寻当日路，石头空镂汉时文。倦游不觉金乌坠，回首桥边又夕曛。

双角横岚　失名

望来伯仲两高峰，不与群山俯仰同。螺髻晓宜添秀色，□裙新欲护香风。吹残玉笛吟初放，坐烂樵柯弈未终。我独乐由心最切，百年何事此奇逢。

九岐叠翠　黄时秀

次第排空似雁行，天然□画露新芒。月来夜滚流珠过，花发春将异锦装。五老峰高还让美，八公山好亦增光。何如此地烟霞窟，千古常留草木芳。

灵潭铜鼓　陈献文

水绕湾头鼓自咚，昔年谁此寄行踪。青山绿树江天小，铙吹钲声边塞同。铜柱已堪传伟绩，云台何必画奇功。我来矍铄翁如在，对景兴思盼远峰。

幽洞石钟　尧凯

产出幽奇造化工，游人争羡小崆峒。华钟响振烟霞上，巨莛声随风雨中。灵谷鸣时猿鹤应，仙源到处海山同。夜来暂借西岩宿，卧听鲸音四壁空。

将室朝烟　李宗仁

知机宿将早投戈，万里封侯紫气多。破卤不须夸李广，荐贤曾见有萧何。坛开雾霭江山润，戟立风清景物和。但得桑榆收晚景，晓看缥缈出岩阿。

蟠龙春雨　李宗仁

掬饮泥蟠尺蠖姿，在田已具在天奇。神鞭不起云肤寸，乌胬徒占焰陆离。桂海风雷生大泽，稻畦鳞甲涨平池。听鸠农父催耕急，省识春来润物时。

——（道光）《博白县志》卷十六，艺文，第 5－6 页。

白州八景并序　程镳

苍梧之野，其山多瑶篸玉笋，其川多金膏水碧。白州非其错壤耶，何神奇之秘也。岂龙门艾朒，勾漏丹砂，山灵不肯媚人欤。抑欣然欲往者，皆自崖而返，吟囊游屐，罕有津逮。生不能陟三山穷五岳，以无餐霞骨，而风尘之累多也。置我丘壑间，吾将问津焉。

云飞圣迹　程镳

垂天鹏翼振沧溟，背负烟霄石气青。莎蔓龙蛇穿木甲，竹稍风雨护祇灵。孤桐拂汉丛神托，废鼓惊雷山鬼听。纵使摩崖披古碣，奇游谁续大荒经。

宴石仙桥

虹桥百丈水千层，乌鹊羞填河汉冰。灵风乍归帘幕启，藻廉高宴管弦腾。玉鱼坐跨空明上，金虎吟驱汗漫登。无数神仙蓬岛去，江云乱拥牡丹灯。

双角横岚

鸦髻云堆螺黛匀，萝村树色更横陈。烟鬟雾髩愁行客，玉珮香尘伤美人。胥井夕阳芳草乱，春江桃叶晚潮新。落花红似珊瑚碎，不遣啼鹃到孟津。

九岐叠翠

江上青峰耸翠微，九嶷神女是耶非。重重羽葆行虚碧，片片芙蓉映夕晖。柱石撑天还拔地，雨云暮卷更朝飞。泉声渐远寒空瑟，疑是湘云欲罢挥。

灵潭铜鼓

南流不尽大江声，铜鼓浮沉待月明。白泛汀沙看鹭序，寒知午夜报鼍更。黑旛三点随风落，乌鹊孤飞匝树惊。一自洗兵鱼海后，顿销金甲伏波营。

幽洞石钟

偶移蓝笋听飞泉，风送鲸音出洞天。竹影寺闻香定后，景阳宫报漏催前。三千击流鱼龙徙，百八沉鸣宫羽旋。为道春山霜叶下，从来空巷有□□。

将室朝烟

远树苍茫散曙鸦，蔚蓝一抹渐烘霞。天边细马行芳草，江上啼鹃梦落花。山色溪光归画府，石泉槐火助吟家。鹧鸪声里高低路，荡漾春帘日又斜。

蟠龙春雨

遥望空濛烟雾里，蟠迴山翠欲争流。雨肥陇陌新禾好，溪涨平沙野艇浮。客袂半因岚气湿，马蹄多为落花留。快哉一幅南宫画，谁挂云天不肯收。

——（道光）《博白县志》卷十六，艺文，第14－16页。

编者按： 后所记之八景诗甚多，在此仅做部分节录。

北流市

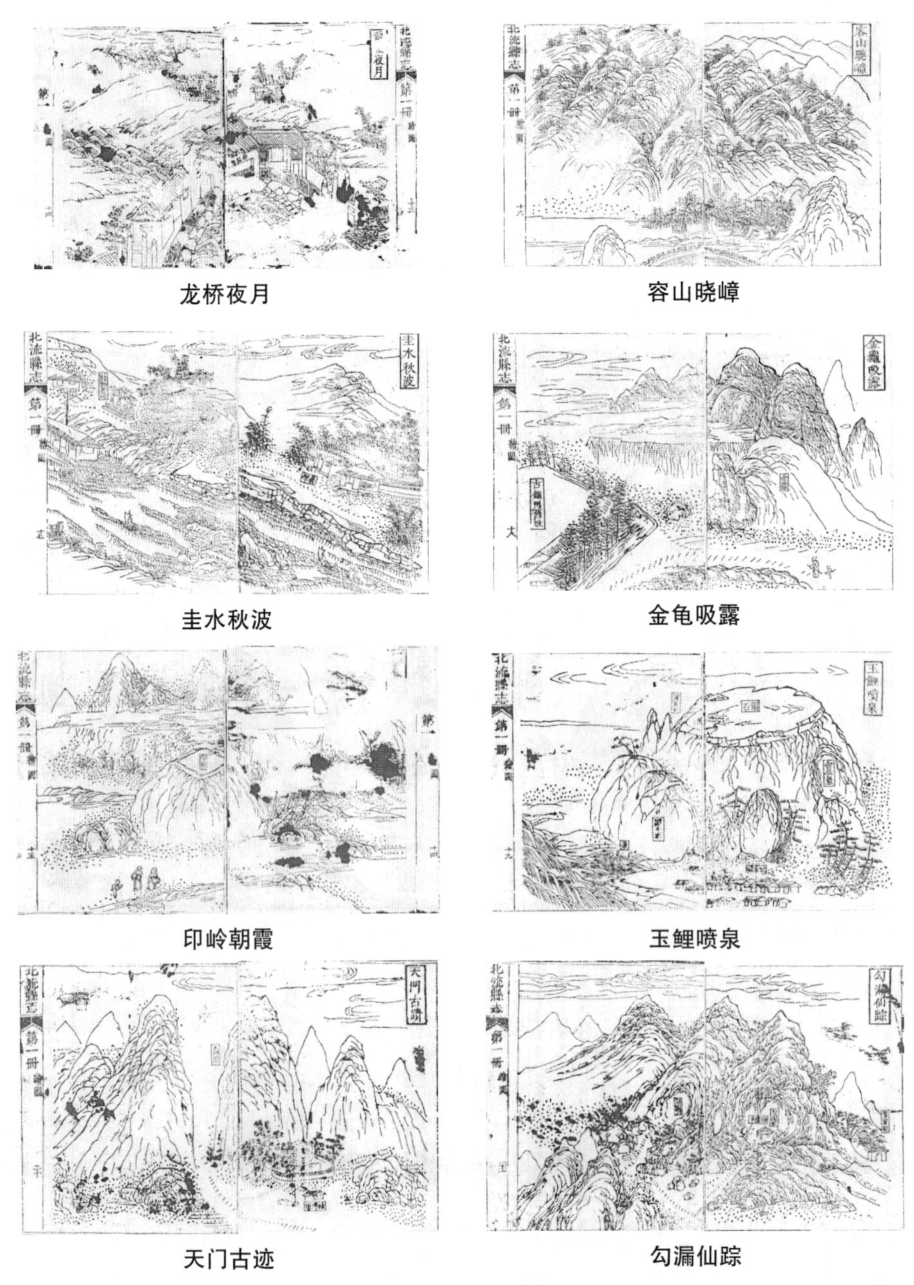

龙桥夜月　容山晓嶂

圭水秋波　金龟吸露

印岭朝霞　玉鲤喷泉

天门古迹　勾漏仙踪

——（乾隆）《重修北流县志》第一册，绘图，第 13 - 18 页。

大容山，县北二十里，上凌霄汉，常集云气，高峻横亘，容县、平南、浔州、兴业、郁林数州县皆以此山为望，为八景之一，曰容山晓嶂。

印岭，县东二里，四畔平夷，突起一阜如金斗，岭有方纹，常凝紫气，为八景之一，曰印岭朝霞。

金龟山，县东三里，首昂十余仞，若口吻状，丰隆如龟，为八景之一，曰金龟吸露。

宝圭洞，即勾漏洞，洞门榜曰“云关”。前有小亭，俯瞰横塘，倚栏四顾列峰迴环，道书“第二十二洞天”。晋葛洪求为令，尝修炼于此，石床丹灶犹存洞中。有潭，源不知自来，从山南石窍而出，为八景之一，曰勾漏仙踪。

——（乾隆）《重修北流县志》第一册，地舆志，第 19 页。

鲤鱼石，与铜石为邻，实另一山也。山旁有石如鲤，石下流泉甘冽，为八景之一，曰玉鲤喷泉。旧志注入铜石山，误。

石梯水，源六里岭，经岭垌至大坐坪合沙垌水，至定良村会思贺水，至峩石会香墟水合流，直抵县治之南，下达绣江。中流有石如元圭，□镇迴澜，为八景之一，曰圭水秋波。

——（乾隆）《重修北流县志》第一册，地舆志，第 20 页。

登龙桥，附城东，初名化龙，宋之学前桥也。旧有谶曰：“金在后，水在前，学桥连北，流出状元。”古以竹木为梁，数载一易。宋开庆元年，县令余传始甃以石，上构亭十一间。明知县陈宗文修，火毁。监察御史李弘重修，妖贼李通宝毁。知具萧遴修，天启二年复毁且圮，知县王廷学、刘修己重修，易三拱为一拱，建亭二座，设大士香火，左右各立一坊，中通街道，凌空结构，为邑壮观。午夜倚栏，水光接天。虽月晦之夕亦然，故列八景之首，曰龙桥夜月。

——（乾隆）《重修北流县志》第一册，建置志，第 38 页。

天门关，离城十里，与郁林州界。巅崖邃谷，两峰相对，路经其中。考《地舆记胜》云：本桂门关讹称为鬼门关，元廉访使月鲁改名魁星关，明洪武改桂门关，宣德中改今名。关前设汛，为八景之一，曰天门古迹。

——（乾隆）《重修北流县志》第二册，兵防，第 75 页。

题北流十首 国朝知县陶乐

容山叠嶂

容山高不极，叠嶂生云烟。西南称险绝，撑住半壁天。

笔架三峰

架笔秀漂渺，书破五色云。谁能摛丽藻，压倒千人军。

圭水澄波

水落石骨瘦，江平澮不流。澄波湛明镜，一壁涵高秋。

穿镜夜月

石镜凿空明，山鬼无由逞。惟有姮娥月，夜来照双影。

灵台古迹

白云为藩篱，诸山作屏幛。巍然会灵台，绝顶凭虚望。

印岭朝霞

谁铸青铜印，岁古生铜花。丹砂何用染，洒洒明朝霞。

勾漏仙踪

阴崖若鬼神，丹经藏石壁。窈然空洞中，孔窦时涓滴。

金龟吸露

昂首如左顾，曳尾犹跼步。洛水呈嘉祥，石裂丹文吐。

天门双阙

两峰屹相向，壁立排天门。恃德不在险，剑阁且勿论。

石鲤喷泉

灵池出五云，石鲤跃千古。飒沓林木秋，翻飞作风雨。

——（乾隆）《重修北流县志》第四册，艺文，第 134 页。

题北流八景 署县张允观 襄平

容山晓障

吸残沆瀣北峰晓，四顾□封梁□小。不见攀藤有老樵，唯闻出谷鸣高鸟。

圭水秋波

无须天上泛银河，洞底乳源秋自波。宛似盈盈桃□渡，一番流转一番多。

金龟吸露

大江东北郁黄金，彷佛图书又见今。香雾纳将双鼻孔，耳边嘘出彩云深。

石鲤喷泉

山腰忽作雨翻盆，六一鳞儿石乳喷。莫把悬鱼还远眺，乘风直欲上天门。

龙桥夜月

乍见波心影蝃蝀，翻疑水面跨虬龙。夜深踏月乘桥上，应到飘香落子中。

印岭朝霞

小阜如拳石上花，花纹如线印丝斜。频沾雨露光华润，曙色初开灿紫霞。

天门古迹

旧迹相循代有年，问名屡更瘴生烟。云为扁辐风为轮，出入雄关见二天。

勾漏仙踪

畴昔稚川求作令，丹砂何不济痌瘝。空遗石洞清风冷，一去罗浮鹤梦闲。

——（乾隆）《重修北流县志》第四册，艺文，第 135 – 136 页。

龙桥夜月题八景五首　梁天宗

龙桥沈影湛长虹，鳞甲飞腾一跃中。溪上玉栏栏上月，清光照入水晶宫。

印岭朝霞

巍巍金印押青云，旭日初生散锦文。最爱朝朝呈五色，望中佳气结氤氲。

容山晓嶂

望去层峦耸翠巅，如屏如盖白云连。晓来岚气拖山半，宛见浮空玉幛悬。

圭水秋波

秋江潋滟浪花轻，一色连天彻底清。更有石台明月夜，文光璀璨水光生。

勾漏仙踪

曾传勾漏产丹砂，仙境于今路已遐。不识稚川何处去，洞门长是白云遮。

——（乾隆）《重修北流县志》第四册，艺文，第 136 – 137 页。

编者按：此五首八景诗被（光绪）《北流县志》全部抄录，在此不再赘录。

勾漏山图

——（光绪）《北流县志》卷五，山川，第 200 – 201 页。

容山晓嶂、圭水秋波、天门古迹、勾漏仙踪、龙桥夜月、印岭朝霞、金龟吸露、石鲤喷泉。

以上旧传北流八景。

——（光绪）《北流县志》卷十一，古迹，第417-418页。

北流十咏 知县陶乐

容山叠嶂

容山高不极，叠嶂生云烟。西南称险绝，撑住半壁天。

笔架三峰

笔架秀缥缈，书破五色云。谁能摛丽藻，压倒千人军。

圭水澄波

水落石骨瘦，江平澹不流。澄波湛明镜，一碧涵高秋。

穿镜夜月

石镜凿空明，山鬼无由逞。惟有嫦娥月，夜来照双影。

灵台古迹

白云为藩篱，诸山作屏幛。巍然会灵台，绝顶凭虚望。

印岭朝霞

谁铸青铜印，岁古生铜花。丹砂何用染，洒洒明朝霞。

句〈勾〉漏仙踪

阴崖若鬼神，丹经藏石壁。窈然空洞中，孔窦时涓滴。

金龟吸露

昂首如左顾，曳尾犹蹋步。洛水呈嘉祥，石裂丹文吐。

天门双阙

两峰屹相向，壁立排天门。恃德不在险，剑阁且勿论。

石鲤喷泉

灵池出五云，石鲤跃千古。飒沓林木秋，翻飞作风雨。

——（光绪）《北流县志》卷二十三，艺文，第1442-1443页。

自古以来，容山晓峰、圭水秋波、天门古迹、勾漏仙踪、龙桥夜月、印岭朝霞、金龟吸露、石鲤喷泉为北流八景，历代文人墨客留下不少赞美诗篇。

——《北流县志》，广西人民出版社，1993年，第971页。

兴业县

八景

葵峰夕照　邑人谭有德

晴岚如染削芙蓉，倒影层峦亘万重。泉宝晚登红日冷，杜鹃春锁白云浓。曲余漫听双灵瑟，青入应添数点峰。见说萧郎成道果，蓬莱宫阙洞庭钟。

松岭朝烟

呼吸潜通尺五天，沉冥曙色绿浮烟。护文元豹藏蘘窟，逐妇鸣鸠窜堑田。雨馥环邱烧紫石，雾霏丹巇涨平川。名山自古甘霖望，应笑徒縻买隐钱。

泉塘潮涌

漭沆金塘蘸穴寥，翠屏如抱锁溪桥。脉寻云宝青山远，波立天风绿水摇。月满芦花眠属玉，云蒸神女弄红潮。乾坤至信飞来处，为报崖山不用烧。

鸣水沙屿

一泒惊涛散露华，九秋鸣鹿兆银沙。萦烟黛染青枫浦，沸石声喧白马家。渠水铜鱼吹月魄，昌河莲凫映官衙。佛名经卷先谁索，遮莫江头卜汉槎。

水穿金窦

青崖露掌破岚烟，一带寒流得得穿。风渡鸥群眠石坞，雨飞花片递平川。天台洞口胡麻饭，桃树溪边钓月船。只此乾坤名胜在，芙蓉葱倩水潺湲。

鱼井丹砂

圆川清澈镳铲寒，数粒谁遗九转丹。月魄夜澄云母气，铅华秋濯水精盘。得从桥叟庭前汲，何似仙人掌上飡。抱瓮只今蕉鹿梦，只应收拾待郎官。

蛟塘春浪

天辟灵源湛练塘，桃花春涨正茫茫。潭心云起蛟涎涌，水面风牵雪浪长。数点青螺摇夹岸，几群白鹭掠斜阳。澄泓终决平畴去，散作人间雨露香。

黑石仙踪

凤笙檀板浪游仙，足迹摩挲石丈前。踏破烟云随地老，濯余风雨积尘捐。冲虚燕落孤轩在，邺下凫飞一履悬。阆苑从来容学步，不嫌芳躅暴人天。

——（乾隆）《兴业县志》卷三，第 312－313 页。

松岭，在县东，距城十里，带高岭断续蜿蜒，惟此层峦嵯峨，冠冕凝重，上多青松，故曰“松岭”。山神曰“松岭夫人”，岁旱祷雨辄应，为八景之一。

——（嘉庆）《兴业县志（续修）》卷一，山川，第 13 页。

香山江，在县西，距城十里。水源有二，一自葵山流，一自黄桑岐流，至龙穿岩，曾由山川石穴中过。世传石山镇江口，有龙穿其山水，因通焉，故曰“龙穿”，为八景之一。至佛子岭，与镇兴江汇。

——（嘉庆）《兴业县志（续修）》卷一，山川，第14页。

下鸣水江，在县东南二十里，县前诸水汇流如此，两岸高山狭峙，中有石龙横锁，俯视下流，高十数丈。滩濑飞激，声淙淙若雷，为县治外关水口，流至郁林渟川江。世传科试之年，中有沙屿浮起，即有中式者，为八景之一。

——（嘉庆）《兴业县志（续修）》卷一，山川，第15页。

八景　邑人谭有德

葵峰夕照得峰字。在县西十里，相传日落时，峰头之影直洞庭湖，昔有萧公修道于此，复随其影出现。

晴岚如染削笑蓉，倒影层峦亘万重。泉窦晚澄红日冷，杜鹃春锁白云浓。曲余漫听双灵瑟，青入应添数点峰。见说萧郎成道果，蓬莱宫阙洞庭钟。

松岭朝烟得烟字。在县东十五里，久旱，早晨烟雾不散，是日必有大雨。

呼吸潜通尺五天，沉冥曙色绿浮烟。护文元豹藏藔窟，逐妇鸣鸠窜埜田。雨馥环邱烧紫石，雾霏石巘涨平川。名山自古甘霖望，应笑徒糜买隐钱。

泉塘潮涌得潮字。在县南二十里，久旱，夜潮声一响，二三日必有大雨。

漭沆金塘蘸空寥，翠如抱销溪桥脉。寻云窦青山远波，立天风绿水摇。月满芦花眼属王，云蒸神女弄红潮。乾坤至信飞来处，为报崖山不用烧。

鸣水沙碛得沙字。在县东二十里，满江大石栏阻，深不可测，居县城水口，遇科年有沙洲起涨，是科必有中式者。

一派惊波散露华，九秋鸣鹿兆银沙。萦烟黛染青机浦，沸石声喧白马家。渠水铜鱼吹月魄，昌河莲岛映官衙。佛名经卷先谁索，遮莫江头卜汉槎。

水穿金窦得穿字。在县西十里，石山屹豆，一峰下有大穿洞，水流从此出。

青岩灵掌破岚烟，一带寒光得得穿。风渡鸥群眠石坞，雨飞花片递平川。天台洞□胡麻饭，桃树溪边钩月船。只此乾坤名胜在，芙蓉青倩水潺湲。

鱼井丹砂得砂字。在县北十里，相传井中丹砂，乡人乡乡此，俱寿百余岁。后葛洪拾此丹而去，少有寿者。

圆川清澈辘轳寒，数粒谁遣九转丹。月魄夜澄云母气，铭华秋濯水精盘。待从橘叟庭前汲，何似仙人掌上苍。抱瓮只此蕉鹿梦，只应收拾待郎官。

蛟塘春浪得塘字。在县东八里，有神蛟，其水常不竭，至春益长决，以灌田，能及十余。

天辟灵源湛练塘，桃花春涨正茫茫。潭心云起蛟涎涌，水面风牵雪浪长。

数点青螺摇夹岸，几群白鹭掠斜阳。澄泓终决平畴云，散作人间雨露香。

黑石仙踪得仙字。在县南七里，石上有二痕，如人足迹而大。

凤笙柷板浪游仙，足迹摩挲石犬前。踏破烟云随地老，濯余风雨积尘捐。冲虚燕落孤轩在，郧下凫飞一履悬。阆苑从来容学步，不嫌芳躅暴人天。

——（嘉庆）《兴业县志（续修）》卷九，第 104－105 页。

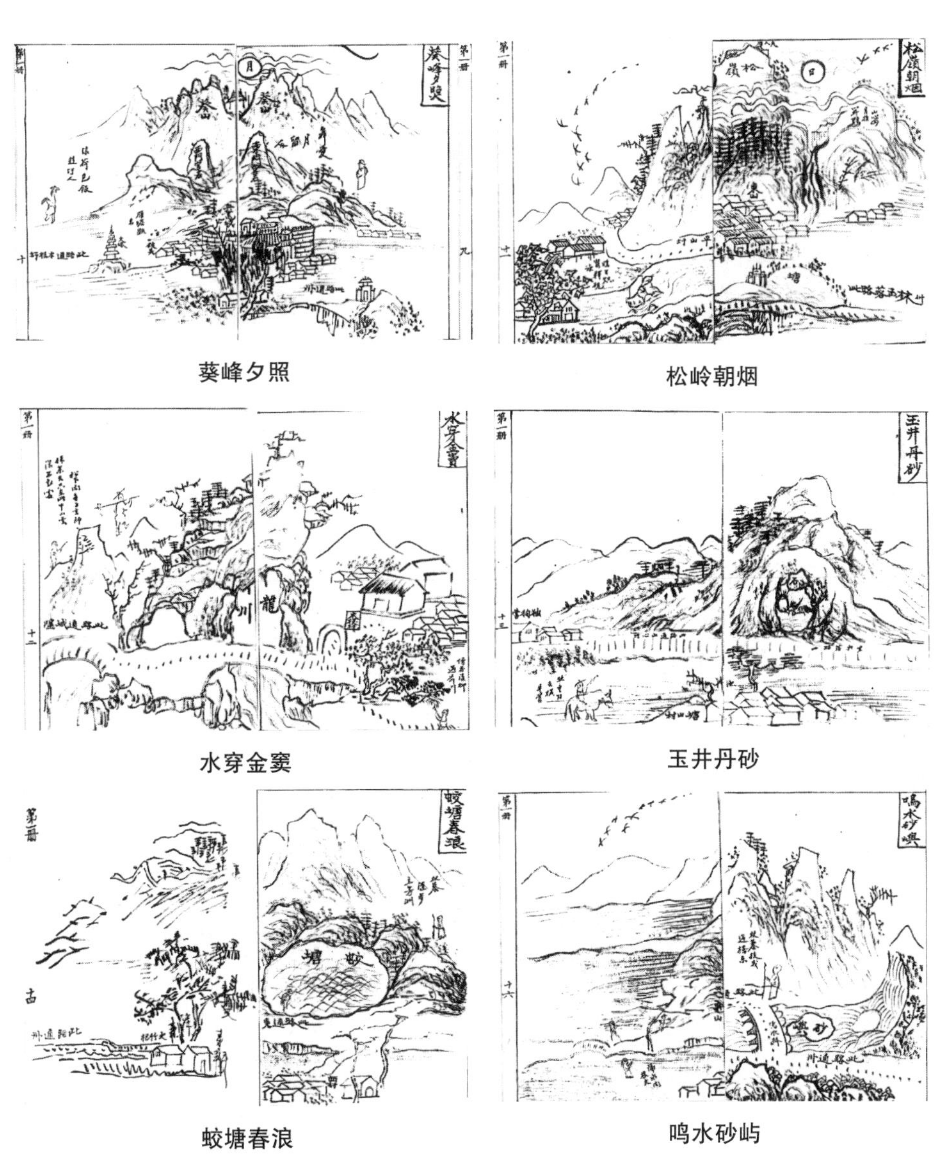

葵峰夕照　松岭朝烟

水穿金窦　玉井丹砂

蛟塘春浪　鸣水砂屿

泉塘潮涌

黑石仙踪

——（民国）《兴业县志》第一册，第9－17页。

游兴阳八景诗序　钟珍

物因人而复显，景因人而复鸣，必然之理也。昔王右军即兰亭，为曲水流觞之乐。苏东坡即赤壁，为桂棹兰桨之游。欧阳修乐醉翁亭，以记其景物。范仲淹登岳阳楼，以写其忧乐，在在有之。且兰亭非右军则荒芜一幽境尔，何以显名于当时？赤壁非东坡则水涯一培𡎆尔，何以垂名于后世？以至醉翁之亭、岳阳之楼，非欧、范二公，则其地其景，寥然无闻，又何以脍炙于古今之口哉？

兴业隶苍梧郡，僻在万山之中。其佳山胜水、神仙奇怪，固尝按志以知其美矣，但心未慊于游。适成化己丑三月之望，春融景霁，天朗气清。邑之嘉遁庞公思谦，持其平昔纂录志中八景，并其与焉偕游者，邑大夫熊侯、寅公陈缉熙，而珍亦与焉。由是联辔而行，始阅葵峰之境，终览铁城之胜。时丽日方中，祥飚徐至，四人驻于树下，啜茗漱齿，行酒数巡，思谦慨然谓缉熙曰："兴业小邑也，土宇不及他邑之半，而胜概仅有可观者，若菁葵崒嵂，珠丝万点，葵峰之春雨也。苍龙偃蹇，晨霭一带，松岭之朝烟也。怪石塞门，中藏秘诀，石掩仙岩在焉。岩壁戟立，内非人世，铁城雄镇居焉。与夫嘘气成云，水涵灵药，非龙川云气、鱼井丹砂之谓乎？石室方丈，奎壁辉映，非白马禅宫、清风奎阁之谓乎？"敷陈既毕，命仆洗盏再酌。熊侯、缉熙即心旷神怡，有嘲物咏怀之态。顾思谦曰："古人一游一乐，一觞一酌，皆有歌咏，以适其情。惟若《兰亭》《赤壁》之赋，醉翁、岳阳之记，皆其胜事。虽数百载之下，想其高风雅趣，犹可使人心怡意快。况吾侪生当明盛，乐育英才，幸际儒流。兹游，虽非王范欧苏之比，亦眺临光景之趣，可无一言以纪其事？"于是人各赋诗八首，以写其山川形胜之迹。虽一时音律弗工，亦发于耳目之所及见也。

既而夕光返照，策马而旋。珍归，酒醒月白，因思游宴，及时秉烛，次序其事，并录诸作于后，俾后之同志者或有览焉。则知予以四人之游，非耽逸乐，然游观景物，亦先忧者所不废也。因纪其珠玉于嗣，庶几斯景，垂于不朽焉。

——（清）《粤西文载》第四册，卷五十一，第42－43页。

来宾

来宾市

旧志载有“龙洞眠云”“金峰涌玉”“居松挺秀”“茶浦舒香”“双髻霞光”“三台顶望”“蓬莱砥柱”“西江舟楫”八景。

——（乾隆）《柳州府志》卷十八，古迹，第221页。

风景

天然景物与吾人心境，有息息相关之故焉。吾人每至名山大川，旷视盱瞩则慨然，想见古之豪杰吞吐宇宙而心境一变，迨至洞天福地，低徊翱翔，则浩浩乎与造物者游倏然尘表，而心境又一变。虽然向使无若何之心境，无吞吐宇宙倏然尘表之本能，则虽日与游名山大川，弗辨其为名山大川也。虽日与居洞天福地，弗辨其为洞天福地也。然则不必果有若何之名山大川，亦不必果有若何之洞天福地，苟能吞吐宇宙，倏然尘表，则当前一邱一壑、一崖一潭，小者一泉一石，亦安在，不可作名山大川、洞天福地观？盖在乎吾人心境若何也。又况乐所自生，乃吾人天性，乡土之爱，尤今世所盛称。一钓一游有令人流连依恋者，暮春童冠风浴，咏归沂水舞雩。圣人且喟然叹许，即草泽英雄，威加海内，芒砀风云，万岁后魂魄犹思乐之。诸地方志乘于其地之天然景物，往往胪举毕列，匪但点缀风光，为乡土自豪，亦比物此志然耳。

诸志乘又于其地之天然景物取其尤胜者，目为八景。自北京有燕山八景外，直省府厅州县诸志类皆窠臼一例。考《梦溪笔谈》，宋迪工画尤善，为平远山水，其得意者有平沙落雁、远浦归帆、山市晴岚、江天暮雪、洞庭秋月、潇湘夜雨、烟寺晚钟、渔村落照等八景。诸志乘八景之说，大都本此。郑小谷比部《象州志》谓景本无定名，宁有定数，因讥为不学者之所为。夫情因景生，亦景因情构。景无定名，可名则名之。景无定数，可数则数之。偶目为八，人云亦云，夫何伤。

县境山水景物佳者，亦不止于八景，今记之自八景始旧志，仅录题咏八诗，其名目与父老传说同。一曰三台鼎望，二曰双髻霞光，三曰西江舟楫，四曰蓬莱砥柱，五曰茶浦舒香，六曰居松挺秀，七曰龙洞眠云，八曰金峰涌玉。案，景之云者，即谓风景，则煊染之辞以不离兴趣者，近是乃乡土传说，竟尔语涉神话，如云双髻山巅夜有双灯，彻旦不灭。县城西江月色朦胧时，每见一老人摇橹往来，欸声欸乃，命棹就之，又忽不见。蓬莱洲上旧为象州治，有巨藤横江如桥，昼浮夜沉，可通人行。某土绅忤州官意，官深衔之，使术士诈言不斩此藤，州人将有大殃，佥议鸠工斩之，竟日弗殊，诘朝往藤创复满，连日斫皆若是。或教沃以犬血，藤遂断，血水涔涔出，江流赤数里，旬日乃止。诡诞荒唐，未免大煞风景者。日下旧闻有乾隆御制燕山八景诗题：一曰琼岛春阴，二曰太液秋风，三曰西山晴雪，四曰蓟门烟树，五曰芦沟晓月，六曰居庸叠翠，七曰玉泉趵突，八曰金台夕照。吾广西旧省域亦有桂林八景：一曰尧山冬雪，二曰舜洞薰风，三曰东渡春澜，四曰栖霞晚照，五曰桂岭晴岚，六曰訾洲烟雨，七曰清碧上方，八曰隐山六洞。又考山东淄川县志八景中有禅林峻塔，后塔毁，易以龙桥疏雨。桥坏，又易以山市晴岚。世殊境迁，未便壶卢依样。今拟沿八景旧称，惟略易其辞，并以鳌山易居松，仍附记居松山于诸景之次，选胜登临者骋怀游目，当亦所共赏云。

——（民国）《来宾县志》上篇，县之名胜一，地理篇十，第 209－210 页。

新拟八景名目，其文曰：江渚晴沙、三台芳草、茶浦春泉、蓬莱秋濑、龙洞眠云、鳌山泻瀑、金峰夕照、双髻晚霞。

县城西红水江岩侧有渚，广坦，下洒如唇，俗称沙滩。红水江沿岸上下数百里，独此间有之卵石漫漫，秋冬水落始见，长至二百四十二丈，阔至四十七丈，面积百亩有奇。近东北际岸，有长汀构若匹练，俗呼小河，清浅可涉，卵石正圆椭圆，径数寸至寸许，大小不一，露者多赤黄色，碎之，火星迸飞，内雪白或含晶莹细点，可作敲火石。探下尺许，所得悉深蓝色或暗绿，中边俱彻。际水一面，斜入水中七八丈，其深犹未灭顶。水中皆卵石。

三台岭，在县城北数十丈。三阜鼎峙，高二三丈，上平圆如宛丘，其北多县人茔兆。野烧后青草芊丝，才没马蹄。清明祭墓，衣香人景相属于道，儿女喁喁语声相闻。出登东阜之巅，遥望居松山，空翠插云际。岭下廖氏鱼塘蛙声阁阁，陇上麦花随风卷作白浪，红棉老树当岭北，槎枒无叶，花作血色，绿野苍穹，上下辉映。

茶浦，在县城北十里格兰村旁，有小阜，阜旁有石壁，高广六七尺，壁下石罅清泉出焉。其旁圆坎，径八九尺，泉满其中，村人百余家取汲于此，秋冬不竭。泉味甘美异常，煮粥烹茶逾宿无败味，他处水清洁亦不及此。惟霖潦从外溢入，则泉味淆变。村人于坎旁甃石作小堤护之。地距十里亭东仅数里，清道光以前驿路经此。在亭卖茶者，及官府传舍供张煎茶，悉用此泉，因名茶浦。

蓬莱洲，在县城东十五里红水江中，高与岸齐，盛涨时洲不能没。东西延袤一百四十五丈，南北最阔，径七十四丈五尺，沿洲址悉赤崖。凉秋水落，涛声闻数里。洲上多竹林，南北对岸山村多树，西风乍来，飒然砉然，挟滩声俱远。大小舟至滩，率结伴十数乃敢上。挽缆者、呼陀者、挺篙刺舟者，滩声中人语杂还，篙急著崖，橐橐作响。舟行夜泊滩下，霜天月落，客枕凄清，滩声尤激越彻耳云。

龙洞山，一名白云洞，在县城西十六里韦里塘之西，形如覆钟。山麓若哆口，微有土，余皆崖磴重叠。山高百寻，有两洞，一东南向，一东北向，自山下至洞阶各百级。洞中建寺，名龙洞寺。每春阴或雨余，断云横带山腹，或笼罩山巅，常终日不散，有时天穹倒挂如虬龙，洞之名当本此。俗传，曾有龙蛰其中，盖神话也。

鳌山，在县城东南五十里，盖东山一汇之支干，土山戴石，高峰隆起，类神祠屋脊。所置之立鱼乡，俗称为鳌鱼者，故名鳌山。山左右群峦环抱，乡人于半山之阿石岩前建庙，祀花林圣母。山巅有泉下泻，岩左右皆层崖，杂树丛生。崖间泉流自林间出，涓涓有声。春夏时泉出最盛，下趋山涧。田近山下者咸受灌溉，高秋潦尽，泉流仍未绝。

金峰，又名寺山，在县城东南六十里寺□墟旁。片石孤立，高四十八丈有奇，背南面北。北麓略带土，斜上二十余丈，东西南三面皆峭壁，自南北两面远望，端整若屏。西面望之若圭，东面望之若笏。十□□□□，四面各距二三里许，水田漠漠时见倒影。寺属市廛在其东，仅隔一涧，斜阳西下，亭园宇舍悉在阴中，炊烟竹树烘托入画。金峰寺在北麓上，广岩企耸，岩□前倾，足蔽天雨。岩下傍石壁供佛座，佛座前构屋三椽，屋前有庭。庭右为寺，门东向，出门十数武，得小洞穿山背若牖，南风呜呜然。来可置几榻对坐纳凉。寺前庭护以横垣，直达寺左。又得一洞最敞豁，□□门，俯视洞内，深坎斜下，仰□□右层崖上一间□□□山背，漏入天光。相传北宋时探花权凤读书处。循坎探行，盘旋至洞底，有泉，才没膝胫，从隧道中浮出。爇火入隧道，迤逦踏水行，水深浅广狭不等，不见水流，惟闻水声淙淙，□莫寻所在，俱在足下。两旁有壁，嵯峨突兀，怪状骇目，惧遭异物，罕有敢更入者。

双髻山，在县城东六十余里，长安、长吉、吉明三团界上，当东山一汇之北面，高约百仞，巍然上耸，其峰若平梳两髻作琬圭形。山皆土质，近巅岩石少许，东西北三面斜坡为股弦线，无凹凸□台，徒步可□山后。重冈复岭，南走如龙，每值晚晴，夕阳西落，返照峰巅，自下仰瞻，绮霞一抹，□峰咫尺，王龙□□。山西二十余里，红水江北岸上，隔江临眺，明净可□，大湾□距山稍远，在山北五十里，望之犹□，约在天际。□□□迤东南诸村，距山较近，反不得见焉。

居松山，一名古松山，在县城西南五十五里，为南山一汇之最高峰，与鳌山东西相对，其高□□□□□。麓大半为峻岭，盘踞虽伟，其上戴石，四面峭壁，□峰插天，秀挺如笔。县属之境距□百里。登□□□□□。旧志谓其上有石盆金鲤，有桃结实可食。近年县人马兰亭、茂材暨骆君朝荣、林君承典、刘君致祥、方君绪清先后率学生旅行亲往，扪萝攀树，登至其巅，纵广约可二三丈，乱石外，一物无所有。

八仙山，在县城南五十里隆平团堡村之旁，牛头村之西。土山连续，最高一峰，远望山巅有巨石，方正若台，台上八石平列，如八人并立，因拟为仙。登山视之，则巨石在八石之前，八石亦前后疏照，高低不一，他物无有。山下有泉颇清，方广才数尺。旧志谓此泉每早午晚三涌，他时则涸，今无验，盖非物理之实也。

铁帽山，顶踵皆积石，远望如帽形，在县城东少南九十五里，与武宣县接壤，柳江及合红水江纡回三折东流，下菱歌滩，当山之北麓。山下官荒五十一顷有奇。自前清嘉庆以来章帽村民承佃，旷僻多弃地，人迹罕到，县人士集资辟为植牧场，山腹有洞，深广莹洁、可居，洞口置垣栅。俯瞰江流傍岸，宇舍三五椽，穿窑治陶业，烟树鸡犬，大有一朝敞神界景象。

——（民国）《来宾县志》上篇，县之名胜一，地理篇十，第 211－214 页。

附记桂平蒙赓唐孝廉来宾八景题辞

龙洞眠云

见说龙方卧，岩扉扫俗氛。蛰雷山寂历，嘘气石氤氲。懒作人闲雨，静停天半云。也知归佛法，一磬澈声闻。

鳌山泻瀑

高挹群峦胜，鳌山势欲腾。飞泉疑匹练，峭壁认觚棱。王屋知何以，匡庐得未曾。问谁甘石隐，仰止一条冰。

江浦晴沙

汀洲夹岸窜菰芦，一曲晴漪入画图。赤水奔沦迷象罔，白沙清浅跃鲰隅。人才竞似崑山玉，守令谁还合浦珠。风景不殊公甫里，牂柯端合毓名儒。

金峰夕照

一片晴霞映翠微，锦屏苍玉认依稀。晚钟几杵红墙寺，炊火千家白板扉。漠漠水田涵倒影，离离烟树挂斜晖。不嫌暝色迷萝径，笠屐弃捹带月归。

茶浦春泉

茶浦旁临十里亭，行人驻足说茶经。光摇银海珠千斛，清沁华池玉一瓶。草色芊芊深处见，松声洒洒静中听。何当汲取聪明水，净洗尘根夙慧惺。

蓬莱秋濑

远溯俞元水一湾，天风吹坠小神山。丹崖斗束旋流急，红树平分落照殷。千里秋声连溆浦，五更乡梦绕江关。苍松翠竹萧森在，应有飞仙此往还。

双髻晚霞

岩峦高耸去天尺，一抹明霞鱼尾赤。重重云锦森开张，恍失双鬟螺黛碧。紫翠纷披入画图，天公点缀难规摹。碧罗圆顶红氍毹，清歌窈窕来仙姝。

三台芳草

山城斗大临三台，三台鼎列青纡回。居松蓬莱屹相望，云岚晻蔼时往来。东风昨夜烧痕碧，麦陇卷吹浪花白。绿野苍穹互辉映，纷纷上巳踏青客。香雾空濛湿绮罗，麹尘馥郁黏裙屐。谁家王孙犹未归，山前山后迟行迹。何处天涯断客魂，春风又没马蹄痕。兔葵燕麦华林苑，夕照苍烟金谷园。君不见，绿到江南春已晚，落花满地无人管。

——（民国）《来宾县志》上篇，县之名胜一，地理篇十，第 215 - 217 页。

迁江八景：宝积朝霞、烟□□□、石□瀑布、钟岭横云、虎岫堆青、龙江纡绿、五星流曜、三渡济舟。

——（万历）《宾州志》卷二，第 14 页。

八景词　己丑望眉稿，辛卯刻石于印山书院东壁

榜山朝晴　浪淘沙

金涌一轮圆，景象万千。赤城霞爛蔚蓝天，放出榑桑花十丈，紫玉生烟。彩彻画帘前，晓色澄鲜。山光辉映翠涓涓，不耐三竿人早起，仰首峰巅。

宝塔夕照

百尺耸浮图，野鹊盘纡。旁峰夹立正峰扶，绝顶撑持霄汉上，晚景桑榆。形像一锥如，五色纷铺。燃藜太乙照雠书，何故这枝班管笔，不在天间。

东轩寓月

节钺昔鸣驺，信宿边郮。东轩借作庾公楼，试问二分楼畔月，何似扬州。如此景清幽，我又淹留。旧时明镜挂当头，不见古人真可感，况是中秋。

北府鸣滩

霜落晚风丹，红水江寒。粼粼石峻自生湍，夜半西风声最咽，听到更残。前去尚漫漫，行路多难。急流何处不波澜，捩舵要如平步稳，插脚须宽。

鸳鸯锦石

七十紫鸳鸯，对对相当。葛仙遗蜕禹余粮，风雨罗浮离又合，阖辟阴阳。

叱起化成羊，变幻无方。点头顽石也情长，何况三生情早结，雏凤随凰。

老梅清泉

一脉在郊坰，觱沸源清。梅花邓尉擅香坑，照影须眉人化百，可濯尘缨。

佳茗斗旗枪，活水煎烹。斑斓石鼎胀膨脝，海内名泉推第几，闲品茶经。

古原雪意

黯黮暝云遮，六出霏花。矗枝老干玉桠杈，入夜衾寒风更峭，冷透窗纱。

百岁老人嗟，喜见琼葩。来年预卜满篝车，消尽黄茅青草瘴，好种桑麻。

印院书声

印绶肖屣屦，若若累累。讲舍锡名义取斯，富贵浮荣何足道，须法人师。

莫自囿边陲，弦诵孜孜。破荒士变有前规，待到经纶雷雨合，鞭起蛟螭。

——（光绪）《迁江县志》卷二，山川，八景词，第 17－19 页。

编者按：此八景诗被（民国）《迁江县志》（第 281－283 页）依样抄录。在此不重复辑录。

忻城县

练江八景在忻城土县。莫尚采七律：农亭遗树缅休风，古寺钟鸣出岭东。月涌江心拖匹练，砻摇波面跨双虹。腾空天马丹霄回，积翠春屏玉嶂崇。更喜文漂浮碧藻，捧盘石女照妆红。

农亭遗树　莫云卿七律：风暖云亭劝力农，偶来树下仰高踪。桑田税驾星初落，麦陇停旌露正浓。自昔苍生歌五袴，于今世泽享千钟。甘棠遗爱空陈迹，凭吊荒烟对古松。

古寺鸣钟　莫云卿七律：梵殿何年结构成，寺钟鸣处古音清。上方楼回秋霜冷，僻壤山空夜月明。韵绕松阴惊唳鹤，向流江上发长鲸。不堪变醒风尘客，顿觉禅心枕畔生。

练江夜月　莫云卿七律：谁抛素练濯长江，涌出冰轮照水窗。龙女喜开金镜满，鲛人惊对玉盘双。光涵两岸浮青藻，彩散中流泻绿芒。露冷溪桥初罢钓，渔歌一曲谱新腔。

双砻晴波　莫云卿七律：练水潆洄绕市过，驾空双砻锁晴波。一弯缺月横遥浦，两道长虹跨碧河。春浪奔流分石柱，秋涛轻影动烟萝。往来稳步霜桥客，谁识翻澜脚下多。

天马腾空　莫震七律：山形似马练江边，逐电追风势宛然。周穆好游留胜迹，王良善御不堪鞭。春风汗血桃花雨，晓日鞊鞍碧草烟。蹀躞长空空有意，有人问齿不知年。

玉屏积翠　莫云卿七律：不烦雕琢不丹青，四壁巉岩劈巨灵。泼墨淋漓山积翠，开窗排列玉为屏。水晶遥映层层透，云母浓拖面面荧。想是化工难著色，任从风雨作磨硎。

文漂浮藻　莫云卿七律：山水钟灵泛醴泉，从知地脉透穷边。文生香藻波光远，味美琼浆玉色鲜。凿取无源长浩浩，临观有术识渊渊。泮林凭挹清流濯，荇洁芹芳信有田。

石女捧盆　莫云卿七律：玉女何年降彩鸾，浑如举案碧云端。孤峰历尽尘千劫，五指擎将露一盘。螺髻恰宜沾雨润，琼浆不怕受风乾。若教王母乘云过，可捧炉香侍八銮。

——（道光）《庆远府志》卷七，建置志，第五十一至五十二页。

象州县

按旧志载，有“天盖晴岚”“玉屏晚翠”“象岭春云”“牛（今按：油印本脱页。以下［］内文字据《柳州府志略》及嘉庆《广西通志》引文补出。）［潭秋月”“濮水名泉”“圣塘仙境”“西浦鱼歌”“东岗夕照”八景］。

——（乾隆）《柳州府志》卷八，第221页。

天盖山，一名独傲山，在城南三十里，层峦耸翠，形秀如盖，上有仙女池，名曰天盖晴岚，为州八景之一。

象台山，在城西隔江二里许，尝有白云结形如象，年丰吏廉则现，名曰象岭春云，为八景之一。

圣塘山，在安中里瑶山，险峻异常，昔有人攀藤而上，见一池清碧可爱，游鱼落花，迥出尘表，名曰圣塘仙境，为州八景之一。

玉屏山，在西乡里，方正端严，耸若列屏，远枕城北，名曰玉屏晓翠，为州八景之一。

东冈岭，在城东五里，旧有东山寺、寂照庵，今圮。翠壁丹霞，夕阳返照，有寂照岩，名曰东冈夕照，为州八景之一。

濮泉，在城东二十五里，即热水之下流也，北流汇于象江，松桧森森，水石交映，名曰濮水名泉，为州八景之一。

牛潭，在州江上三里许，牛角洲边，一泓澄彻，其色如镜，名曰牛潭秋月，为州八景之一。

大浪滩，在象江上，离城二里有浦，在大浪滩之西，每当月夜，渔歌互答，音韵悠然，名曰西浦渔歌，为州八景之一。

——（乾隆）《象州志》卷一，山川，第16－17页。

象州八景总题　秦宏智马平人

岚晴天盖锦光浮，碧玉屏开翠欲流。云起春山呈幻象，潭临秋月映全牛。环峰濮水千层浪，远浦渔歌一叶舟。更爱圣塘仙境好，遥连夕照过岗头。

——（乾隆）《象州志》卷四，诗钞，第59页。

天盖晴岚　江容淮

孤峰突兀峙南天，岚拥晴光气万千。云净青霄涵秀色，水流碧涧度清涟。石林葱郁欢禽鸟，丹灶氤氲忆羽仙。山景无端多变幻，凌风凝眺意飘然。

玉屏晓翠

一障苍茫列远空，晓光浮动淡烟笼。晴添黛色云初郁，露浥春容日乍红。盈帧绿生岩磴外，满函青湛有无中。琉璃入座摩城北，翠霭临晨碧汉通。

象岭春云

飘渺山头焕烂生，纷纷春霁满江城。横空每切从龙愿，度岭谁教得象名。湿润东畬禾黍茂，影连西郭雨旸平。油然添迹和风里，不羡崇朝触石成。

牛潭秋月

寒光一派夜迟迟，水月逢秋景更宜。轮满绿波天一色，珠浮沧海浪初移。分明玉兔涵清濑，仿佛菱花照碧池。意味寻来万籁寂，微风摇荡桂林枝。

濮水名泉

玉液涓涓景独殊，仙源支派出方壶。龙麟映水连松桧，鸥鸟随波隐荻芦。响带潮声鸣杂珮，浪摇月色散明珠。冰心□荡归何处，一勺飞泉想五湖。

圣塘仙境

千嶂依稀姑射山，云烟深锁许谁攀。桃源有路知何处，瑶岛无尘非等闲。泼刺游鱼潜碧浪，缤纷残蓝落银湾。仙踪不使渔郎问，镇日微茫露髻鬟。

西浦渔歌

欸乃菰蒲不系艖，扣舷清调彻江沙。遏云声起争梅韵，白雪听残隐荻花。

明白一竿天籁寂，轻风半艇水波斜。等闲我欲携蓑笠，好把新词唱落霞。

——（乾隆）《象州志》卷四，诗钞，第59页。

天盖晴岚、玉屏晓翠、圣塘仙境、濮水名泉、象岭春云、牛潭秋月、东冈夕照、西浦渔歌。

右俗所标八景之套也，宋画家偶为八景之图，如洞庭秋月、潇湘夜雨，本无定景，亦无定数。不学者搁以入地志，强以编名胜，俗子又妄为题咏，恶劣庸沓不可向迩。故聊载其目如此。

——（同治）《象州志》上，纪地，第92－93页。

俗标八景名目，姑存其书：天盖晴岚、玉屏晓翠、圣塘仙境、濮水名泉、象岭春云、牛潭秋月、东岗夕照、西浦渔歌。

象山，在西城楼隔江对面，或云山形似象，因以为名，又云时有云气，结为象形，变化往来于其上，惟不常见，每见必主祥瑞。清乾隆五年夏六月，曾一见，郡人刘光烈为之记。道光甲午夏，曾一见，郡人郑献甫为之赋云。

——（民国）《象县志》第九编，名胜古迹，第63页。

武宣县

仙岩山，在武赖上里，岩内生有石仙人，八景中所名“仙岩留迹”即此。

——（雍正）《广西通志》卷十五，第149页。

双髻晴岚

——（嘉庆）《武宣县志》卷首，八景图，第78页。

距县东七十里群山叠簇，中一峰峻起，分劈双尖，青如卷发，名曰双髻。宋进士谢洪、谢泽读书于此，邑人以是山为科第之兆。当春雨瞑濛，秋蟾皎洁，列笏凌霄，浮黛送青，难为绘画。或寒云初冻，瑞雪轻霏，玉笋排空，琼英远射，最是奇观。至若四时朝爽，远岫生岚，鬓云入望，螺色环屏，倏而云根叆叇，变幻苍白，隐隐跃跃，在罗浮离合之间，又莫名其状也。绘八景之一，曰双髻晴岚。

三台叠翠

——（嘉庆）《武宣县志》卷首，八景图，第79页。

面城东南三里许，沿江诸峰蜿蜒磅礴，崒嵂嵯峨，秀出三峰，上应奎斗，是为三台。远排笔架，倒写烟云，正如削片芙蓉，天然鼎峙。凭栏远眺，第见春苔鏁绿，青霭浮空，水光摇影，苍葱欲滴。又或雨霁云收，残虹斜挂，妆红染黛，掩映于层峦叠嶂间，俨然海上三神，真一邑之胜观也。绘八景之二，曰三台叠翠。

灵湖松籁

——（嘉庆）《武宣县志》卷首，八景图，第80页。

县治东二十里有灵湖，伏流涌出，莫测其源。广十余亩，清澈澄空。湖东北有灵台寺，相传佛像自他处飞来，下则水月庵。湖岸古松三株，盖数百年物。蛟蟠猊蹲，鳞爪骇愕，铜柯铁榦，最为奇古。湖壖烟火，半村斜阳晒网。一林烟树，苍翠团云。每风涛激响，清送湖心，渔叟鸣榔，歌声迭起，与灵台梵呗、水月钟声遥相应答，不啻挟云璈而唱紫云迴也。绘八景之三，曰灵湖松籁。

古碛钟声

——（嘉庆）《武宣县志》卷首，八景图，第 81 页。

邑城之南约里许，有古碛长洲，夹岸蛋石鳞集。其为滩也，叠浪潆洄，清澈奋发，有镗鎝噌吰之音，与波涛相上下。旧闻飞钟斗蛟龙，龙蟠石窟，钟鸣不绝，昼夜震吼，风雨迷离，神物出没，不可端倪。秋高水落，振响飞声，俨如听铿锵而思武臣之概焉。绘八景之四，曰古碛钟声。

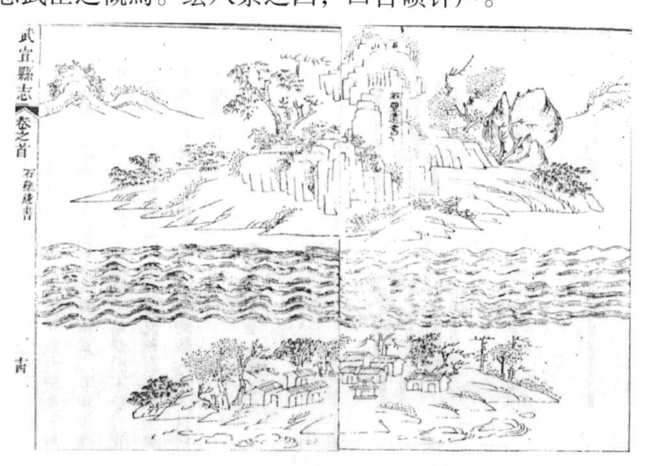

石壁遗书

——（嘉庆）《武宣县志》卷首，八景图，第 82 页。

沿江而上四十里许，有石蹲江，其状似羊，名石羊。山上刻草字六行，未知摩崖纪绩究出何人，勒石题诗镌于何代。银钩铁画，半掩苍苔，鸟篆虫书，将沦剥蚀然。龙飞凤翥，有类草颠雀録鸡。碑久勤探访，虽模糊难读，几等没字封碑，而古色斑斓，莫非宝笈遗迹，洵与夏之岣嵝、周之石鼓，共征法物也。已绘八景之五，曰石壁遗书。

仙岩留迹

——（嘉庆）《武宣县志》卷首，八景图，第83页。

仙岩，自峒岭分脉而来，嶒崚峭古，翠黛苍葱，独异于群。山陡辟石洞，玲珑透澈，旷如奥如。前有飞泉漱玉，环岩如带，内有石像状似仙人。其他若珍禽，若异兽，有模有样，奇奇怪怪，莫可名状。岩前有寺，金装辉映，俨然群仙聚会于幽洞间。噫，权奇俶诡之观，造物不置之通都大邑，独钟于炎荒僻壤，以供幽赏品题甲乙，当与天台、雁荡竞胜矣。绘八景之六，曰仙岩留迹。

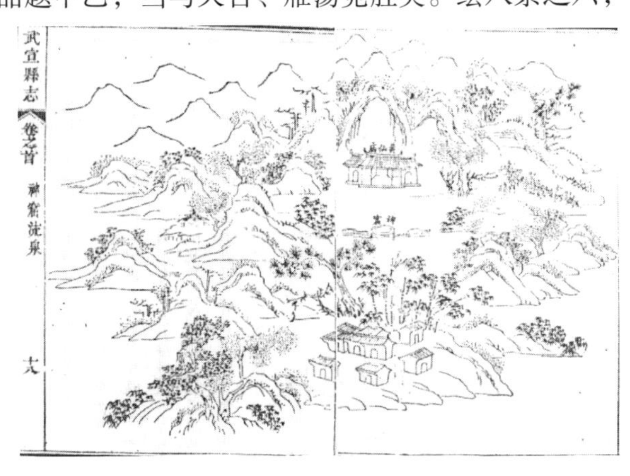

神窟流泉

——（嘉庆）《武宣县志》卷首，八景图，第84页。

神窟在县西北二十里，连拓三窟，深二尺许。窟旁烟树荫翳，残红落叶，堆积其中。上有黄仙祠，每当祈报，乡人扫除致洁，击土鼓，歌迎神曲，顷之泉由地浸穿，云根铺玉液，先浊后清，盈科渐进，其流之多寡，可验岁之丰啬，迄乎饮醉言旋，回视其间，杳不知其消归何有。彼夫瀑布飞泉，奇则奇矣，洗墨名池，雅则雅矣，而倏忽消长，功夺造化，孰若此之神哉。绘八景之七，曰神窟流泉。

音山迭奏

——（嘉庆）《武宣县志》卷首，八景图，第 85 页。

由县西而北八十里，有八音山，烟岚排列，怪石巉岩，下有深潭，窥之莫测。每风雨骤至，金石琤玐，笙簧迭举，竞响于青烟暮霭间。或曰乐出虚，或曰风激石窍而成声，即而听之，韵谐流水，响遏行云，非复人间所有。正如周王子晋缑岭吹笙，群仙高会，迭奏云璈，足以舞潜蛟而仪彩凤已。绘八景之八，曰音山迭奏。

知武宣县事高攀桂八景诗各一首

双髻晴峦

谢氏高风在，书堂曲径通。晓烟千树碧，夕照半村红。孤嶂迷濛外，双鬟缥缈中。雨余云返岫，神女倚晴空。

灵湖松籁

万壑传幽籁，灵湖一鑑开。水清龙化去，寺古佛飞来。谡谡笙簧奏，淙淙潮汐催。高楼听不厌，归鸟下林隈。

三台叠翠

叠嶂沿江列，三峰玉削成。插空如峙鼎，披象拟寰瀛。霜色红留树，山光绿进城。烟开风定处，秀气扑人清。

古迹钟声

林峦青不断，洲渚白云封。石激江声壮，秋高水势冲。铿锵鸣碧玉，蟠屈贮乘龙。怀古苍茫外，疏钟度远峰。

仙岩留迹

危峰千丈立，古洞辟何年。狮象环千佛，鱼龙护众仙。悬崖垂贝叶，飞瀑泻珠泉。坐久浑忘世，居然别有天。

石壁遗书

谁将巨灵斧，削壁勒篇章。藤翠缠龙爪，苔花断雁行。书空摹屈折，画肚辨偏旁。探胜忘归去，千山已夕阳。

神窟流泉

铜鼓喧春社，黄仙有古祠。迎神歌一曲，祈岁酒三卮。泉泻儿童乐，年丰父老知。长消无定候，灵穴自无私。

音山迭奏

烟岫参差合，云潭百尺深。江山无俗韵，风雨有清音。妙绝千秋调，灵传太古琴。琤琮何处发，造化本无心。

——（嘉庆）《武宣县志》卷十五，八景图，第159页。

八景合韵　张梦骥

双髻晴岚耸碧空，三台叠翠映霞红。龙翻古碛钟声雨，鹤舞灵湖松籁风。石壁遗书多鸟篆，仙岩留迹半云封。坐看神窟流泉异，听彻音山迭奏终。

——（嘉庆）《武宣县志》卷十五，八景图，第163页。

河池

河池市

编者按：（光绪）英秀总纂《庆远府河池州志书》，光绪三十三年钞本，共93页。此书无收录河池八景的具体内容，仅在第79页提到：“八景之诗文支离可怪荒陋可鄙，不可不删，按宜存其目删其诗。”但后文无八景名目之记录，疑此书有缺漏。

解放前，河池镇的鲤龙关、凤仪山、马鹿山、碑记坳、流水岩、屏风山、纱帽山，称之为河池州（县）八景。民国八年，县知事黄祖谕曾撰诗赞此八景：龙关雪霁竹亭幽，凤岭烟浮万绿稠。雨后云池鱼跃浪，晴光苹野鹿鸣秋。智山排笋凌霄汉，秀山穿梭带月流。挂榜屏风朱紫现，簪花纱帽映金旒。

河池州八景

龙关雪霁（鲤龙关）

位于河池镇北五里处，坳两侧崇山峻岭，悬崖陡壁，高峰插天。清乡儒卢嵩山诗赞云：绕关云攫玉龙飞，雾鬣蜿蜒舞夕晖。六出花开鱼兆梦，丰年屡颂遍柴扉。

凤岭烟浮（凤仪山）

位于河池镇北的凤仪山，明清州城故址于山麓，山峰秀拔，烟雾缭绕，势极险峻，传说常有凤凰栖息。清乡儒卢嵩山诗赞云：归昌奏响自何年，瑞兆空余半岭烟。好把梧桐岗上种，朝阳鸦叫颂绵绵。

云池鱼跃（鱼跃山）

位于河池镇西北二公里处，似鱼跃入云池而得名。山势矗立，苍翠郁然，山景宜人。乡儒卢嵩山诗赞云：云作池兮石作鱼，化机活泼卷还舒。不凡岂是其中物，一跃龙门上太虚。

苹野鹿鸣（马鹿山）

位于河池镇南一公里处，又名火焰山。山脊曾建梓橦阁，山腰有魁星楼，今已毁坏。乡儒卢嵩山诗赞云：鹿随仙去剩空山，遍野苹蒿翠色环。仿佛呦呦犹在耳，想当秋实又思还。

智山排笋（碑记坳）

位于河池镇南三公里处，海拔 830 米。明清时，人们辟山开路，砌石阶 500 余级，立碑纪念。……乡儒卢嵩山诗赞云：智原乐水反名山，云外高排玉笋斑。正好如斯占运会，钟灵谁谓石犹顽。

秀水穿梭（流水岩）

秀山源出河池镇西南五里吴山下。岩口离地面 50 米，宽 13 米，泉自半山岩内，常年飞挂直下，形如匹练，冲击深潭，发声若雷鸣，飞溅霏霏，身临其境，寒气袭人，为避暑胜地。乡儒卢嵩山诗赞云：瀑布千寻似织成，出山不浊入山清。浮沉日月翻花样，绝妙文章逐浪生。

挂榜屏风（屏风山）

位于河池镇东北约 1 公里处。山势耸然，峰峦翠秀，持起如屏。乡儒卢嵩山诗赞云：千寻壁立最玲珑，翡翠屏开障郭东。偶际雁题天半字，分明榜挂五云中。

簪花仙帽（纱帽山）

此山又名饭甑山，在鱼跃山左侧，山势半园，岭顶挺立一石，宛然纱帽。乡儒卢嵩山诗赞云：一拳草际耸峨冠，五色云霞顶上盘。好似曲江新赴宴，杏花插得满头丹。

——《河池市志》第二十九篇，第八章，广西人民出版社，1996 年，第 981－983 页。

宜州市

河阳八景　明郡人查其英

国家幸当全运，时和年丰，山川名胜因人而传。旧有陈君希贤八景诗镌寿山寺，字迹剥蚀。予因续貂以刻诸石。

福山宝刹

古寺当中阜，金城匝四□。龙象泛香云，瑶树香风□。钟梵亮静夜，一灯千家熙。峥嵘尘劫表，诸魔不敢□。

东岭琳宫

东郊棲琳宇，松桂故阴森。后先殿金仙，道德有同□。四旷虚无意，相饷入云林。于今过瞻游，芊芊绿草□。

□野春耕

平皋深春绿，田父趣躬耕。逐时本事勤，怪人浮其名。节时足壮稏，百谷油油成。劫火饶洞烧，雨澍流云轻。

文笔秋云

秋际盼长空，天边卓文笔。片云引绝巘，悠悠自来去。西山夕丽霞，锦绣错落出。愿借扫镝锋，常现尧天日。

玉涧鸣琴

铿尔晶莹水，空崖分滴来。仿佛竹林人，龙层鸣高台。浑涵朴幽意，不向梧桐开。岂非性情师，遥从海上来。

金鱼澄碧

一泓碧盈盈，澹荡空人情。闻昔游金鱼，光采照分明。长引灌原田，葱蒨嘉种生。不向沧桑改，清流万古声。

香炉晓日

浔阳古名胜，杰出香炉峰。齐名见此山，标致惟清丰。晓起看东旭，光芒扶桑椿。缅想东林人，何处飞雀踪。

黄岩晚照

大小东何如，夕岩澄余清。苍然盈四野，光霁犹歆情。猿狖啸短晷，茑萝濯长缨。牧樵迹将稀，黄云归相迎。

——（乾隆）《庆远府志》卷九，诗赋，第363页。

河阳八景　有序　廖膺眷

河阳八景，不知始于何年。闻明成化间五羊陈希贤曾赋五言古各六句，镌于寿山石壁，代久，字多薄蚀。六安张君澡恐后湮，复刊木于守戍署。戊午福莞乡先生董君其英移之福山寺。丁亥寺毁，旧迹无存。本朝戊辰，郡侯白公祖有修志一役即事。余先生心孺另赋八首，而陈作竟无存焉。甲戌春，予馆寿山，稽古之暇，念古迹湮没，因遍搜石壁间，久之得其碑于瓦砾中，文皆漫灭，不可卒读，频加洗涤，始知赋者先生，镌之则武略将军程君志也。顾其为碑者，只存《香炉》《东岭》《文笔》《黄岩》《绿野》《福山》《玉涧》七首，其中字迹模糊，愚以意拟补，独《金鱼》一首则全没焉。呜呼，殆景之不幸欤？抑亦修残补缺，不能无待于后人欤！顾予何人，敢职其事？第以古迹封尘，谬添佛头之粪，如张子刊木、董君移寺存五羊之遗留八景之胜，以承诸先生嗜古之意而已。爰为重镌于石，以俟后之有志者而能征庶前人之迹，虽没而不没也。廖膺眷序。

香炉晓日

河阳古形胜，山水多奇踪。天然见造化，幻出香炉峰。神光贯日旭，瑞气常从龙。

文笔秋云

名山产文笔，去天不盈尺。孤高摩白云，超然荡紫极。独立扫蛮烟，生民归寿域。

东岭琳宫

城东佳丽地，中有白云楼。缥缈隔尘想，仿佛昆仑丘。何当拾瑶草，日供群仙游。

福山宝刹

旷然一桂地，梵宇踞名山。老僧曾出定，飞锡时往还。欲问无生话，云流鹤自闲。

绿野春耕

民安物恒阜，乐业在春耕。澍雨敷时化，深有慰农情。幸无官税扰，击壤歌升平。

黄岩晚眺

乘闲信高步，对此宜登临。抚景发长啸，黄霞映壁深。俯仰情未艾，夕阳在西岑。

玉涧鸣琴

沔流亘今古，清响如鸣琴。子期听已藐，宛若高山音。对此同相合，悠然释躁襟。

金鱼澄碧

一勺涵天盖，光瑶原自在。潜见不违时，有无形迹外。造化亦何心，岂有常鳞态。

——（乾隆）《庆远府志》卷九，诗赋，第363－364页。

宜阳八景　郡守李文琰华廷

会仙高处眺边城，觌面岩瞻广化呈。烟雨墨池浮翠潋，晴岚文笔绘琼英。龙江夜月三更晓，鹤岭秋风八月清。更有丹霞寒积雪，飞来青鸟彩云横。

会仙远眺　韦日华

骑云绝顶放青骓传有石屏上刻“骑云”二字，四面环山一望收。元鹤高低飞阁外，紫霞浓淡落峰头。天门事业齐霄汉，龙水帆樯近斗牛。目断碧空残照里，炼丹仙去不知秋。

广化岩瞻　赵一清

巍巍广化绝紫尘，特敞灵岩境地真。石乳浮光疑斗宿，峒门飞紫见龙鳞。烟云洞上襄公迹，日月光昭刺史神。一帘香飘凝石壁，山僧犹自说前因。

龙江夜月　韦日华

高阁江头起暮钟，碧流敲出月溶溶。金鳞水底依丹桂，玉兔波间战白龙。寒落悬崖横画艇，光浮隔岸醉芙蓉。菱花摩净秋河里，谁挂天南照远峰。

鹤岭秋风　韦日华

吹笙仙子有真家，何故乘轩入紫霞。天籁未鸣丹顶暗，秋声乍动玉衣斜。空闻习习花天近，疑□明明月地迟。自别㴬山人独立，凭虚欲御五云事。

墨池烟雨　韦日华

龙翻淋漓落水天，半圭乍暗雾相连。潇潇声绕万红树，漠漠云生一砚田。碧玉浮烟沉紫石，清风逐雨动香泉。池西谁写宜州帖，昔挂南楼墨色鲜。

文笔晴岚　赵一清

高标青嶂耸边城，一派岚光远水明。峰颖每从天外见，烟云时向日边清。披霞疑似鸾笺展，缀露浑如墨翰横。想是巨灵持彩笔，欲将太极写生生。

丹霞积雪　彭翘

壶公久授长房术，刺史皈依许共车。玉屑食余成积雪，金丹熟后化为霞。千年洞里云生壁，十月岩前地发花。凭吊高风人寂寂，珊瑚琼树影横斜。

青鸟笼云　彭翘

倚空积翠吐精华，占断龙江一水涯。日映千林青鸟舞，春回万树绿烟斜。岩前异草朝含露，洞里清风暮卷霞，自有紫云封顶上，玲珑峭壁尽生花。

——（乾隆）《庆远府志》卷九，诗赋，第369－371页。

香山八景　陈元迪

香山寺，距城西里许，奇石林立，岝㟍万状。明末兵燹圮废。然其迹刻石壁，上有可考者。由曲池望大石，巍峭嵌空，玲珑下敞，梵天门也。入门数武有观音阁，阁西挺一石，势若峰峦上镌“云峰”二字，如斗大，相传为彭举将军笔。峰南朝天，石形伛偻，作朝天态，故名，亦彭将军题名，兼有诗刻。寺前双石对峙，高广数仞，为燃灯门。门右石屏嶙峋，洞窍穿透，曰普陀崖。崖前由菩提路纡折而上，登滴云亭下瞰，平畴野涧，环绕万山，云气欲滴，信奇观也。康熙甲戌春，余与豫章李子去华游焉，吹云剥藓，即旧题名，撮为八景，各作诗纪之。李子曰：“江南虎丘一片石耳，犹称奇甲天下。此地胜迹殆倍虎丘，若遇米颠，不知几取袍笏下拜矣。惜乎僻处，天末埋奇荒草，亦兹石之不幸云，虽然，岂独石哉？”

梵天门

空王奇迹镇边城，洞辟云根透月明。欲问梵音有□似，满天化雨落风轻。

观音阁

扳得层云紫竹宫，大悲闻觉寸心通。漫劳载读坡□记，曾见禅光千手中。

普陀崖

调御何年此化身，移来南海洞中春。崖前多少闲花草，写出枝枝自在因。

菩提路

身是菩提莫纵横，禅关坦履月三更。纡回古径盘空上，指引前途悟众生。

——（乾隆）《庆远府志》卷九，诗赋，第372－373页。

宜阳八景

会仙远眺　李文琰

万丈丹梯药鼎开，洞门深锁护莓苔。漫云绝境无人到，长啸一天风雨来。

广化岩瞻　李文琰

凭高矫首暮云横，灵物嵌空一柱撑。听得春雷惊蛰起，欲将霖雨润苍生。

龙江夜月　李文琰

桃花红雨唱蛮歌，老行云生涨绿波。一幅蒲帆江上疾，团团寒玉帖银河。

鹤岭秋风　李文琰

山头子晋驻何年，万里随鸾下紫烟。片石秋来翻晓月，凌霄有翅向遥天。

墨池烟雨　李文琰

山色四围皆峭壁，溪光一带忽平畴。涪翁洗墨池边水，湿尽鹅群茧纸收。

文笔晴岚　李文琰

中山岚气散朝光，露染霜毫接混茫。横扫万军势未已，铦峰直欲破天荒。

丹霞积雪　李文琰

黄芽錬就上金台，屑作云英散满岩。顷刻阳回玉宇暖，白头尽黑入公来。

青鸟笼云　李文琰

绛河远隔五千年，青鸟飞来自古传。瑶干万条云□里，何人识得玉京仙。

——（乾隆）《庆远府志》卷九，诗赋，第373－374页。

宜阳八景皆郡垣，附郭胜致。　　李文琰诗：会仙高处眺边城，觌面岩瞻广化呈。烟雨墨池浮翠潋，晴岚文笔绘琼英。龙江夜月三更晓，鹤岭秋风八月清。更有丹霞寒积雪，飞来青鸟彩云横。

会仙远眺　李文琰绝句：万丈丹梯药鼎开，洞门深锁护莓苔。漫云绝境无人到，长啸一天风雨来。

广化高瞻旧志云“广化岩瞻”，按“岩”字生硬，今改作“高瞻”。 李文琰绝句诗：凭高矫首暮云横，灵物嵌空一柱撑。听得春雷惊蛰起，欲将霖雨润苍生。

龙江夜月 李文琰绝句：桃花红雨唱蛮歌，老行云生涨绿波。一幅蒲帆江上疾，团团寒玉贴银河。

鹤岭秋风 李文琰绝句：山头子晋驻何年，万里随鸾下紫烟。片石秋来翻晓月，凌霄有翅向遥天。

丹霞夕照旧志云“丹霞积雪”。按“积雪”二字太假，借今改作“夕照”。 唐仁七律：九龙山麓访丹邱，对面斜阳豁远眸。落日影翻龙隐洞，近江波照鹤归楼。穿林霞绮浑如散，逶郭烟痕淡不收。恰好黄昏新月上，潭心愰漾一金钩。

青鸟朝云旧志云“青鸟笼云”。按，“笼”字书颠倒，今改作“朝云”。 李文琰绝句：绛河远隔五千年，青鸟飞来自古传。瑶干万条云影里，何人识得玉京仙。

墨池烟雨 李文琰绝句：山色四围皆峭壁，溪光一带忽平畴。涪翁洗墨池边水，湿尽鹅群茧纸收。

莲沼晴澜旧志云“文笔晴岚”。按，文笔山在德胜镇，与河阳八景重复，今改作“莲沼晴澜”。 唐仁七律：横塘数亩频宫前，每遇新晴景倍妍。活水源头通壁沼，迴纹波面衬芳莲。一渠绿爱风吹绉，千朵红看日照鲜。浪影花光相荡漾，文章生趣悟悠然。

——（道光）《庆远府志》卷七，建置志，迹概，第43－46页。

香山八景在府城西南郭。陈元迪诗序曰：香山寺，距城西里许，奇石林立，岝崿万状。明末兵燹圮废，然其迹刻石壁上有可考者。由曲池望大石，巍峭嵌空，玲珑下敞，梵天门也。入门数武有观音阁。阁西挺一石，势若峰峦，上镌“云峰”二字，如斗大，相传为彭举将军笔。峰南朝天，石形伛偻，作朝天态，故名，亦彭将军题名，兼有诗刻。寺前双石对峙，高广数仞，为燃灯门。门右石屏嶙峋，洞窍穿透，曰普陀崖。崖前由菩提路纡折而上，登滴云亭下瞰，平畴野涧，环绕万山，云气欲滴，信奇观也。康熙甲戌春，余与豫章李子去华游焉。吹云剥藓，即旧题名，撮为八景，各作诗纪之。李子曰：“江南虎丘一片石耳，犹称奇甲天下。此地胜迹殆倍虎丘，若遇米颠不知几，取袍笏下拜矣。惜乎僻处，天末埋奇荒草，亦兹石之不幸云，虽然，岂独石哉?”

梵王天 陈元迪七绝：空王奇迹镇边城，洞辟云根透月明。欲问梵音何所似，满天花雨落风轻。

观音阁 陈元迪七绝：扳得层云紫竹宫，大悲闻觉寸心通。漫劳载读坡仙记，曾见禅光千手中。

菩提路 陈元迪七绝：身是菩提法相呈，禅关照彻月三更。纡回古径盘空上，指引前途悟众生。

普陀崖　　陈元迪七绝：调御何年此化身，移来南海洞中春。崖前多少闲花草，写出枝枝自在因。

燃灯门　　璩嘉会七绝：禅家真诀在传灯，欲展经坛说上乘。漫道空门真寂灭，九华明炬照层层。

朝阙石旧名朝天石　　谢宪章七绝：一卷不分落西南，不立丹墀意不甘。莫笑坚坚心不转，九阊红日日朝参。

嘘云岫旧名云峰　　璩嘉会七绝：边隅特立一孤峰，峰顶云乘出岫容。莫谓无心随聚散，会当变化去从龙。

滴翠亭旧志滴云亭　　吴宗益七绝：群峰绕郭望青青，万绿丛中一小亭。空翠浓时浑欲滴，非关雨润露朝零。

——（道光）《庆远府志》卷七，建置志，迹概，第46－48页。

河阳八景在德胜镇　廖膺眷序曰：河阳八景不知始于何年，闻明成化间五羊陈君希贤曾赋五言古各六句，镌于寿山石壁，代久，字多剥蚀。六安张君深恐后湮，复刊木于守戎署。戊午祲荒乡先生董君其英移之福山寺。丁亥寺毁，旧迹无存。本朝戊辰，郡侯白公祖有修志之役即事。余先生心孺，另赋八首，而陈作竟无存焉。甲戌春，予馆寿山，稽古之暇，念古迹湮没，因遍搜石壁间，久之得其碑于瓦砾中，文皆漫灭，不可卒读，频加洗涤，始知赋者先生，镌之则武略将军程君志也。顾其为碑者，只存《香炉》《东岭》《文笔》《黄岩》《绿野》《福山》《玉涧》七首，其中字迹模糊。愚以意拟补，独《金鱼》一首则全没焉。呜呼，殆景之不幸欤，抑亦修残补缺，不能无待于后人欤？顾予何人，敢职其事？第以古迹封尘，谬添佛头之粪，如张子刊木、董君移寺，存五羊之遗留八景之胜，以承诸先生嗜古之意而已。爰为重镌于石，以俟后之有志者而能征庶前人之迹，虽殁而不殁也。

香炉晓日　　陈希贤五古：河阳古形胜，山水多奇踪。天然见造化，幻出香炉峰。神光贯日旭，瑞气常从龙。

文笔秋云　　陈希贤五古：名山产文笔，去天不盈尺。孤高摩白云，超然荡紫极。独立扫蛮烟，生民归寿域。

东岭琳宫　　陈希贤五古：城东佳丽地，中有白云楼。缥缈隔尘想，仿佛昆仑丘。何当拾瑶草，日供群仙游。

福山宝刹　　陈希贤五古：旷然一桂地，梵宇踞名山。老僧曾出定，飞锡时往还。欲问无生话，云流鹤自闲。

绿野春耕　　陈希贤五古：民安物恒阜，乐业在春耕。澍雨敷时化，深有慰农情。幸无官税扰，击壤歌升平。

黄岩晚照　　陈希贤五古：乘闲信高步，对此宜登临。抚景发长啸，黄霞映碧深。俯仰情未已，夕阳在西岑。

玉涧鸣琴　　陈希贤五古：沔流亘今古，清响如鸣琴。子期听已藐，宛若高山音。对此同相合，悠然释躁襟。

金鱼登碧　　陈希贤五古：一勺涵天盖，光瑶原自在。潜见不违时，有无形迹外。造化亦何心，岂有常鳞熊。

——（道光）《庆远府志》卷七，建置志，迹槩，第48－50页。

宜阳八景

会仙远眺

广化高瞻　旧志云：广化岩瞻。

龙江夜月

鹤岭秋风

丹霞夕照　旧志云：丹霞积雪。按：积雪二字太假，借今改作夕照。

青鸟朝云　旧志云：青鸟笼云。按：笼字书颠倒，今改作朝云。

莲沼晴澜　旧志云：文笔晴岚。按：文笔山在德胜镇与河阳镇，今改作“莲沼晴澜”。

香山八景

在府城西南郭。陈元迪诗序曰：香山寺距城西里许，奇石林立，□□万状。明末兵燹，圮废然，其迹刻石壁上有可考者，由曲池望大石，巍峭嵌空，玲珑下敞，梵天门也。入门数武有观音阁，西挺一石，势若峰峦，上镌“云峰”二字，如斗大，相传为彭□将军笔。峰南朝天，石形伛偻，作朝天态，故名，亦彭将军题名，兼有诗刻。寺前双石对峙，高广数仞，为“燃登门”，门右石屏嶙峋，洞窾穿透，曰“普陀崖”，崖前由菩提路……梵王天、观音阁、菩提路、普陀崖、燃登门、朝阙石（旧名朝天石）、嘘云岫（旧名云峰）、滴翠亭（旧名滴云亭）。

河阳八景在德胜镇，香炉晓日、文笔秋云、东岭琳宫、福山宝刹、绿野春耕、黄岩晚照、玉涧鸣琴、金鱼澄碧。按：郡邑八景杂凑名目，例满此数，久为雅人所笑，前明五羊陈希贤咏河阳八景，国朝郡人陈元迪撮香山八景，其后郡守李公自制七律一首，派为宜阳八景而各系以绝句。府志备载焉，今稍存其目与诗于此。

——（民国）《宜山县志》卷一，古迹。

罗城仫佬族自治县

按旧志八景，仅载其一，今为补入。一曰“丹凤衔书”，二曰“黄坭瀑布”，三曰“北岭覆钟”，四曰“西江印月”，五曰“南岭烟雨”，六曰“中寨鸳鸯”，七曰“龙潭晚照”，八曰“乐登仙境”。其详已见《山川》，故不复赘云。

——（乾隆）《柳州府志》卷十八，古迹，第217－218页。

罗城八景：丹凤衔书、黄坭瀑布、北岭覆钟、西江印月、南峰烟雨、中寨鸳鸯、龙潭晚照、乐登仙迹。

——（道光）《罗城县志》卷一，第22页。

乐登桥，在城南十里，西江下流，九曲三潭，深不可测。江流湍急，邑人修桥三拱，凿石为龙形，明洪武十八年建。旁旧有开元寺，相传寺有钟神异，夜与江水石龙斗，沦没江中。寺僧觅钟无迹，每夜闻钟鸣江中，倩象百人莫能拔。后亢旱水浅，土人敲石龙尾去，钟亦不鸣。石上有仙人足迹，称为“乐登仙迹”。日久桥圮，乾隆二十五年，知县胡位铸率邑人吴大鹏、张士纲重建。

——（道光）《罗城县志》卷一，第22页。

鸳鸯石在中寨山，为八景之一。乾隆邑举人张志恭

鸳鸯本在梁，何年化为石。散落中寨山，文禽耀岩隙。五色有奇胎，精灵通地脉。云此拨莲房，标新领云液。片片借磨光，他山皆有益。入水美生机，珠盘走不迫。此合应往来，神不为形役。一身尽文章，寄语同心客。终当戢其翼，飞上凤山宅。世人应自珍，无使物自惜。

——（道光）《罗城县志》卷四，第39页。

龙潭晚照　钱三锡

缥缈晴岚拥翠微，东郊胜事未应违。春深古庙多芳草，天印澄潭半落晖。直讶龙蟠云冉冉，偏怜鸦噪晚依依。闲情饶向荒凉得，领取花城近浅矶。

…………

丹凤衔书　道光邑贡生朱明伦诚斋

凤比山形耸碧虚，丹崖一窍似衔书。蕉笺衬绿编曾采，水笔分红写不如。

苔拟成文留石刻，雁疑问字待云舒。竚看太史征昌瑞，五色祥开万卷余。

龙潭晚照　道光邑贡生黄骧花庄

万载灵潭话不穷，为留好景一泓中。朝涵镜色分苔绿，晚动珠光照水红。牛斗泛来天日暮，鱼虾疑是火云烘。此间料有神奇在，都作龙泉气上冲。

乐登仙迹　道光邑贡生黄骧花庄

自是神仙不易逢，乐登今日仅遗踪。修来道果经千仞，踏遍天涯上九重。案为山空都化鹿，杖绿陂满早成龙。惟存片石传真迹，不受苍苔碧藓封。

黄坭瀑布　道光邑举人朱照南镜湖

黄坭百丈激飞泉，洒落晴空半不全。直泻银河来峭壁，横搴素茧接层巅。苔衣洗净云分幅，石发梳清玉喷烟。今古未知谁布置，余霞点染挂青天。

丹凤衔书　廪生杨上奇

丹凤城高翰墨扬，山衔五色喷书香。苔文积古行分绿，霜叶经秋句点黄。岚霭万重奋鸟篆，烟罗半幅挂云章。岩探有字碑堪读，管领和声应瑞昌。

西江晚眺　道光邑贡生朱家修懋斋

盼到城西屐漫行，夕阳欲下乱山迎。远村绕郭连遥浦，浅水流光度晚清。涧卧平桥深树抱，路通小市暮烟横。闲寻石刻摹真迹，记取清江印太平。江中有大石镌“太平石”三字。

——（道光）《罗城县志》卷四，第42－43页。

名胜

丹凤衔书。凤凰山紧在城北，石壁峭立，其形如凤，县城横列其下，俨如书本，古称丹凤衔书，为县治胜景之一。

黄坭瀑布。黄坭岩在城北里许，岩内石乳倒垂，凉气逼人，夏可避暑。

北岭覆钟。覆钟山在城北五里许，形如钟覆。

西江印月。西江在城西门外，三五之夜，月印波心，有如沈璧。

南峰烟雨。城南诸峰如有烟雨，变幻无穷。

中寨鸳鸯。中寨村在城西南可三十里，村前有一山，峭壁深岩，土人修石桥蜿蜒而上。岩中产鸳鸯石，以醋置盘中，能自离自合。

龙潭晚照。龙潭在城东门外，每当夕阳西下，潭水大放霞光。

乐登仙迹。乐登桥在城南十里，桥边有石痕如足迹者，相传为仙迹。

——（民国）《罗城县志》，古迹，第291页。

琳州八景　清道光邑贡生唐世彬介侯

龙潭晚照水悠悠，丹凤衔书春复秋。北岭覆钟声寂寞，西江印月影沉浮。

南峰烟雨连山暝，中寨鸳鸯逐浪游。直上黄坭看瀑布，仙人遗迹乐登头。

——（民国）《罗城县志》，杂记，第 337 页。

鸳鸯石在中寨山，为八景之一　清乾隆邑举人张志恭

鸳鸯本在梁，何年化为石。散落中寨山，文禽耀岩隙。五色有奇胎，精灵通地脉。云此拨莲房，标新领云液。片片借磨光，他山昔有益。入水弄生机，珠盘走不迫。此合应往来，神不为形役。一身尽文章，寄语同心客。终当戢其翼，飞上凤山宅。世人应自珍，无使物自惜。

——（民国）《罗城县志》，杂记，第 331－332 页。

咏丹凤卿书　清拔贡生潘宝箓

凤山似凤俨飘飘，峙护边城耸碧霄。应教卿书逢盛运，长同华岳重兴朝。

咏龙潭晚照　潘宝箓

笑说龙潭盛景传，深藏鳞中几何年。清波惯遇斜阳射，五色霞光接水天。

咏乐登仙迹　潘宝箓

伊谁寄迹著桥边，惹得人人羡学仙。莫道飞升成幻境，遗踪传下已千年。

咏北岭覆钟　潘宝箓

天生北岭冠群峰，不盗虚声似覆钟。毓秀钟灵经岁月，岩疆永镇息边烽。

——（民国）《罗城县志》，杂记，第 340 页。

榜山，县南三里，形如挂榜。道光五年，知县林光棣以邑士久停科甲，劝勉多方，镌“榜山题名”四字于山石，有题句。又镌历科乡会进士、举人姓氏官职于左。

偕乐洞，原名喇冲洞，县北三里，外敞内深，有清泉四时不竭。道光五年，知县林光棣铲宽洞口，与民偕游，因易旧名。洞口镌“偕乐洞”三字，径二尺许，下有龙潭，祷雨立应。

…………

北陵山，县东南十五里，山麓有泉，唐时里人有吴生者，师事陆仙翁，修道于此。

——（道光）《天河县志》卷上，山川，第 81－83 页。

三潮水，县西南数里，源出北陵山，一日三潮，潮退则其流一线，因名圣水。溉田，民受其利，立祠以祀，今圮。道光五年，知县林光棣镌“圣水三潮”四字于县南山石，字径尺，有诗。

思吾溪，县东南二里，源出县西北界，东南流入宜山县界，合小江水入龙江，水声昼夜不绝，春涨尤甚。

——（道光）《天河县志》卷上，山川，第85页。

咏本邑八景七绝八首　清己酉拔贡生吴寄生

龙江九曲

一望龙江景象新，桃花翻浪承生春。只同形似回腾转，渔父何曾得问津。

圣水三潮

溪流层回绕山清，何事当年得圣名。万籁消□天欲晓，潮声三弄听分明。

北陵钟秀

北陵突兀自千秋，闻有仙踪在上头。愿得飞身临绝顶，十洲三岛眼中收。

榜山题名

山榜宏开同雁塔，先仟姓氏列高低。自从废却科名后，峭壁空悬不再题。

吾溪夜月

一湾流水探晴澜，月上林梢夜色寒。两岸白蘋桥宛转，几疑身入昼图秀。

偕乐仙洞

仙洞幽深路渺茫，石道石柱列成行。笑他昔日来道者，安号仙人上有床。

渔村晚照

数间茅屋土筑墙，不学耕耘不种桑。罢钓还来舟不系，鱼罾历自挂斜阳。

凤岭晴霞

秋到高冈雨霁初，丹枫白草渐萧疏。晚来片片霞舒锦，满廓回光昼不□。

——（民国）《天河县志》第九编，名胜古迹，第33页。

编者按：天河县始置于唐朝贞观四年，建县长达一千三百余年，今为罗城仫佬族自治县天河镇。

环江毛南族自治县

绀山，城北安顺乡九忙村背，距城四十五里，一名扞山，以其扞蔽故也，又名暗岭。山嶂重叠，日光鲜照，故名。昔人谓山上常有五色云霞。“绀山霞绮”属思恩八景之一。

——（民国）《思恩县志》第一编，地理，第55页。

思恩县八景　清嘉庆年间饶知县（失名）

如环江绕古城闉，唤渡何人立水滨。此去仙源应不远，桃花春水涨通津。（环江古渡）

曳空彩翠望中横，点缀绀山分外明。记得诗城仙句好，余霞散绮画难成。（绀山霞绮）

走海奔腾路几千，惊涛骇浪陋潺湲。回澜借得朝阳笔，一柱中流障百川。（砥柱回澜）

东望望峰俨画图，望中苍翠接城隅。文漪亭古暮烟合，故迹荒凉风景殊。（望峰文漪）

带绕青萝月侵溪，溪光潋滟月痕低。更深不辨芦花色，冷露无声影欲西。（带溪月色）

寂历时闻象外吟，何人长啸倚高岑。林风不动岩泉落，虚谷迢迢自好音。（啸山吟韵）

卧向澄潭隐灵迹，岂为霖雨慰苍黎。时和不事频祈祷，麾候人耕水满犁。（龙门灵雨）

岌峰天门绝顶开，云中有路蹑行回。谁携谢朓惊人句，呼吸高攀帝座来。（天门云路）

——（民国）《思恩县志》第七编，文艺，第257页。

思恩二十景　无名氏

旗山雨霁豁双眸，米岭霜繁景象幽。囊洞夏云风顺逆，带溪秋月影沉浮。环江古渡通河汉，叠石朝烟贯斗牛。砥柱回澜潆水面，望峰旭日出城头。绀山霞绮辉朱栏，覆斗岚凝衬画楼。飞峒笛声速昼夜，啸山琴韵历春秋。呼婆立应基犹在，修炼显真迹尚留。异矣中洲观鸟集，奇哉上善看鱼游。龙门灵雨恩膏偏，鸦洞新晴化育周。覃岭树屏霄汉上，天门云络望中收。

——（民国）《思恩县志》第七编，文艺，第257－258页。

南丹县

丹阳八景皆南丹土州胜概

青嶂排云州南有青云峰。　韦中绣七律：青云峰顶碧云骞，云密峰高接远天。特立一方应作镇，飞腾五色颂非烟。层层出岫舒还卷，朵朵随风断复连。若使从龙能变化，会与霖雨济穷边。

红盆映月州南有红盆池。　　韦中绣七律：红盆溪水潴为池，夜夜波心月照之。上下虚弦沉作钓，囫圇圆影印如规。水轮拟问瑶台会，宝镜频邀玉女窥。五色祥光看隐见，重辉重润颂清时。

秀陵叠翠州西南有秀陵山。　　韦中缙七律：秀陵山景费形容，万木阴森积翠重。十二烟峦排锦嶂，三千粉黛拥螺峰。青葱浑欲连高下，绿郁何曾判夏冬。于此栖迟棋寄傲，碧云深处几株松。

清水澄波州西有清水塘。　　韦中缙七律：清水塘中水若何，澄能见底面浮波。春风吹绿暗生草，晓雨霏红轻点荷。千道湘帘浑不隔，一奁妆镜照无讹。凭看云净天凉夜，岸上楼台得月多。

象鼻春烟州东有象鼻岭。　　韦允佶七律：岭名象鼻势蟫蹁，每到春晴散绿烟。晓日正逢新雾后，疏林恰在暮村边。氤氲似向螭头孃，鼍霭浑疑鸭背连。柳绿花红渲淡冶，辋川画笔逊天然。

罗侯晓雾州东南有罗侯阁。　　韦允佶七律：晨光杳霭日矇眬，关启罗侯晓雾濛。岚气不分山左右，烟痕宛转路西东。危楼百尺霏征裹，古木千章实漠中。遥识地灵人物杰，蔚然元豹隐高松。

薜萝阴霭州西有薜萝山。　　莫兰芳七律：雨过遥空云半收，薜萝山景好夷犹。槃阿早谢红阳照，幽谷浑宜紫气留。一抹淡烟风未扫，四围轻霭影常浮。卉衣不许华簪易，偃仰山林欲枕流。

平坦晴虹州南有平坦桥。　　莫兰芳七律：湿云未卷雨初晴，平坦桥身画不成。天上彩虹浮碧落，人间宝带跨清泓。夕阳芳草烘渲好，浅绿轻红点缀明。过此长怀题驷马，胸中吐出气纵横。

——（道光）《庆远府志》卷七，建置志，第 50－51 页。

百色

百色市

百色旧八景

南阁亭　南阁亭，建筑在百色城东南面一公里的金屋山上（今百色陶瓷厂地）。起建何时已不可考。据民间传说，过去有一地理先生认为，百色此地是钱财外流水口，须在这里建亭立庙，才能锁住财富，故建此亭。以后人们就流传有“建立南阁亭，黎庶富安宁”之句。南阁亭楼共有三层，拱门每层三面，四周栏杆围绕，亭下石阶百余级，从正门直下达河边，亭楼高达六丈余，其建筑宏伟壮观，游客登楼，俯视百色城，那一马平川，实令人心旷神怡，更有消遗忘疲之感。

观音夜月　观音庙，位于二码头对面河岸，庙旁有花有果，庙前水波粼粼。日间，千帆朝着庙前拱手而过，当日薄西山，西天泛起片片红霞时，渔民为自己完成了一天的劳动轻歌摇橹而过……夜间，渔民睡过一觉后，又燃起了千百火炬，驱赶鸬鹚入江捕鱼，火光倒映河中，显得格外瑰丽。

竹洲烟雨　竹洲，位于距百色城 5 公里的东南方向，这小村庄竹林茂盛，村旁有一条自大王山流来的小溪水。两岸古树常绿。……所以每年到隆冬季节，几乎早晨都下着特有的一股雾水，蔚为奇观。……远远看去，好像一条银练从天空挂下来，待到旭日东升，朝阳从丹霞中照射到时，这雾立即变化，变成赤、橙、绿、黄、青、蓝、紫等七种色皆全的灿烂图景……。

茶亭（迎曦亭）　茶亭，位于南阁亭与观音庙之间，亭的周围种有树木，山花怀抱。登临亭上，回身可看到河中或上或下的点点白帆。山川秀丽，风光旖旎，是百色著名的游览胜地。……解放后扩建南色公路后，茶亭已毁，此景遂废。

雁落平沙　百色大码头是澄碧、剥隘两条河水汇流入右江的三角地带，河边常年停泊着数以百计的民船，是百色的渔民之乡。从前，剥隘河那毕渡口两岸是一片河沙滩，沙滩上长着丛丛芦苇和高过人头的茅草，相传每当“北风起兮雁南归”时，这里就是雁群的着陆点，它们觅食饱腹后，才又整队继续飞向远方。

北阁亭　北阁亭，位于百色城北的玉屏山上。据说在民国初年，流传有“建立北阁亭，军民乐安宁”的谚语。

东门旭日　从前百色城有东、南、西三面城门，而没有北门，在这三门中，东门（东宁街塑料厂附近）的地势最高。……东门之所以成为百色八景之一，是因为它本身地形上具有鹅城最高点的自然条件，近水楼台先得“日”，每天旭日东升，这里就接到当天的第一道阳光，登上城头，可以欣赏日出的灿烂奇景，因而引来不少游人，东门旭日景点，是百色的“泰山”的观日峰。

河沙滩夜景　河沙滩，位于大码头右下侧右江上游的剥隘河流到百色与澄碧河交合处的北岸，滩面平旷，……解放前百色城的渔民，经一天外出辛勤捞捕之后，从四面八方架帆摇橹而归，人声橹声似一首渔歌，一摇一鸣，声声入耳……夜幕当中，扁舟悬灯亮航，点点归帆汇集滩边，灯光倒映河中，波粼闪闪反射，长空如画，水面若镜，天水一色，使得这幽清之处，一时变成了一个不夜的河城。

——《百色市志》，广西人民出版社，1993 年，第 780－782 页。

田阳区

（土田州）石门山，在城西南一百里贺昌图高寨村，势若关键，悬崖峻峭，碧涧潺湲，声若殷雷，名曰龙潭。春夏泉涌，游鱼大上。州倅邵铨镌“石门漱玉”四字于石。

——（乾隆）《镇安府志》卷二，山川，第 14 页。

奉议州四景　周学滢奉议州判

碑亭晚眺

山亭高倚五云边，寒锁江流净野烟。帝训洪敷来北极，皇威远播到南天。蛮僮野叟时留憩，碑影岚光势接连。更记勤宣巡幸日，仰瞻如对圣明前。

云坡晓望

朝来紫气欲凌空，灵异晴阴秀独钟。地拥金汤成障塞，天垂玉冕入提封。月临烟海明无际，日照莲峰霁几重。敢谓登山曾小鲁，升高何处是朝宗。

莲岭干云

奉城西北万峰攒，莲岭干云耸翠看。曲折羊肠回瘴雨，高低虬影挂烟峦。何年征戍来荒服，盛代车书改旧观。快睹嬉游忘帝力，岩疆今喜奠如磐。

石门漱玉

景胜东南题漱玉，石门奇巧似天开。山围屏障青千叠，水溅珍珠白一堆。鱼跃圆流通丙穴，鹏飞沧海近蓬莱。殷勤待问晨门者，曾记当年仲氏来。

——（乾隆）《镇安府志》卷八，诗，第 66 - 67 页。

奉议州

彩云山，州后二里，山势骀荡，状若流霞，见云雾辄雨旧志。在州治西三里自山麓至峰顶，萦纡曲折，有一十三层，势凌霄汉，其巅可望数百里。旧有竹数百竿，风篁雨箨，丛碧森然。为奉议四景之一，题曰“云坡晓望”《采访册》。

莲花山一作莲花崾，州北三十里旧志作四十五里古眉图，形如莲花，南北穿径《一统志》，层峦叠嶂，树木阴翳，行人不辨东西，半步半舆，旋陟降约三十里，方履平原国朝黄牧巡阅边隘记。为奉议四景之一，题曰“莲岭干云”。

——（光绪）《镇安府志》卷十，舆地志三，山川，第 202 页。

石门山，州西南一百二十里谨案，《明统志》作六十里，势若关键，悬崖峻峭，碧涧潺湲，声若殷雷，名曰龙潭。春夏泉涌，游鱼大上。州倅邵铨镌“石门漱玉”四字于石旧志。为奉议州四景之一，题曰“石门漱玉”。

——（光绪）《镇安府志》卷十，舆地志三，山川，第 204 页。

编者按：奉议州，北宋置，治今广西壮族自治区田阳县东南，属广西经略安抚司。元属广西两江道宣慰司。明洪武初移治今田阳县西南旧城。二十八年（1395）改为卫，后又改州，直隶广西省。嘉靖六年（1527）改属思恩府。清顺治初为土州，雍正七年（1729）改设流官州判，光绪元年（1875）升为州，辖境相当今田阳县地，属镇安府。1912 年改为县。其辖地主要属今百色市田阳区。

德保县

天保县十景　许朝

一柱当空擎，卓卓旁无倚。孤亭寄山腰，平畴览如绮。秀色上参天，雄城让独峙。空岩或腾龙，飞天咫尺耳。独秀擎天

崻嵲见云山，苍翠如屏立。保障托地灵，肘腋连雉堞。时或见樵子，攀磴劳拾级。千里镇岩疆，群峰拱而揖。云山叠翠

金乌翔扶桑，光照扶苏巅。扶苏何崔巍，浮云与周旋。曈昽豁万象，孤峰

得其先。华夷普一照，瞬息消蛮烟。扶桑旭升

落日驻西山，疏烟抹平远。村落映虚明，牛羊下来晚。暮色少人知，藤萝松径满。选胜逐荒郊，相期破苍藓。西山夕照

郁葱天保山，山名志贤守。清泉万古流，德泽同永久。人杰地效灵，人地共不朽。我来瞻眺间，惭愧步尘后。天保流韵

荒郊卧天马，天马不释鞍。山灵识雷雨，滂沱万井欢。何殊李靖鬃，一滴化万千。往往得灵异，肤寸与无端。马鞍效灵

孤峰削不成，尖锐矗文笔。纬画破大荒，灵气地发越。浮云护其峰，星垣任披抹。仗尔化蛮风，文光荡日月。文笔干霄

两山划然分，劈峙俨华表。不闻令威来，野鹘时旋绕。松桧自郁盘，径僻人迹少。蔼蔼马凉村，夕阳烟树渺。马凉华表

鉴水环郡城，左右绾如带。良田千万顷，蘼蓑资一溉。滩声彻耳喧，静夜走官廨。鉴此澄吾心，洒然尘俗外。鉴水潆洄

盘石如镜平，小坐足清赏。何年石星陨，位此幽僻壤。空山人定僧，趺坐宜合掌。羡彼耕凿夫，作息共偃仰。磐石坐镇

——（乾隆）《镇安府志》卷八，诗，第 51－53 页。

编者按：此书的同卷还收录了傅堅、张嘉硕、康世德、朱元翰、刘光大等诸多时人写的天保县十景诗。因篇幅有限，在此不摘录。

天保县

云山，府治东北，峰峦秀拔，层叠如云《一统志》。府城内署东《金志》，前面依山为城，实一郡之主山旧志。为天保十景之一，题曰“云山叠翠”。……

独秀峰，即云山旁一峰，山巅旧镌“云山”二大字，康熙间复镌“独秀峰”三字。峰峻插天表，山半有一览亭，下有大有亭，俱乾隆十一年知府张光宗建旧志。为天保十景之一，曰“独秀擎天”。

——（光绪）《镇安府志》卷十，舆地志三，山川，第 195 页。

马鞍山，府西三里旧志作五里，山有神异，遇水旱祈祷于此《一统志》，因山形取名。相传有神人居焉，水旱祈祷辄灵应旧志。为天保十景之一，题曰“马鞍效灵”。

——（光绪）《镇安府志》卷十，舆地志三，山川，第 196 页。

扶苏山，府东十五里下甲旧志、《通志》作二十五里，相传为天下十大名山之一，其巅可望日出处《一统志》。为天保十景之一，题曰“扶苏旭升”。

西山，府西十里渨中谨案，《通志》作二十三里，误，山峰若屏，夕阳返照，观之灿然夺目《通志》。鑑水流绕前后，澎湃之声闻数里旧志。为天保十景之一，题曰“西山夕照”。

——（光绪）《镇安府志》卷十，舆地志三，山川，第 197 页。

响泉山，府北三十里，在上甲旧志，山有泉穴，春夏淙淙，秋冬绝流《全志》。本名响泉，明初土知府岑天保卒，葬山下，土人思其德，因名天保山旧志。为天保十景之一，题曰“响泉流韵”。

文笔山，城东南五里旧志，与学宫相对，秀耸如笔《全志》。为天保十景之一，题曰“文笔干霄”。

马凉山，府北九十里，陇岗两山相对《一统志》作九十五里，俨若华表，踰山即思恩府阳万土州界旧志。为天保十景之一，题曰“马凉华表”。

——（光绪）《镇安府志》卷十，舆地志三，山川，第 198 页。

盘石山，城南九十五里内甲，四山环拱，有洞，方广约五六里，一峰兀耸，高出于平畴间，蔚如玉笋，盖奇景也旧志。为天保十景之一，题曰“盘石坐镇”。

——（光绪）《镇安府志》卷十，舆地志三，山川，第 199 页。

鑑水，一名石洞水，源出鑑山，自西而南绕郡城，与响泉、灵泉合流，至奉议州，三百空锐石嶙峋，弥漫水际，人不能过。下流入奉议州贺昌图，入右江旧志。为天保十景之一，题曰“鑑水潆洄”。

——（光绪）《镇安府志》卷十，舆地志三，山川，第 201 页。

靖西市

归顺八景诗　吏目蔡鸿遵江苏吴县人

楼以怀远名，德泽真辽阔。神光乍离合，供就众香钵。清夜听钟声，声声如棒喝。怀远晓钟

小亭枕夕阳，明灭波光里。昨宵听雨声，频添半篙水。空潭泻秋月，美景清如此。安湖秋水

喈喈鸣高冈，神鸟自殊别。峰头五色云，双翼垂如折。来仪称世瑞，鼓舞栖丹穴。凤岭舒翼

狮蹲如欲吼，一吼一江风。风与水相搏，面面飞来峰。月云落空际，塔影正当中。狮山横江

擘开青芙蓉，琲落如贯珠。飞泉泻百道，匹练横江铺。我来访胜境，胜境如画图。珠水磊落

龙钟一老妪，巡行江之渚。得卵试投泉，泉水清如许。至今水常清，仙人渺何处。鹅泉澄清

紫气自东来，朝旭升山巅。边关严锁钥，划界真天然。润石常如此，岁岁乐有年。照阳润石

我闻何氏子何善夫，特辟张仙洞，拨云寻古迹，草木多葱茏。时从赤松游，采药常相逢。滨山茂林

——（光绪）《归顺直隶州志》，艺文志，第15-16页。

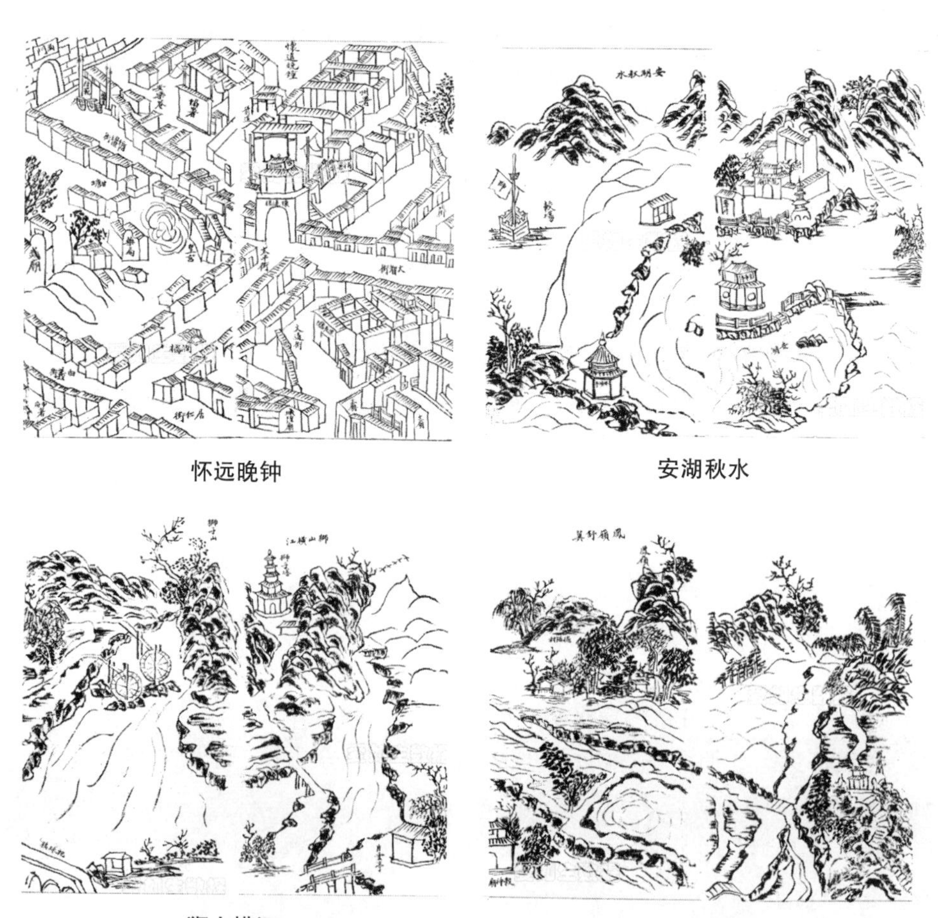

怀远晚钟　　安湖秋水

狮山横江　　凤岭舒翼

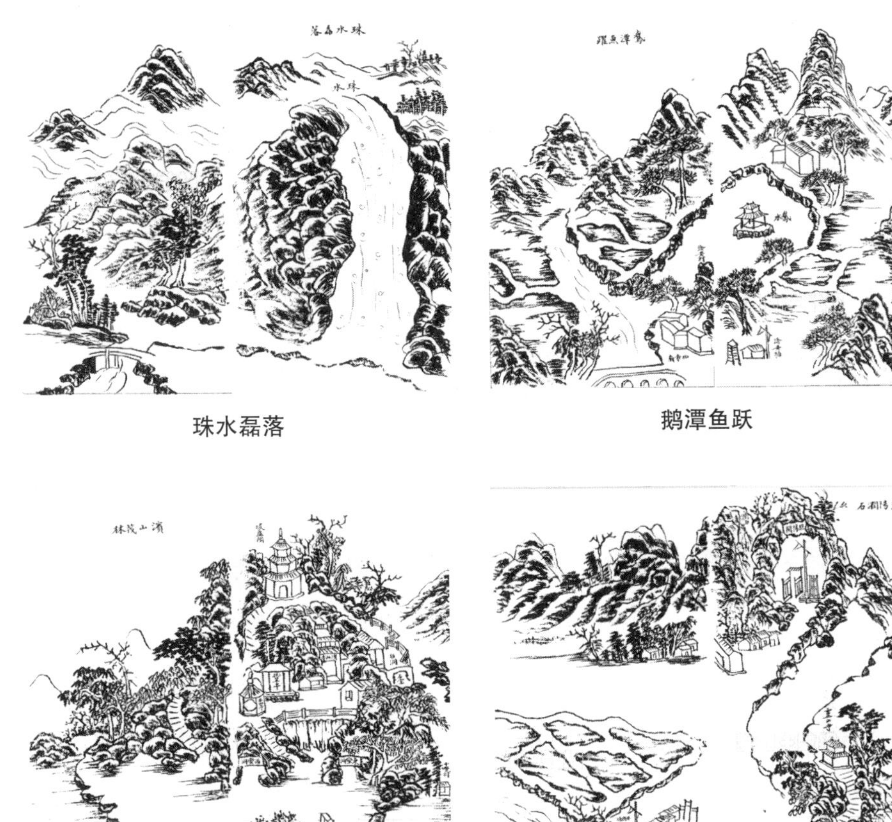

珠水磊落　　鹅潭鱼跃

滨山茂林　　照阳润石

——（道光）《归顺直隶州志》卷一，八景图，第12－23页。

照阳山，州西北一百五十里，群峰联络，无路可通，惟此山石洞中空虚敞高旷，可坐百人《一统志》。朝旭东升，正照洞中，由洞而西，即小镇安地，洵天然界限，故名照阳关。洞中有石，土人常以占岁，石润则丰，燥则歉，多有验者。宋庆和巡边过此，因题曰“照阳润石”，以为八景之一云。

——（道光）《归顺直隶州志》卷一，山川，第59－60页。

龙潭水，旧为八景之一，在城东北六里，源发山下石穴，与山后小龙潭地穴潜通，涌出清泉，宽数百丈，水平镜，一碧不波。上建龙神庙，庙前建亭曰“皇华亭”三大字，知州王公方田真笔。右竖鹅字碑，其字笔法苍劲，字长六尺宽三尺，旁刻有联云“壮思风飞冲情云上，和光春霭爽气秋高”，王阳明之大草也。沿岸浓荫密布，日光不透，山麓水滨，游约如市，知州王公方田有联云“是动境静境，有山涯水涯”。中流有安湖亭，四面皆水，微波荡漾，望之疑是浮亭泛阁。前知州宋公庆和联云：“洞口世逍遥，有良田美池桑竹之属；岭南气清淑，间魁奇忠信采德之民。”

凤凰山，在县城北二里，山顶有石，巍峨如凤冠，两翼展开，状欲举飞，故名。自昔林木森茂，尤多枫树，秋季丹叶灿烂如锦，风景颇美，旧为靖邑八景之一，古句云“凤凰山势成奇瑞”。抗战军兴，大军驻靖，砍山木作薪，迄今童山濯濯，风景欠佳，惟昔为名胜之山，不宜全部没灭，爰榻一影以存遗迹。

狮山，在县城南二里许，位置于龙潭、檂黎二水汇合处，山面向城，其状如狮，伏于平原当中，为此方之关锁，殊壮观也。昔人建宝塔于山巅，列为八景之一。古句云“江眠狮子壮山川”诚然。

…………

星汉流珠，在县东南八十里三达岭处。源出下岗乡邑。远山悬崖百丈，水循崖澎湃而下，望如白练，溅沫流珠，自昔列入八景，古句云“星汉流珠落九天”。夏时山水暴发，瀑布三列泻下，波浪狂倒，似大风雷，路通湖润，行人憩瞻，无不称为壮观。

寨山，在县城南二十里，属旧州乡山雾之峰峦，四面异形，上有空谷可种植，草木丛生，虎豹藏伏，故名。而邻近诸山低矮，此其高出其上，雨霁而烟霭不消。古句云“寨腾烟四野绵”，亦靖邑八景之一也。

伏石牛鸣山，在县城南三十八里，属洄梨乡山麓，路与坡豆乡交通。行人经过山麓下，半山有覆石，天然开小孔，孔处高恰人身，孔口恰与人合，行人吹之呜呜响，如牛鸣，声彻云霄，群峰回应，缭绕不绝，孔口光滑。古句云“伏石牛鸣吹月旋”，亦为靖邑八景之一也。

鹅泉，在县城西南十五里，源出平地。相传昔有杨媪拾得二卵，养出神鹅，搅田间沟洫成潭，深十余丈，阔数倍之，沂流成川，下流一带田亩多资灌溉，村人于水源屿上建祠以祀杨媪。清时乡人当于上巳日修禊，迎文武官于祠上观鱼缸。红男绿女，观者如堵。自昔列入八景之一，有题句“鹅泉跃鲤三层浪”云。

——（民国）《靖西县志》第八编，名胜古迹，第111－117页。

那坡县

文星昭《镇阳八景诗》

镇阳八景

石涧龙泉

终古响淙淙，蜿蜒一玉龙。细沿苍藓路，遥挂白云□。琴筑堪娱耳，洋霜宛贮胸。休嫌出山浊，饮汲万人□。

卧虹春涨

一夜山中雨，桃花涨不消。奔腾来谷口，倏忽度虹□。跃浪鱼应化，凌波鹭自□。郡楼闲倚眺，翻忆□□□。

西山夜月

夕阳忽西下，暮色正苍然。不觉高峰上，飞来皓月圆。千岩明似雪，万壑白生烟。径欲携琴去，松风鸣夜□。

驮岩滴翠

一柱耸崔嵬，俨然白玉台。灵宫搜地出，鬼斧劈天开。花雨香成阵，芝云翠作堆。倘容餐石髓，便拟弃尘来。

河塘晚钓

为爱河塘景，闲来理钓筒。晚风疏柳外，人影小桥东。烟水踪无定，濠梁趣自同。南池诗与好，谁似杜陵翁。

石坡霞彩

烟雾今朝净，明霞散晓光。偶来青石板，如渡赤城梁。仙子曾餐渡，天孙试织裳。江干孤鹭影，高阁忆滕王。

□峰烟雨

日与孤峰对，寻常窗几中。□从烟雨看，绝胜画图工。□碧朝霏沐，深青夕霭笼。莫辞双屐滑，□径倘能通。

末岩朝云

郁郁复纷纷，朝来岭上云。随风刚出岫，映日忽成□。会意从龙云，无心伴鹤群。还期五色现，长此靖边□。

光绪戊寅季夏月中浣

江西萍乡文星昭亮虹氏题。

——《中国西南地区历代石刻汇编》第八册，天津古籍出版社，1998 年，第 14 页。

编者按：此碑位于那坡县感驮岩，光绪四年（1878）刻。

旧镇阳八景（节选）

石涧龙泉

县城内松灵山东麓（今龙泉招待所），右侧山脚有一石涧，常年涌出一股清澈的泉水，冬暖夏凉，终年不涸，洞口草木茏葱，零乱的石头自然排成“龙口”状，故名。清末民初，石涧上建有龙神庙，庙后有一小岩洞，祀有观音；庙前有棵小叶榕，覆盖成荫，风景幽雅。盛夏晚间，游人喜欢到此纳凉，或在泉边石级濯洗，及至深夜不归。每逢年节，居民云集进香求福，烟火弥漫。

西山月夜

县城西面有一座土岭，岭上丛林漫遮，形如半月，岭脚有劳水河湍流……每当月夕光照，婆娑树丛辉映河中，形成景色迷人的月夜，居民们都乐意成群结对到此散步闲谈。“西山月夜”幽雅恬静，清新俏丽，别有奇观。

驮岩滴翠

县城北面山麓有座天然岩洞，俗称“感驮岩”。岩洞深、宽30多米，石壁峭立，灿若朝霞；洞中间凸起如台，台上片石如云朵，上下相连，似磐石石柱，故又名“磐石岩”。洞顶因常年滴水，藓苔蔓生，青翠欲滴，文人雅士为此谓之“驮岩滴翠”，亦称“滴翠岩”。

河塘晚钓

感驮岩右侧有一潭，潭中有一磐石，光绪二十二年（1896）于磐石上建成一塔，称“丹桂塔”，塔身呈六边形，三层飞檐，塔顶系三合土塑制的葫芦，塔门朝南，塔内有木梯直通第三层，每层大门均有对联。……丹桂塔脚，劳河、龙泉、孟屯河汇流漩绕而成河塘，塔基磐石裂缝，斜长出一棵金钱榕，树冠繁茂，浓荫蔽日，夕阳西下，喜钓者常在榕树根垂钓，先贤观此情景，美其名曰“河塘晚钓”。

卧虹春涨

丹桂塔下侧有一座三拱石桥，东西向横跨河道，每逢春水弥漫，夕阳斜照，桥身倒影河中，观之酷似彩虹，“卧虹春涨”因而得名。

索峰烟雨

沿劳河往下6公里处，城厢镇超群村者索屯附近有群山峰，山势嵯峨挺拔，山巅时常云封雾锁，山间四时烟雨弥漫，景色十分壮观。

末岭朝云

距县城15公里，位于城厢镇末屯后岭，与云南省富宁县接界。此岭山势连绵，主峰高耸入云，十分雄伟。每当旭日东升，朝霞掠过岭上，五彩缤纷，变幻莫测，值得观赏。

石坡霞彩

城厢镇永宁村邑坎屯对面石山，坡壁峻峭，林木葱郁，每当晴朗之晨，或雨后初晴之际，或夕阳西下之时，彩云游移山巅，千变万化，有似骏马奔腾，有似群羊食草，时而风起云涌，时而风平浪静，真是千姿百态，绚丽壮观，“石坡霞彩”因而得名。

——《那坡县志》，广西人民出版社，2002 年，第 628 – 629 页。

凌云县

迎晖山，县治西北。山势崔巍，崖壁峭峻，赤白斑斓，与治东凌霄山隔江对峙，翔泰门接龙桥皆据山足，旁近古刹，亦因之得名。每当晨钟韵歇，初日照临，晴岚鲜翠，碧水澄波，与天际霞光互相辉映，景致绝佳。凌云旧八景有古寺晨钟、迎晖晓旭，盖指此也。山下迎晖寺，其创建之始无考，惟据寺碑载，旧题额为宋太平兴国二年重建。有钟大千余斤，明天顺二年铸。中塑如来，辅以迦叶、阿难、降龙、伏虎、十八阿罗汉诸像，艺术酣精。左舍供一禅师木主及像，相传宋仁宗时有蛋子和尚，又名弹子禅师，知兵法，佐大将军文彦博平河北有功，受封护国禅师，实度于此。虽近稗史，然或不失崇励国勋，而边徼佛刹，殆可推为最合。今佛身各已萧散，梵宇亦非旧观矣。（按，《纪要》以此山为州之胜，其云治东。亦以旧治犹在今西南隅之故。）

——（民国）《凌云县志》第一篇·地理，第 32 页。

云台山，城南四里，岜崿锐秀，陟石蹬而上，苔径转曲，至绝顶，兰若三楹，供奉文殊。一塔屹窗外，皆明代建造，详见古迹。周遭石壁间，有摩崖题咏。崖前文笔一峰，瘦削如笋，表矗千仞。朝阳关在其麓。山中竹木交荫，凉飔飘拂，俗尘尽涤。方春士女游山参佛，络绎不绝。回眺附郭山川，恍然如画。山下流水潺漫，岸旁□□□。□□疏野致。每当霜天月落，寺钟远破空寂，杂以猿啼幽峡，鸦鸣寒树，犬吠孤□，□□杳茫，渔灯明灭中流，别是一番景趣，惟唐人“枫桥夜泊”佳句得其仿佛。

指山，治西偏南里许。峭壁耸拔，五岐排插，俨擎高掌，日月升沉其上，即八景所称“五指捧月”也。山下有潜龙岩，深一二里，轩敞幽隘不一，复多岐，烈炬前□□□迷失。奇石类物，美不胜收。有眠龙，鳞爪角牙悉具，因名其洞。深处闻于潭涧，谷风习习，起襟袖间，虽有独木横跨，莫敢度越，遂不能穷其究竟。洞外有题额三大字，镌石犹存。

——（民国）《凌云县志》第一篇·地理，第 32 – 33 页。

五代时，城治迎晖街一带，原有汉人居住，成一小市场，后人所称山城早市，为凌云八景之一，即其地址。

——（民国）《凌云县志》第二篇·人口，第66页。

凌云八景　冯震东（号曼子，清举人，详历任知县表，诗八首如下）

灵洞响泉

何年灵斧劈云开，滚滚泉源孕此隈。山气半为溪外雨，水声常作洞中雷。蜻蜓点露题诗去，翡翠□花载酒来。几度看澜风谷啸，浴凫飞鹭莫惊猜。

五峰捧月

高峰五指势嵯峨，望处刚递满月过。掌上玉盘承露易，手中冰镜照人多。若论绝顶应谁赏？如此清辉奈夜何。寄语山灵须爱护，天风容易度嫦娥。

云峰晚景

云峰千仞矗晴空，好景尤宜夕照红。孤嶂有崖皆赤壁，长林无处不丹枫。摩天占的余光在，向日方知晚景通。白发几人扶杖看，欣然留恋暖烟中。

屏山列翠

晴岚不断数峰青，爰煞天然一画屏。万叠花光争绮绣，千层云影涌沧溟。诗怀已向芙蓉好，游兴遂增笔砚灵。可惜宣城无太傅，十年冷落此疏礼。

空谷传声

山围空谷郁苍苍，下界传呼达上方。伴我笑谈犹剿说，摹人声调却精详。天非有事呼偏应，石果能言拜不妨。更怪牧童吹笛过，一枝幻出两宫商。

天池玉液

琼浆何处影漫漫，天马峰顶仔细看。汲井休夸泉是醴，干霄懒说露为盘。无边星汉来千仞，不尽烟云护一湍。如得诗怀终日饮，风尘荡涤海天宽。

山城早市

廉五余三岁运筹，凌云市上趁圩游。卖薪客过山边寺，粜米人归水外楼。数点残星犹在眼，一钩落日尚当头。十年已辨牵车意，屡中何嫌货值谋。

北郭归樵

乱山附郭夕阳残，归路樵人次第看。一束早秋梧叶老，半肩晴雪荻花寒。长林烟淡□歌远，窄径云深着步难。断续雁行行不了，从和烟火万家安。

——（民国）《凌云县志》第六篇·文化，第366－368页。

凌云八景　黄家德（号达三，清拔贡，详列传。诗八首如下）

灵洞响泉

活水窟中穿，源从何处边。晴无峰过雨，洞自石流泉。濑响有声变，山鸣不调弦。清音常在耳，奚碍白云眠。

五峰捧月

排闼峰如指，天然削不成。捧将边塞月，来照古山城。鸾镜岩头挂，仙人掌上擎。握中一轮满，懒摘众星明。

云台览胜

独秀插南天，台悬飞鸟边。寺高低日月，僧上踏云烟。泗水一湾抱，峦峰五指连。径稀人迹到，落叶满山巅。

屏山列翠

相向西南绿，诸峰列作屏。有山皆滴翠，无面不排青。绣杂红霞色，图成碧玉形。借地横锦幕，障我爱云厅。（家因有爱云厅）

空谷传声

石岂能言者，山偏有口鸣。宛随人语响，恰肖我传声。樵唤谷相答，风呼籁不惊。月明众壑息，长啸远音清。

天池玉液

山地天然巧，微凹出水清。此池何用凿，有液自长生。玉色光无泽，波痕画不成。扪萝峰顶上，一涤尘心轻。

山城早市

古磡成城后，朝朝此市开。鸡声啼月落，人语涌潮来。妇卖竹筐米，瑶沽松涧林。山深迟日出，圩散水云隈。

北郭樵归

绕郭空山暮，下山行客稀。樵声林壑出，人影夕阳归。小憩争浓荫，长歌倚翠微。一行城北过，盈担近柴扉。

——（民国）《凌云县志》第六篇·文化，第368－369页。

凌云八景　蒙锡宝（号玉峰，清拔贡，详修志职员，录诗八首如下）

灵洞响泉

洞天开敞列冈峦，青向吾曹回壮观。胜日柔芳临水洽，和风醉暖解郊寒。岛奇滴就玲珑石，泉响调谐翡翠竿。有好湖山吟兴远，源头高侣喜盘桓。

五峰捧月

笋峰森挺直摩天，巨擘连伸碧落前。数点佛头青接汉，一擎仙掌翠凌烟。频扶朗月孤轮彩，更掬明星万个鲜。扳得桂宫称大□，手翻云覆孰齐肩。

云峰晚霞

夕阳斜出绣屏开，森峙南天萃楚材。标举赤城锁满挂，环舒丹嶂锦新裁。痕齐孤鹜添山黛，彩并长虹映石苔。返照岚光呈五色，轩轩鹿绮布岩隈。

屏山列翠

秀拱巍峨锁翠岚，全城屏嶂敞东南。霞明似锦春花艳，岫冶如罗秋水涵。玉带河流排门两，镜轮月映削峰三。景连双凤青环绕，画里遥看露岩篸。

空谷传声

岩麔俨若表同情，万籁秋喧更有声。虚谷随呼音不改，赤崖听响句送清。言非由己词皆应，鸣可惊人语未轻。来往赓歌诸野老，好腔相对谱西成。

天池玉液

缥渺何殊海上峰，依稀幻境白云封。霄澄开鑑波光漾，露湛水盘晓色浓。览胜无心偏寓目，探奇有意转迷踪。琼浆直拟天浆蕴，个里温涵养化龙。

山城早市

饭裹香荷快趁期，迎晖鲸肃睹朝曦。牵车服贾殷供菽，抱布通工鲜贸丝。蝼梦尚酣人扰扰，鸡鸣甫息熙熙往。往来因利间关远，交易而归得所时。

北郭归樵

负薪回趁郑公风，自坎旋踪晚照红。共倚斜阴肩且歇，直由纵陌脚频急。城关惯逐流泉入，岭树俄惊皓月通。翔春门高青色满，两余笠影夕阳中。

——（民国）《凌云县志》第六篇·文化，第369－370页。

从古至今，县境有前八景、后八景、新八景、续八景，共三十二景之多。前八景：古寺晨钟、迎晖晓旭、汾洲渔火、双凤朝阳、西山石钟、龙山远眺、东郭踏青、骤雨山潮。后八景：灵洞响泉、空谷传声、北郭归樵、山城早市、屏山列翠、五指捧月、云峰晚霞、天池玉液。新八景：三穿古洞、云台览胜、镜澄秋月、桥边试马、水冒花瓶、龙渊听泉、仙人飞桥、西岭晴雪。续八景：纳灵蕴胜、雄峰独秀、静观听荷、泗堤映翠、蛮王瀑布、朝阳飞渡、古寨突泉、五里碧潭。

——《凌云县志》第二十六篇，第五章，广西人民出版社，2007年，第850页。

隆林各族自治县

西隆旧八景：

龙岩吐雨，位于县城东南部六公里，即冷水瀑布。

金井神鱼，即者保鱼洞，位于者保乡同福村，鱼洞上部多土，下部为岩石，洞外有砌墙护井，泉井呈椭圆形。

古城鲜花，位于县城南部约5公里。三国时孟获一小部落酋长据险叠石扼守，故称城，从南天马山腰为大古城，山势向东延伸至五指山为中古城，经山溪裁断之东南部为小古城。其地石山林立，气势雄伟，怪石磷峋，峰回路转，山间城内多奇花异草，春夏之交，繁花竞艳。此景在西隆八景中列为第三，诗曰“城有鲜花仍号古”。

山如图画，位于县城南面，为县城之南障，山上青林长茂，间杂有居民，四季花果不绝，山路迂回，盘环上下，道旁花木连接不断，蔬圃错落，门户掩映。在县城遥望，幽明异境，雾里现山，空蒙幻奇，云环雾绕；夜幕降临，缕缕炊烟。每到春季，鸟语花香，绿叶如盖。

大雅高峰，位于龙圩（今田林县旧州）龙潭之后山第三层高峰，山峰高大雄伟壮观，上峰有一小溪流人下峰泥窦中。峰多松柏，树木参天，山峰中建有“魁星阁”，阁门额刻有“大雅”两字，正座题“魁星宝殿”，阁内侧有一竹林，间杂苍松翠柏，曲折上至峰顶，供游人观赏峰景。诗人王文黼题咏云：“使大块假我文章，万文奎光冲北斗。庆皇极新民雅化，九天风运转中和。”

龙潭夜月，位于今田林旧州镇，距小学约 40 米近河流湾角处有一潭水如半月形，长 10 余米，宽约 6.5 米，潭高于河面 70 余厘米。清光绪年间修整加巩，以方块岩石砌其边沿，以石栏杆绕之。于潭上方砌一防洪石堤，夏季降雨水浑，潭中仍水清如故。潭之两端建有六角亭和八角亭各 1 座，相距 17 米，间作三曲小回廊，廊中处有石阶 5 级下潭边，潭边植垂杨 10 余株。亭旁建有花台花，种有海棠、芙蓉、茉莉等。游人倚栏迂回观赏，月明星稀之夜，俯瞰潭中，水月明朗如境。此景在西隆八景中列为第六，诗曰：“月夜潭清水益凉。”因年久失修，防洪堤崩塌，山洪流沙淤泥淹没，已无遗残存。

红江桃浪，位于南盘江天生桥下游约 5 公里，即雷公滩。景之上截峭壁峡崖，江面窄而水位高，落差大，急流奔腾而下，江边缓流处随水流泥沙叠成长滩，滩中形成多处泞潭与附近地下河水连通，潭水常清，高差下泻激流触石，浪花腾起数丈，形成细雨空中飘流，日照斜辉，映成彩虹落霞。江中洪水与潭中青水相对流翻滚，恰似桃花朵朵在潭中浮现。诗人王文黼有诗云：

百鸟朝王，位于革步乡境内的安那乐多寨（壮语意为山似马鞍形，鸟飞不过，形容此山很高）。此景处于崇山峻岭、层峦叠嶂之间，地多松林，亦有冬青、樟、榆等树，于数株极大而苍老之冬青下，有 30 米高崖，直立如屏风，屏风前有一长约 3 米余，宽 1.5 米的石橙，石橙前有宽阔平滑石板，周围细草如茵，山花丛杂，满布其间，丛林中珍禽异兽数百种，每年旧历二月十二“花朝节”，春风送暖，百花盛开，林中百鸟先是孔雀、白鹤、锦鸡、白鹭、斑鸠等积于石板上，鸣声聒噪，众鸟闻之随而聚集，百鸟在石板上开屏对舞，引吭长鸣，各献技巧，尽情歌舞。山间水滴叮咚，蝉声四起，音回谷应。

——《隆林各族自治县志》第五篇，第三章，广西人民出版社，2002 年，第 762－764 页。

崇左

崇左市

龙马泉，在府南，峰近江，数穴与江相通，上有榕树，覆蔽成亩。或曰龙潜于此，即太平八景之“绿树神湫”也。

——（明）曹学佺撰：《广西名胜志》卷八，第 91 页。

龙马泉，一名咘马，在府治南对岸，世传有龙化马于此，故名。其水清碧，南入丽江。旁有古榕树十数株，天将雨，树荫下每见鳅鱼数万游跃。好事者目为“绿树神鳅”，为壶城十胜之一。

——（雍正）《太平府志》卷八，山川，第 92 页。

南津晚渡　明岑方

南津官渡迥，天晚起苍烟。负担客争路，立沙人待船。风波无□□，衣食足何年。借问营营者，谁谋早济川？

石门渔唱　黄谏

向晚孤城北，渔歌起石门。声从蘋末出，还向耳边闻。烟浦灯光烂，沙汀笑语喧。谁知嵓濑叟，不肯恋华轩。

绿树神湫　黄谏

隔江溪涧底，榕叶郁青青。神物深潜处，清泉自有灵。惠能□万卉，势欲卷南溟。村洞祈年者，时来倒绿醽。

南津晚渡　董应轸

夕阳芳树外，一叶泊清湾。争渡村夫健，欢呼土语蛮。未闻供役去，尽道趁圩还。载月芦花渚，簑衣一梦间。

笔架晴岚　郑宗维

群峰恒吐气，非雾亦非烟。练净岩前石，光浮雨后天。鹤归遥认树，豹隐不知年。合作文明兆，英才笔似椽。

——（雍正）《太平府志》卷四十三，艺文志，第 299 页。

壶关春色　杨凤

曲曲山城绕流水，巍巍雄据百二雉。壶关别自有乾坤，生意都从人事美。

笔架晴岚　杨凤

叠嶂丛中献奇异，乾坤秀气南荒萃。岚光时作彩霞红，不是巫山云雨意。

青连叠嶂　杨凤

数里青山如碧落，参差远近映楼阁。连城佳木匪长春，霜雪不经色不恶。

丽水归龙　杨凤

逝水滔滔望东注，石龙为砥转头顾。几时风雨暗空来，乘此飞腾上云路。

白云仙洞　杨凤

玉洞云深不知处，琼花瑶草自芳吐。仙人一去不复回，鬼物烦阿空守护。

绿树神湫　杨凤

阴阴夏树覆密叶，下有灵泉清且洁。泉可溶兮树可风，烦襟一洗净如雪。

山寺僧灯　杨凤

古刹依山地偏颇，沙门夜静无人锁。佛灯漏影出疏棂，望远犹疑鬼放火。

石门渔唱　杨凤

斜日石门明远郭，渔舟点点烟波落。数声叹乃天地宽，宠辱无惊多少乐。

南津晚渡　杨凤

扰扰红尘行役子，长途日暮犹未止。沙头独立唤船来，两岸青山暝烟起。

陇口樵归　杨凤

无媒径路多草石，妾苦一肩为谁役。出山撞过溪边翁，放下且谈先天易。

——（雍正）《太平府志》卷四十三，艺文志，第309页。

石门，在壶关外东北，其石突立江上，中通如门。时有渔舟唱和其下，好事者名为“石门渔唱”，为八景之一。

——（民国）《崇善县志》第一编，地理，山川，第34页。

白云洞，在城东四里，山腰有七岩，白云洞最胜，风景清幽，为一天然岩洞。石纹绚彩，扣之有声。葛洪曾炼丹于此，灶犹存焉。闽周璞书“白云洞”三字，刻石壁间。乾隆年间知府查礼、知县官儒章等修砌石阶，建设门户，尤为雅观。

——（民国）《崇善县志》第一编，地理，岩洞，第36页。

龙马泉，一名咘马，在城南对岸，世传有龙化马于此。其水清碧，北入丽江。旁有古榕树十数株，天将雨，树阴每见鳅鱼数万游泳。好事者目为“绿树神鳅”，为壶城八景之一。

——（民国）《崇善县志》第一编，地理，河流，第40页。

名胜

八景诗 排律一首，旧遗稿。

山寺僧灯万万年，青连叠嶂草芊芊。石门渔唱蓑披月，陇口樵归笠戴烟。绿树神鳅龙变化旧传有龙化马于此，白云仙洞鹤蹁跹。鳌峰耸翠悬花落，笔架晴岚胜碧天。

——（民国）《崇善县志》第九编，八景诗，第368页。

八景诗 七绝八首，谢家槐。

山寺僧灯

高僧造寺傍岧峣，地僻无尘远市嚣。夜半钟声惊客梦，孤灯一点露山腰。

青连叠嶂

重重叠叠尽朝阳，螺髻蛾眉巧样妆。色著丹青无限好，足供骚客补吟章。

石门渔唱

南浦归雅傍晚天，石门渐见起微烟。纳凉散步清幽处，渔舫歌声到耳边。

陇口樵归

偏从陇口破云来，几度攀藤上石台。长短茅柴刚凑足，归途恰趁夕阳催。

绿树神鳅

掉尾扬鳍上下浮，不随流水去悠悠。树阴以外无游泳，堪羡神鳅任自由。

白云仙洞

白云擘絮影重重，几片飞来洞口封。此日登临寻古迹，葛仙丹灶纪襟胸。

鳌峰耸翠

盼到奇形兴正浓，江心屹立指鳌峰。者边多少征帆过，其上青葱着雨秾。

笔架晴岚

三峰并立又分清，笔架奇观眼底明。雨后黛螺新景象，晴岚碧汉两争赢。

——（民国）《崇善县志》第九编，第368－370页。

左阳八景旧系十景，余因□俗删其二景，各有□载著。

金山雨霁，方位里数见前。山突出二石，□□数仞，怪石环拱，岩洞纡回。前州牧邓体静辟一洞天，岩镌“金山”二字，构亭于上，层峦耸峙，踰□桥入归云，蹑屐从巅。阴晴异致，春花秋月，黛石苍林，夏不知暑，冬可忘寒。当入摩詰之画，宜留青莲之诗也。

银甕晴霞，山临长江，起伏如甕。晴云掩映，□□金银之气。唐人句中“不贪夜识金银气，远□□□麋鹿游”似此景。

□岩挺秀，四面平畴，一峰拥峙，□分二层，□□□朗虚灵，登岩远眺，叠翠如云。

□感奇观，一水中流，奇石列峙，状若云□，花草□泉环布，旁通小岩，中有擎云罗汉佛子诸台，□花通天鼓洞。各洞洗心池、度绿桥、羽□□变□不测，极尽天然之妙，恍若方壶圆峤之境也。

龙潭碧影，平冈联络，一石擎天，若虬龙□秋□下，涌泉倒影，碧色澄泓，深不可测。土人□传有龙卧其中云。

桥江注润，一溪绕州，发源自陀□一清□合诸流而南入于江，所经粮田皆藉灌溉，乃□州之界□水也。

南峰晚翠，城南一带奇峰万仞，□□□□□□□□阻，绣错云生，时有佳气，隐是直侵，□□□席间，□日影含山，□轮返照，翠□□□，□□可夺□时之，中日卧游而不厌，折天地倒也。□极之地，而特为州人留此生色也。

鹤洞闻声，山岩耸峭，旁有陂塘，塘春夏溢，多□鱼□菰，诸鹤群聚和鸣，声闻数里。岩有四洞，怪石□峦，盘旋幽渺，殆隐者之居也。

左阳虽僻处荒陬，然山环水绕，动静自如。其发脉自巴吉村之麒麟山，过霞横岭，历马鞍山，经西亭教岭，至古榄开阳结治，半落平冈，半连绿野，南山耸翠，列嶂如屏，碧涧丹崖，嵯峨绣错，阴雨晦明，瞬息万变，岚光云气直侵几席间，朝夕卧游而不知倦也。桥江为州治之明堂界水，来源自陀陵之三清山，合诸流，经龙光二村□绕州前，南至逐渌，折流而北，复潆洄婉转，穿山度峡，南入于江，清澈可掬。

——（康熙）《左州志》卷上，山川，第 11－12 页。

左阳八景

金山雨霁

雨歇金山夜，朝来坐翠微。川原草色润，城郭火烟稀。万□排空立，层云傍日飞。阴晴俱有致，引望竟忘归。

银瓮晴霞

银瓮涵虚极，晴霞入野流。岚深积玉炼，波淼泛金瓯。水鸟时来往，江鱼任隐浮。独怀千古意，竟日坐汀头。

云岩挺秀

凌空势若逼，地僻景偏多。老树垂云幕，龙鱼攀□□。层岩当而落，二水绕田过。边远民生□，深惭五言歌。

博感其观

肩舆穿石径，选胜此山中。幻极林泉致，奇穷造化功。岩虚危欲堕，树密逼成丛。潇洒青云客，委蛇白发翁。

龙潭碧影

岭草迷中野，天光一鉴分。潭空涵落日，地冷护层云。介石危孤立，潜龙自不群。无劳齐谐志，父老口相闻。

桥江注润

桥江浅且隘，何亦以江名。首务终年计，春勤四野耕。田畴资灌溉，城郭藉迴萦。民歌感帝力，守牧乐舆情。

南峰晚翠

日暮天街静，庭空夜色平。夕晖联锦帐，佳气入边城。星鸟云间宿，牛羊岭上行。宜人民事古，闾巷有书声。

鹤洞闻声

地僻栖灵鸟，泉幽鹤见招。啄泥春水浅，摘羽渚沙遥。跳浪鱼初子，沿塘菰细苗。长鸣空四野，振翮□云霄。

——（康熙）《左州志》卷下，旧诗文，第 42－43 页。

编者按：此书的诗文收录有较多的八景诗，因本书篇幅有限，在此仅摘录部分。

龙州县

八景附：秀岭朝云、仙岩夜月、梦溪春钓、石坡晚霞、金鸡秋晓、双凤朝阳、古塞遗祠、紫霞岩洞。

——（嘉庆）《龙州纪略》卷上，八景附，第 5 页。

独山，在县治东八里，山顶有塔，作笔形，为一州之文峰，以其独立平田，故名，又名金鸡，为州八景之一，曰“金鸡秋晓”。

凤凰山，或曰双凤，或曰公母，在县治西里许，为县八景之一，曰“双凤朝阳”。

…………

石坡，在县城内三角塘南角岸上，高数尺，石上刻“石坡霞彩”四字，为邑八景之一。

…………

秀岭，在县治西南六十里，山脉自安南谅山省七溪州邱躺岭蜿蜒而来，至俸村隆然崛起，耸入云际，历九个村落，方陟至其巅。重岗迭嶂，高无其伦，岭上常有朝雾。为邑八景之一，曰“秀岭朝云”。

…………

厢山，在县治东南四十里许，山之半有洞，名紫霞洞，为邑八景之一（以上诸山在智字区）。

——（民国）《龙津县志》第二编，山川，第24－25页。

（下冻州）白马山，在州后山之半里，有洞曰紫云洞，为州八景之一，曰“白马连山”。

八峰山，距州十五里，山有八峰相连，为州八景之一，曰“八峰奇秀”。

流响岩，距州五里，附近伦村，岩广可容千人，内有流水，其声汤汤，为州八景之一，曰“深洞流响”。

——（民国）《龙津县志》第二编，山川，第26页。

登凤凰山有作　举人官郡守黄定宜县城人

按，凤凰山在县西里许，俗呼公母山，为龙州八景之一，所谓“双凤朝阳”是也。编者识寻水，欲穷源登峰必造极，一为陟其巅，川源何历历，乐奏钧天，山风低，回首青云步步梯。吾徒制胜，原有具小立山腰且漫题。

——（民国）《龙津县志》第九编，第157页。

龙州十景诗　举人赵勷县城人

双溪春钓

春游分燕尾，溪港夹州重。借使渔家乐，常多钓叟踪。锦鳞游可数，水鸟狎相从。定有羊裘客，烟波淡处逢。

古寨遗祠

聚落犹称寨，丛祠览肃清。烟村同社户，田野伏波营。阶下堆榕叶，林间息鸟声。应遗铜鼓迹，采掘访耕氓。

仙岩夜月

翛然尘外境，好是月常悬。光射烧丹火，寒生濯醴泉。无云台畔宇，不夜洞中天。冰鉴良宵彻，应来跨鹤仙。

秀岭朝云

屹作南天限，连山秀蔚云，龙湫嘘爽气，鸟道隐朝氛。行自阳台异，功应泰岱分。通灵霖雨寄，谁为表鸿文。

白马弹琴

何来江上琴，岩灵自成音。楚泊风弦送，吴门雪练沉。如闻山客啸，暗谱水仙吟。万籁无声际，惟从象外寻。

金鸡独立

鸡群谁可伍，独立向江皋。漫诩轩昂鹤，应同最龙鳌。诸禽皆辟易，万马自周遭。不惧符君子，方知介节高。

石坡霞彩

坡陀腾锦彩，磴道绚霞光。石想娲皇炼，衣疑织女襄。千重蒸地气，五色灿天章。安得仙人术，还求服饵方。

古甑龙泉

铁甕围山坞，溪通石弯泉。龙源深涌地，鱼路净浮天。泡突蒸云液，珠跳喷玉涎。尘缨随意濯，乘月弄沦涟。

二龙争珠

中流一颗珠，蜿蜒二龙趋。大力开川路，奇观揽地图。日华同荡漾，云气共驰驱。须让探骊手，珠藏献帝都。

双凤朝阳

可是鸣岐凤，飞来此邑中。分排齐向日，对峙共朝东。朱鸟星精降，金乌曜色融。吉人谁应运，萋莑颂梧桐。

——（民国）《龙津县志》第九编，第 159－161 页。

咏龙州十景

石坡霞彩

天地钟灵秀，风光妙不遐。石坡通小径，池水浸明霞。壁剩前人刻，烟生老圃家。无端余绮散，又见月钩斜。

古甑龙泉

溯尺双溪水，群峰耸太极。洞形丹甑出，泉势白龙如。树古低垂岸，波澄细数鱼。坐观行路客，归自上龙圩。

双溪晚眺

独立东郊望，灵源左右逢。涛声趋白马，桥影跨青龙。湍急鱼梁泻，溪鸣水碓舂。疏钟闻古寺，万户晓烟浓。

古寨遗祠

故垒萧萧处，将军古迹遗。铜应埋战鼓，俗尚祀荒祠。绕寨牛羊牧，连云稼穑滋。风来庭树晚，飒飒助英姿。

仙岩夜月

仙境尚堪寻，云封古洞深。何年天独辟，每夜月光临。榻任高人卧，诗多过客吟。最宜登绝顶，佳趣领山林。

白马弹琴

山水回环处，清音嗽石成。每当孤艇过，恰似古琴鸣。危塔参铃语，丛滩答磬声。伯牙应雅契，此地足移情。

金鸡独立

独远诸峰立，金鸡旧得名。形全征养到，神竦本天成。映水应能舞，惊人不易鸣。羽毛丰满候，草木为敷荣。

二龙争珠

二水齐趋赴，平沙一派屯。珠园洲不转，龙怒浪争奔。睡暖春流抱，声喧夕涨吞。谁能探颔下，会见鲤登门。

双凤朝阳

峰是飞来久，前身本凤凰。如何能化石，都为切朝阳。日落桐枝老，秋高竹实香。鸣岗知不亚，吉士利宾王。

——（民国）《龙津县志》第九编，第161－162页。

龙州新八景有序　区步桥县城人

龙州旧有八景，即县志中所载双溪春钓、秀岭朝云、石坡霞彩、仙岩夜月、金鸡独立、双凤朝阳、古寨遗祠、紫霞古洞者是也。然百八年来沧海桑田，几经兴废，兰亭已矣，梓泽邱圩，昔日名区，鞠为茂草。如石坡霞彩一景，只剩乱石，霞彩全销。旧址模糊，寒烟深锁，遗祠何处，凭吊无从。又如双凤、金鸡，虽岿然尚存，并无佳处。且近来新景，如保元宫、清风阁、中山公园、铁桥诸地风景宜人，堪称名胜，未获列入胜景，亦属缺憾。爰不采固陋，就现成者，编为龙州新八景，曰公园尝春、花桥观瀑、箕山秋爽、水阁清阴、沙洲烟雨、铁桥风月、文塔夕照、龙元仙洞各景，系以一诗，庶名实相副，质之贤者，以为何如。

公园赏春

中山公园在龙江南岸，为胡今予处长所创筑，韦世栋师长及地方人士继之，阅三年而工始峻。园中山水天成，台榭错落，岩洞清幽，每当春日百花竞放，灿烂夺目，游观者如鲫，寻幽探胜，兴尽而返。

胜境说金谷，初春暖日融。烟云归画本，锦绣满园中。地拓山兼水，花开白间红。亭台无限好，培植仗天工。

花桥观瀑

清龙桥，古名花桥。每当夏令，溪水骤至，穿桥入江，声洪洪然，水珠四溅，亦壮观也。

桥畔闲观瀑，双溪涌怒潮。银涛飞鹢首，珠沫溅虹腰。曲折来源远，奔腾气势骄。洪声鸣日夜，东去水迢迢。

篑山秋爽

篑山在中山公园附近，为前清庄蕴宽治边时所建，山石突兀，曲径蜿蜒，上有铁亭，至今翼然尚在。韦公世栋颜之曰浴日，石壁刻有“鸿雪”二字，庄所书也。重阳令节，来此登临亭中，翘首四野，萧然秋色，满目精神，为之一爽。

山近登临便，孤亭自翼然。摄衣穿曲径，极目见荒烟。怀抱迎秋爽，峰峦浴日妍。功怜亏一篑，鸿雪志前贤。

水阁清阴

清风阁，在城东里许，蔡公希邠所建，临江濒水，景致清幽。阁前古木参天，浓阴满地，鸟语格磔，尘嚣尽涤。其左有冷孝子祠，蔡公撰有碑记，嵌于壁间。祠以无人管理，久已荒废矣。

小阁临江渚，参天树影森。波明凝浅碧，地僻满浓阴。古木幽禽语，空阶蔓草侵。蔡碑犹在壁，读罢感难禁。

沙洲烟雨

牧马、七溪二水由越南来，会合于城南，结成沙渚数处。每当细雨霏霏，轻烟漠漠，绿波浩渺，江树低迷，气象万千，俨然一幅画图。

沙渚潆洄处，平开一画图。沧波何浩渺，烟雨总模糊。薄雾笼江树，湿云入岸芦。登楼闲眺远，芳草似茵铺。

铁桥风月

铁桥跨龙江两岸，形势雄壮，月明之夜，人来桥上纳凉，凭栏望江，举头看月，清光在水，冷风袭襟，夜景殊胜。

岸跨长虹影，铁桥结构雄。波澄常印月，夜静自来风。暝色江干满，渔灯水际红。流萤飞不定，点点入林丛。

文塔夕照

塔在尚武街，竹树环生，人家回绕。每当夕阳西下返射，塔影临江漾，颇呈奇观，隔岸望之，风景如画。

苍茫夕照里，孤塔倚江城。倒影波光画，凌空体势嵘。人家依阁住，竹树绕垣生。绝顶凭栏望，烟云眼底呈。

龙元仙洞

洞在将山，离城约八里。前清提督军门苏元春所建，其最高处曰天阙，登此遥望，全景在目，亦佳胜也。

仙洞五丁辟，玲珑四面开。烟霞浮阙表，楼阁倚山隈。壁削诗题满，客来鸟不猜。禅房花木静，此地即蓬莱。

——（民国）《龙津县志》第九编，第161-163页。

黄氏耐庵八景，见龙州纪略。秀岭朝云见舆地志、仙岩夜月见上、双溪春钓即广源七源两江合流处、石坡霞彩见金石志、金鸡秋晓即独山、双凤朝阳即双凤山、古寨遗祠见上、紫霞古洞见上。

赵氏安如十景，见与三诗草。双溪春钓、古寨遗祠、仙岩夜月、秀岭朝云、白马弹琴见上乐寿亭、金鸡独立即独山、石坡霞彩、古甑龙泉、二龙争珠即广源、七源两江汇合之沙滩，又名花洲春涨。

上下冻州八景：深洞流响见上、古渡回泽在州之下渡、白马连山即州之后山、青牛冻水州治河之上流、西泉跃鲤距州上游五里春水涨时村人作鱼梁以捕鱼、拂柳平桥即大盘桥古时杨柳成荫、二龙过江在州治下游有二石条潜横江中水浅时可见、八峰奇彩山有八峰相连距州十五里。

谨按，十景八景之说，由来尚张。昔贤以为傲，自宋迪潇湘八景图起，论者以为一县之大，求一佳山水足供流连玩赏，以属难得。为十为八，穿强凑合，为识者耻笑。余不敏，不敢附和昔贤，亦不敢随同论者。姑存之，俾资考证焉。

——（民国）《龙州县志初稿》，胜迹志，第362-363页。

凭祥市

凭祥八景

屏山拥月。屏山在州署后，即州之镇山，状如围屏，叠嶂层峦，排青耸翠。每当月上，则腾拥于山巅，一幅玉屏，精莹照耀，景致宛然。

白马斜阳。山去邑西隅二里许，即班夫人古墓处。相传夫人葬后，其英灵不泯，化白马于山崖。今山有白马形，州人每年醵赀省墓，妇孺毕至，少长咸集。时乎夕阳在山，人影散乱，群然歌咏而归，亦一修禊事也。

坎坵春晓。岭在邑之南三十里，岭势高耸入云，上有飞泉，每到春雨滂沱，则奔腾澎湃，倒挂而下。如瀑布焉。岭巅筑有炮台，凭高下视，最为得地。

蓬岛仙踪。岛去州邑三里，在邑东南隅。岛有岩洞，中供有观音神，洞外修篁千行，幽雅非常。每一登临，扑去凡尘，万解真有飘飘欲仙意。故当秋高气爽，文人逸士相携嬉游其地，载酒赋诗，为八仙之景至，夜乃旧，亦兴事也。

鲢鱼鼓浪。山去州邑南六里，山崖屹如壁立，中幻成白鱼，形势如波浪，掉尾扬鬐，栩栩欲活，真天造地设也。山中产白花蛇，故或以为即产白花蛇之所。

龙泉清流。井在州邑街南，其水清澈，味甘如醴，性和而温。邑人咸汲之，以形家者言州龙泉精于此，故名之。

莲塘表异。塘去州之西五里，属竹芽村。塘向不栽莲，然或十年，或八年忽自生，生则必有异征。康熙年间莲忽生，碧叶红花，争妍斗艳。时土牧李国栋踞牛岩为负固，大肆威虐，鱼肉乡民，奸淫妇女。民怨且叛，扑其全家于牛岩。适其妻归宁、有遗腹，后生李天锦。及岁，上龙土司乃代请始复职。咸丰间塘莲又生，土牧李仁达索民不遂，引匪入邑，大兴杀戮，俗谓四团之乱。经刘府宪及吴道宪禀于大府，请改流，事未果而两公皆罹红巾难。光绪三十年莲又生。人心惶惑，不知何兆。未几乃有土牧李澍培以不法致逃亡事，是莲之所以表异，亦昭昭矣。

玉洞天然。洞在连城旧提署后，距州邑北去五里，山间有洞，洞内石平如云，深入之曲折若螺绕。危崖怪石，剔透玲珑。前提督苏公元春增修后，亭台对峙，花木丛阴，名士文人过必游览，其天然胜景也。

——《凭祥土州乡土志·胜景》，光绪钞本。

扶绥县

新宁州四景：画山夕照、元洞朝霞、狮岩垂钓、笔嶂晴雷。

——（乾隆八年）《南宁府志》卷五，舆地志，第 252 页。

四景：画山夕照、元洞朝霞、狮岩垂钓、笔嶂晴雷。

——（宣统）《南宁府志》卷五，舆地志，第 183 页。

元洞朝霞　冼铎

古洞辟鸿濛，嵯峨矗太空。嶂开环左右，霞拥艳西东。岭月犹衔白，山花恰衬红。蔚蒸凝眺久，苍狗幻无穷。

狮岩晚钓

定有烟波客，狮岩水一湾。功名轻际会，身世不忧患。地许岩陵辟，矶猜渭叟闲。垂纶风月里，碌碌笑尘寰。

画山夕照

画山看不厌，一带映斜晖。碧落悬丹灶，绯霞锁翠微。龙头圩欲散，鸦背影分飞。兴极林峦晚，高吟步月归。

笔嶂晴雷

雏雉何须验，晴明忽听雷。鱼龙犹睡稳，桃李未曾开。号令麾千里，声闻彻九垓。如椽方贯耳，摛藻献蓬莱。

凤岭烟岚

凤岭推名胜，烟岚自昔传。天光低欲压，晴翠远相连。浮黛浑如画，凝螺分外妍。吉阳山水好，此景冠南天。

鸡岩帆影

鸡洞山腰辟，临流漾碧波。四围青嶂立，一片白帆过。影共轻云写，斑分夕照多。一声山水绿，隔岸起渔歌。

文水春波

文水城边绕，春风皱绿波。锦从天上濯，舟自镜中过。锞翠三篙涨，曲尘一线拖。皇仁膏泽普，僻壤沐恩多。

西塘秋月

一鉴明如洗，双坡孰与俦。举头休睨视，接踵好遨游。皎洁空云雾，光芒射斗牛。梯云应有约，折桂拟来秋。

——（光绪）《新宁州志》卷六，艺文志，诗，第558－561页。

瓶山洞，在城南三里那要村前，耸然特立，无所依傍，为县旧八景之一。山半前后均有洞，可容数十人，两洞中间相隔数尺。迨咸丰年间里人陆念堂与州牧避乱其间，凿一圆穴以通前后。光绪三十二年丙午募捐修砌石级，并建洞门牌坊，后续修洞前石栏及建山门。民国十四年复集资，建筑凉亭于山麓，增凿圆穴，稍高洞外之左。横过十数武有岩泉，春冬不竭。洞前稍下丈余，有一石坪突出，悬崖壁立，可坐十余人。右有小洞，亦可容数人。洞后有微磴，可登山顶。其天然之景固佳，而待于人事之整理尚多，犹未克臻于名胜。

——（民国）《同正县志》卷三，疆域，名胜，第107页。

寿星洞，城北八里，颇俄一山，石路曲折，绕山麓而入，古洞隆然，可容数百人。中间石乳所滴，或成莲台，或成柱。洞后幽邃，岩气凛人，有穴可通山后。昔村人避盗，尝住于此。洞口有田，嶂岭逼仄，无纵眺之处。旧志为八景之一。

——（民国）《同正县志》卷三，疆域，名胜，第117页。

旧八景

南楼晚眺即城南门楼；南桥夜月即城南石堤；屏山耸翠即城南瓶山，作屏，误；氹水澄清即城南氹江；西山爽气即城西茂山；坡窟洞天即城北寿星洞；云纹龙泉即城南凌□泉，作灵，误；榕阴瀑布或谓沫丙或谓沫包，均无瀑布。

新拟八景

东皇春望。城东二里为城治之左护，崇岗隆然，氹水潆其南。址隔岸有纱帽山俗名邑模，山下有村名邑模村。春二三月时，林麓竹树与畦塍瓜菜，新蕊初芽，景色如画，西望则嶂岭重叠，烟树环绕，东望则数十里外连山如云，愈远愈淡。仰观俯察，正不啻如读《兰亭序》，所以游目骋怀，足以极视听之娱，信可乐也。此处为龙头，扬串两路，趁圩之孔道，若能振兴实业，修成公路，将来商务辐凑，当必繁盛之一日也。

西岭冬烧。城西数里均是土岭，自臧狗俗名长久岭以至三台俗名山顶轿、栖霞俗名渌黄诸岭，悉绵亘盘郁，高落天外。每至隆冬残腊，霜风凋瘁，而樵牧之遗火者往往延至夜分，熊光烛天，如火龙灯市，照耀云表。韩昌黎之咏陆浑宛然在目。古人用耕以肥田亩，虽高峻无用，犹想见遗意云。

西岭观烧　曾瓶山

桥西嶂岭高不群，草木凋枯明夕曛。受尽风霜更被火，黄昏照耀山之垠。熊光烛天半天紫，远映幽谷迷烟雰。枯条残卉卷摧折，狐狸狂窜鸦翻飞。风复助之势愈炽，烨燃爆灶声遥闻。始似烛龙出洞壑，戏搏火珠吐妖氛。更如鳌山挂灯树，千株火焰燃缤纷。荒隅猛兽古所窟，谁为掌此山泽焚。莫是艮离演周易，文明终由草昧分。自古燎原未扑灭，崐冈玉石诚何云。独怜一炬为焦土，无数生命归燔炘。万物到秋要肃杀，或者天遣祝融君。但看一道远峰去，直欲腾空烧暮云。

南楼观稼。城南门为来薰门，门上有楼，全览一州之胜，四时之景皆宜。惟江蘋照日，云雁书空，人语夕阳，稻田争获。登斯楼也，睹风烟之萧瑟，感民物之熙攘，觉兵燹屡遭，江山犹是，盖怀古者固有滕王阁之思，而抚时者又不胜新亭之感已。此楼在咸丰乱时，久已倾塌。迨同治年间州牧张雨亭重建，足为登眺之所。

南楼晚眺　张翀

平临一望四峰低，春意相迎旧客跻。野寺连山云不断，空庭倚树鸟争啼。横吹稺子来荒径，眺饱佳人汲远溪。风过荔山香渐细，花飞处处点青梨。

南楼题壁　曾瓶山

纵眺此楼上，四围风景鲜。倒池天作底，环岭地疑边。古意来苍莽，遥情人渺绵。春郊都似画，花柳遍山川。

北洞寻幽。城北八里山，在坡只村后，形如寿星，故以为名。石径萦纡，循山麓而行，忽开一洞，广而且高，中间石乳滴成莲台，供白衣大士于其上。洞后微黑，有山隙通于山后。洞前土岭横列，颇觉幽僻，惜无旷远之观。惟酷暑三伏，炎焰蒸人，乘凉到此，亦消夏之一静境也。昔咸同乱时，村人避于其中，今闸门尚存。

瓶峰暮雨。城南三里，一峰孤矗，如阔颈瓶，当其烟雨溟濛，峦岫尽失，而此山独竦然卓立，有如高人。山半有洞，丙午春邑人移供大士于此，每届观音诞期，远近之进香拈谶络绎不绝，而妇女之奉佛者亦多到洞中，为人诵经。至夕阳在山，岚翠欲暝，清磬一声，觉岩嶂幽寂与尘籁俱定也。袁子才独秀峰诗云“青山尚日真如弦，人生孤立何伤焉”可以持赠。

甕江晓涨。城西南一里，为旧县西溪与麓冷溪合流之处，名为甕江，水本清浅，蹇裳可涉，惟渍雨盛涨，犇湍拍岸，涛势滚下，树欲浮去。士女伞笠而观，如广陵之曲江，若夫烟树初晴，碧山环翠，而圩人田妇，樵夫牧子之往来者，浅水平沙，临流容与，则又风传鸟语，恍闻沧浪之歌也。从前本有官渡，自光绪年间罢免乡役，今已建古阳桥于下流矣。

甕江秋涨辛乙　曾瓶山

秋霖几日渍连绵，古渡争看水涨川。闻道深山蛟入海，故教波浪涌平田。传闻甕水百年来，江涨无如此一冈。大树已翻洪浪去，黑云犹拥乱山堆。

石坝听瀑。城西八里，在那斛村东，为灌溉隔江诸田之水利，磊石截江，使水入沟浍以达下流，而江水之充溢者冒堰而过，落数尺高悬流，正如瀑布。旁有石岸出，可覆一席。闲中到此，觉山树幽静，风籁萧然，颇有柳子厚永州诸记之胜。坝为道光年间建造，近处陂堰以此工程为最大，故名大坝。

秋日在石坝听瀑　曾瓶山

秋老风日晴，寻幽约所往。携壶沿甕江，厂石覆盈丈。横坝激湍水，淙淙振林莽。相偕坐其下，颇得出尘想。既饮亦已醉，醉卧诗魂爽。萧飒泻瀑声，远答天籁响。其时空宇清，寥廓碧而敞。遥见青山巅，白云照高朗。四顾荒以僻，卷言获心赏。世事长悠悠，乾坤一俯仰。

湖堤步月。城南石桥为出甕江之路，左右两塘，水木清湛，往来人影倒悬其中。其外则一带平畴，曲折至于江岸，每当江山清夜，天云一空，而候田水者行歌阡陌间，与蛙声互答，俯视明月，则与潭水共澄鲜也。此本无所谓湖，因陆念堂于咸丰乱时将近城之田塘筑堤潴水，以为御贼之计，是为得名之始。

南湖有序　陆绍孙

城南本无湖，有塘数口，而江田约一里许。乙丑十月因宣隆各匪欲攻城，警报叠闻，遂谋筑塘外之高堤，塞水为湖，长而且阔，虽深浅不等，而一面如镜，较之东西各城门形势，尤胜焉。请从此始年年秋后，即筑堤为湖，不惟地利，亦水利之一法也。

咏南湖　陆绍孙

当门湖绕镜开奁，倒影终教影莫潜。堕底星光明雁度，浮空树色暗云黏。山城争比江城好，地利还看水利兼。插翅欲飞飞不得，岂须戈戟逞森严。

南塘榕树下小饮　曾瓶山

浮云游罢返天涯，依旧瓶峰此作家。山海万重今岭外，风尘两载惜京华。榕塘映碧仍飞叶，莲沼闻香未见花。相对杯樽共吟眺，黄莺啼处老烟霞。

瓶山野人曰：自都会以至郡县，皆有八景之名，固不徒游眺山水流迁风月而已。所以考时势之理乱，生计之盈绌，习俗之美恶，民物之盛衰，地方之文野，悉于是乎寓。然同正之有八景，大概仍沿其旧，惟稍为更改，以见风景之不离乎人事，并于每处绘为图画，而叙其情状，使闻者有恍然若临其境之思，是亦志例之所不可少也。

——（民国）《同正县志》卷三，疆域，名胜，第 121－126 页。

西山，城西一里俗名邑茂，在西溪、甕江合流之间，为旧八景之一。

瓶山，城南三里，为旧八景之一。详在名胜。

——（民国）《同正县志》卷四，形势，山岭，第 127－128 页。

咘丙泉，城西南十里，流入咘练溪，为县旧八景之一，曰榕阴瀑布。

龙潭，城南二里，即绫纹泉之尾，潆洄数十步，潴为一潭，潜流甕江。前清地方官祷雨必至之处，旧志为八景之一，曰绫纹龙泉。

——（民国）《同正县志》卷四，形势，山岭，第 133－134 页。

天等县

向武州十景之一　傅堅

洞府烟霞外，层峦接碧空。夜深天籁寂，钟韵入云中。万福洞天。

翠滴玉屏风，阴森松树丛。万山若拱揖，环向仰崇窿。松山尊荣。

向阳关上书，罗隐留仙笔。风雨任销磨，千秋永不泐。向阳关锁。

瀑布悬岩壁，珠帘天半垂。飞空银汉落，晴晓雨丝丝。水帘挂壁。

天马空中来，昂首层霄立。化石尚腾骧，安能受羁絷。天马昂首。

——（乾隆）《镇安府志》卷八，诗，第 68－69 页。

向武土州

天马山，州西里许，马首昂然，有腾霄之势《通志》。为向武十景之一，题曰“天马昂霄”。

松山，州南，环列署后，体势庄严，与天台山相连《通志》，为向武十景之一，题曰“松山屏峙”。

天台山，州署后里许，层峦耸翠，环列九十九峰，中一山卓立如台，平广数百丈，茂林修竹，曲径横桥，极幽远之致，足供游眺。相传宋时有隐于此者，石台、石池遗迹犹存，为一州胜境旧志。为向武十景之一，题曰“天台晚照”。

独隆山，州北四里，石壁嶙峋，中有三岩，逐层悬梯而上《一统志》，中一岩，曰万福洞天；最上岩有释迦像，岩石自成者《通志》。在州北偏东二里，高峻耸拔旧志。为向武十景之一，题曰“万福洞天”。

…………

百感岩，州东三里，石室宏敞，顶通一窍，潭水汇于岩下，石乳晶莹，岩上石梁，巧夺天工，人不能跻旧志。为向武十景之一，题曰“百感仙岩”。

苍孟岭，州东二十五里旧志作九十里，高峰叠嶂，四时烟雾，人迹罕到俱同上。又作苍日州北八十里，相传为狄武襄屯军处，遗迹尚存。为向武十景之一，题曰“苍日屯云”。

——（光绪）《镇安府志》卷十，舆地志三，山川，第205－206页。

向阳山，州东六十里，崇山对峙，一路中通。壁上大书“向阳关”三字，相传系罗隐仙笔，历久不灭旧志。为向武十景之一，题曰“阳关锁钥”。

八仙山，在州□□里，石壁上有八仙像。为向武十景之一，题曰“八仙遗迹”。

…………

水帘滩，州西南五里，两溪合流，瀑布落于深溪，状若垂帘旧志，土名呼泉水。为向武十景之一，题曰“水帘挂壁”。

…………

万年井，在州署后龙山旁，有石窝积水不干，石侧有虾蟆形。为向武十景之一，题曰“万年古井”《探访册》。

——（光绪）《镇安府志》卷十，舆地志三，山川，第207－208页。

宁明县

枫门岭，在城东北二十里，隔河为陆路赴太平府之大道，有汛兵戍守。岭上砌石为拱门，如城门状，俗呼为交贡岭。相传前朝交趾入贡，于此岭交点贡物。拱门上有“雄镇西南”四大字，嘉靖二十五年三月初三日照磨董浴下一字蚀书。其山气势宏阔，行路者于此小憩，俯视川原，心胸开拓，清风时至，习习生凉，亦胜境也。道光中，卢翰坡司马昆銮有诗云：“一符分领出边城，远上秋山策马鸣。卅里清风森茂樾，半林黄叶熟新橙。屏藩西粤开蛮服，冠冕南天指客程。荒僻尽知尊帝极，层楼高拱白云横。”盖拱门上祀真武，北向，故结联云尔。

珠山，一名英山，在城东北十五里，其山壁立直临江水，上半凸出如龙额，下半正平如削。旧传有渔者于黑夜时见光影如灯，往来闪烁，疑其珠也，因以为名。山之上游百步许，于道光庚子年崩下一石，其声如雷，至今江路有乱石堆叠纵横，即昔年所崩下之碎石也。占者以为再逢庚年必有大乱，果至庚戌年而盗贼蠡起。愚弱冠时，计偕北上，舟晚泊于此，曾有诗云：“一声款乃一帆风，恰到珠山系短篷。客路乡心流水外，船头人影夕阳中。崖悬四壁盘孤隼，沙回如霜落断鸿。好是晚霞时点缀，选词合唱满江红。”附录以志一时风景。

挂榜山，俗名丛珥囊，在州城东南二十余里安马村后，俗传昔有女仙降此，今其宫阙遗址尚存。然此特齐东野人语耳，大率昔人于此建立庙宇，久而毁圮，故其名。础砖瓦间有存者。山中古树轮囷，一水萦绕，山椒有洞，素无居人，而黑夜望之如灯光然，所谓“榜山光焰”也。山多草药，习草药者皆往来采取，然苦幽邃，入者往往迷其出路，故须裹十日之粮然后得出。闻诸采药者云，其草多不知名，与原隰之草不类，盖奇境也。

——（光绪）《宁明州志》卷上，山川，第 14－17 页。

耀岭，在州南半里，每江涨时登岭四望，见州城及近水各村，烟树隐约，泛泛水中，风景殊胜。

——（光绪）《宁明州志》卷上，山川，第 20 页。

磊落山，在州东南四十里，自山麓上山顶，约五里许，山背即土思州界。土山戴石，形状诡异。旧传中有银窖而不可取，故谚语云“马乱嘶开得此山时，养活广东与广西”。山下有流泉，附近之田资其灌溉。山深，多猛兽长蛇，蛇能吞小鹿。光绪辛巳六月间，近山之派垂、四贯等村见山上有白人成群，骇而趋视之，则无。所见盖云气也。至八月中秋节江水大涨，涨高于历年所涨之数几二十丈。父老曰：此山出云有异形，主大水也。一名雷麓山。每朝日初升，光彩炫耀，令人流连不尽。

——（光绪）《宁明州志》卷上，山川，第 22－23 页。

鸣琴洞，在州西三十五里，白马山石壁，隐约如白马形，因以为名。山内有洞，洞凹处有流泉，洞上石罅有滴水，水滴泉鸣，自成琴韵。前郡守查俭堂先生礼有石刻诗："望望白马山，山骨尽屹立。阴薄日影偏，松柏覆如笠。不知岩壑深，但觉衣裳湿。泉声弄鸣琴，古调奏缓急。高山既我招，流水复我答。我志恒于斯，幽赏今始惬。惜哉往来稀，枯桐我空挟。乃以属洞名，应喜知音狎。"洞中石刻予未亲见，但闻诸人言而不能举其辞，后得公后人所刊公集名《铜鼓书堂》遗稿者，具载此诗，题为《游白马山鸣琴洞》，题下自注云"洞旧以山名，今改曰鸣琴"，因知所谓石刻者，其为此诗无疑，因亟录之。又按集中诗皆编年，此诗编在乾隆二十五年庚辰，此诗之后缀以《二月二十五日启镇南关纳安南贡使》诗，盖因启关而便道来游也。

——（光绪）《宁明州志》卷上，山川，第 23－25 页。

东湖，在城东三里许，旧传其地原系一村。某年村中忽见一白牛自外至村中，人以牛之无主也，杀而分食之。有老寡媪无子，众不分其肉。翼日有一父老问媪曰："白牛之肉，汝亦与食乎?"媪以未与对，父老曰："不食甚好。"明日，一村尽陷为湖，独胜一土地祠及老媪屋耳。至今湖水虽大旱不涸，人意其有龙也。州中每值岁旱祷雨，于湖边设坛，集诸道士诵经，官即坛行礼毕，遣渔者网鱼得鱼，则以朱笔书求雨状纳入鱼口，仍放湖中，使达诸龙，每每即日得雨也。一名醲湖。湖中莲藕自生，夏月花开，为避暑之胜地，惜无好事者为建憩亭也。

——（光绪）《宁明州志》卷上，水泉，第 35－36 页。

蟹沱潭，在排莲村，即交趾河所经历者。每将大雨或江涨，则潭底有声，如殷雷，盖龙吟也。村人候之，岁岁如是。

——（光绪）《宁明州志》卷上，水泉，第 36 页。

附十景：

榜山光焰，详见挂榜山条下。

玉井清泠，详见杯玉泉条下。

马洞仙琴，详见白马洞条下。

蟹沱雷鼓，详见蟹沱潭条下。

珠山晚泊，详见珠山条下。

枫岭秋吟，详见枫门岭条下。

雷麓朝暾，详见磊落山条下。

明江夜月，详见明江条下。旧传洞郎村尾滩水中有石堆，水流激石，潺潺有声，中有一石正平，月印波心，波翻而影不动。后土府凿取此石，月影遂涣散，非复旧观云。

醴湖消夏，详见东湖条下。

耀岭观澜，详见耀岭条下。

——（光绪）《宁明州志》卷上，十景，第 39 - 41 页。

按，思明旧志以太子清泉、枫门峻岭、明江夜月、将台夕照、莲塘风雨、飞仙碧岩、龙蟠叠嶂、仙人戏奕为八景，盖皆指明江一边，而未及宁明也。州中前辈农勉之先生有编宁明八景诗，又以明江古渡、洞岳朝天、竹涧烟云、珠山关锁、弹琴白马、壮武红门、半月东湖、如银泉水当之，亦指宁明一边而不及明江，盖其时犹分疆界故耳。今明江既并入宁明，则当合两边之景以为景，而不必泥古人之陈迹矣。又况时移世易，沧海桑田，考明江八景所谓仙人戏奕、飞仙碧岩者，今皆不能确指其处，或以为即挂榜山中所有之景，而莲塘则已变为稻田，将台只一土坡，无可眺望。农先生所编之竹涧烟云、如银泉水，今亦不知其所指。而洞岳已变为畲地，明江古渡、壮武红门亦无可观，故余窃以已意，僭为并合，略为更改。其明江夜渡，仍旧志也。玉井清泠、枫岭秋吟、雷麓朝暾，即旧志之太子清泉、枫门峻岭、龙蟠叠嶂也。榜山光焰，即旧志之飞仙碧岩、仙人戏奕也。珠山晚泊、马洞仙琴、醴湖消夏，即农先生之珠山关锁、弹琴白马、半月东湖也。其蟹沱雷鼓，则余闻诸村人，耀岭观澜则余所亲历，特附编焉。

——（光绪）《宁明州志》卷上，十景，第 42 - 43 页。

钦州、防城港、北海

钦州市

文笔山，在州城南五里城东厢，平地特起一峰，圆净尖秀，形如卓笔，故名。此州治之朝山也，南望大海，北望州城。八景“文峰卓笔”是也。

——（嘉靖）《钦州志》卷一，山川，第10页。

编者按：钦州古八景在明嘉靖《钦州志》写为三石吐奇、文江横带、文峰卓笔、鸿台环壁、龙岗纳翠、玉楼青气、龙桥出水、玉井寒泉。清康熙、雍正、道光《钦州志》和民国《钦州县志》列举的八景：文峰卓笔、玉井流香、一江横带、三石吐奇、鸿亭点翠、龙泾环珠、灵潭沛雨、元岳凌云。

钦州滨海，而郡望火岭名扆其北，望州岭名侍其东，天击岭名峙其西，文笔岭名前屏。两旁之山，东西合抱，结为龙门锁钥，喉襟钦江，渔洪二水夹流，左右会于猫尾，由龙门以入干海，巨溟南浸，无极接天，中州之地至此而尽，十万大山横跨西维，界分华夏，虽无崇山峻岭之藩维，而有自然金城汤池之固，实一方之形胜也。附八景如左。

三石吐奇吟石、钩石、醉石，文江横带即孟涌小江，文峰卓笔即文笔峰，鸿台环壁即鸿飞亭，龙岗纳翠即林公祠，玉楼清气即州鼓楼，龙桥出水即平安桥，玉井寒泉在龙门。

——（嘉靖）《钦州志》卷一，形胜，第18页。

钦南八景

文峰卓笔　董廷钦

玉削孤峰彷嶜峨，倒看红日漾琼波。凭空突兀三茅峙，远树参差百雉罗。珥笔岩头聊斗落，振衣岗顶疑云过。试看棫朴深深绿，从此天涯紫气多。

玉井流香　董廷钦

相传仙子寄奇踪，一浚银河玉井通。任是桑林源不涸，却于卤海淡还浓。

琼浆液信流三岛，碧练澄看彻万重。最羡防湖堪饮马，闭关无事拜玄穹。

一江横带　董廷钦

夹岸洪江波乱流，片虹长系水天秋。千年已作黄河带，五夜何劳白雪舟。每为临渊修汉网，闲从弄月淬吴钩。文澜自此罗关住，无数金鳌出海头。

三石吐奇　董廷钦

鞭石神皇墓不收，偏留海角砥中流。云移月影三溪动，风送涛声万壑幽。仙去尚疑浮磬立，客来还喜渡杯游。为予重扫星芒落，片片晶光错斗牛。

鸿亭点翠　董廷钦

平江合沓俯灵秋，鸿去亭空水自流。一壑松风呼过鹤，三滩沙色惹浮鸥。坐凌璧翠长裾湿，步入盘涡短屐愁。细洗碑苔今已蚀，何人更续衮衣谣。

龙迳还珠　董廷钦

龙江一曲远营隈，水满堤罗迳迳开。七十二溪分复合，八千万里去还来。川鲸渐借珠帘洞，海蜃频嘘碧玉台。谷口桃源如有路，渔郎误入几时回。

灵潭沛雨　董廷钦

古潭灵物总难名，浴日腾云万象惊。空谷若藏神女国，深郊如傍海王城。会来野涨冲平陆，骤结阴濛溠太清。但得钧调霖雨顺，不须渔毒耗群生。

玄岳凌云　董廷钦

苏湖堤畔吐琼壶，梵阙当年一镜开。缁幔缤纷扶上帝，金舆缥缈度如来。烟浮五岳云为壑，气结三垣象是台。步入玄宫霄汉近，不妨公暇日徘徊。

——（崇祯）《廉州府志》卷十三，诗赋志，第 246－247 页。

编者按：（康熙）《廉州府志》卷十三“诗赋志”（第 290 页）、（雍正）《钦州志》卷十三“诗赋志”（第 459－460 页），亦是收录此钦州十景，其内容与（崇祯）《廉州府志》一致，在此不再重复辑录。董廷钦是明代钦州知州，闽县举人。

醉石，在振民桥下江中。陶弼每置酒，酌于其上，必醉方止。今前为三石，八景之一。

——（雍正）《钦州志》卷二，地理志，第 336 页。

八景

文峰卓笔。城南五里，正面峙起如笔，即尖山岭，旁有三山。守陶弼常游此。

玉井流香。在龙门山旁，水从石出，潮至淹之，潮退则甘洌不竭。时奇迹也。

一江横带。即钦江，流绕州城。

三石吐奇。在江水中，一吟石，一钓石，一醉石。宋陶弼常游憩此。

鸿亭点翠。在东门外沙洲上，四水环抱，丛林菁翠，有鸿飞亭、水月阁，州之胜境。

龙迳还珠。即龙门七十二迳，山水环通。

灵潭沛雨。在城东北五里，潭深叵测，岁旱祈雨，捣药洗潭，雨庶即响。

元岳凌云。在城东北一里，突起冈峦，上有牌坊、元帝观、观音庙、文昌阁。

——（雍正）《钦州志》卷二，地理志，第338页。

文峰卓笔　八景　李五美明知州

选胜登峰一眺过，市槐山翠入眸多。孤林半壁平欺堞，直接三垣欲泛河。风起青蘋余两腋，暮来倒影艳层波。吮毫赋就惊□阖，云径从今显□□。

玉井流香　李五美

石泉活活恁情盈，似挹天河次第倾。虎跑风生穿海眼，龙□雨过沸涛声。香开玉液还消温，凉□金茎可折醒。捋髯且将看鬓照，娱乐好在□□□。

一江横带　李五美

一江如带趋绕城，堞影江云任斜横。夹渊香浮新酿绿，千家灯映白沙明。竿迎吹浪鱼钓□，桨□牵菱鸥不惊。高唱渔歌声裂石，庭闲仿佛坐□验。

三石吐奇　李五美

兀矶涡盘水国幽，微风荡漾迥飕飕。不知鬼斧何年凿，讵有神鞭一夜投。云静江干疑虎踞，潮平沙际狎鸥游。中流此日还为砥，岂是随波沉与浮。

鸿亭点翠　李五美

高鸿憩羽暖滩沙，为构幽亭隐翠葭。鸿去云分天际杳，亭空江抱水湾斜。乾坤万里浮萍梗，风雾三秋老岁华。遵渚正惭归未得，那堪回头双飞鸦。

龙迳环珠　李五美

□□□恬人归□，潮来涧处海门通。珠□□□鲛人室，蜃气遥消汉将铜。去路苍茫千顷白，归舟明暗几林红。乘时在德宁须险，谁勒天南锁钥功。

灵潭沛雨　李五美

甃潭窈窕入龛幽，乳湔缦缨珠自流。岂有惊雷翻石濑，无烦毒药动寒湫。云封谷口烟还湿，翠滴崖边雨欲浮。坐笑一时百态出，起看禾黍已油油。

元岳凌云　李五美

冈峦突兀当元岳，梵阁祠宫自迥然。钟鼓晨昏烟雾杳，湖山酬对水云还。孤城夜眺星连炬，瘦岭春耕土赠□。帝座有灵绥海国，迎芒三见锡丰年。

——（雍正）《钦州志》卷十三，艺文志，第460－461页。

编者按：此志所收录的八景诗甚多，在此仅部分摘录。另外，（道光）《钦州县志》卷十二，“艺文”亦照样收录董廷钦的八景诗。在此不再重复收录。

三石吐奇八首选三　李五美明知州

兀矶涡盘水国幽，微风荡漾迥飕飕。不知鬼斧何年凿，讵有神鞭一夜投。云静江干疑虎踞，潮平沙际狎鸥游。中流此日还为砥，岂是随波沉与浮。

鸿亭点翠　李五美

高鸿憩羽旷滩沙，为构幽亭隐翠葭。鸿去云分天际杳，亭空江抱水湾斜。乾坤万里浮萍梗，风露三秋老岁华。遵渚正惭归未得，那堪回头暮飞鸥。

灵潭沛雨　李五美

甃潭窈窕入龛幽，云自无心水自流。岂有惊雷翻石濑，无烦毒药动寒湫。烟封谷口青都活，雨过崖边翠欲浮。坐笑一时百态出，起看禾黍已油油。

——（道光）《钦州县志》卷十二，艺文，第245页。

编者按：此志所收录的八景诗甚多，在此仅部分摘录。

八景

（一）文峰卓笔。文笔山，城南六里，亦名尖山，当州江水口，为州治关锁旧志。一名镇安峰，山峦峭拔，状如文笔《清一统志》。按此山巅，建有尖塔，不知若干年，塔顶栽茅一根，清秀雅观，县署对向。民二七年，被军队拆去塔，可惜，然山顶仍尖如笔。

（二）玉井流香。在龙岛，水从石隙，潮至淹没，潮退仍甘冽，固奇迹也，《朱志》。按此井在龙岛沙背海坪，游斯地者，欲得一睹以为快。

（三）一江横带。在州南五里，即州江环绕《朱志》。按此江湾环最多，曲如巴字。

（四）三石吐奇。一钓石，在城外天妃庙前，宋知州陶弼尝钓其上。二吟石，在东门江中，有石窟，为弼吟诗处。三醉石，在振民坊江中，弼尝酌酒其上《清一统志》。钦有天涯亭，廉有海角亭，并南辕穷途也。昔余襄公守钦，为直钓轩于亭之东偏，即江滨之三石，命曰钓石、醉石、卧石《岭外代答》。

按三石，在民二十年，林总纂各刻石名二大字于石上，又因吟石不可寻，特刻吟石名于崇宁寺之大石块上以替代之，蔡夏廷访。

（五）鸿亭点翠。在东门沙洲上，四水环抱，丛林青翠，有鸿飞亭、水月阁，《朱志》。

（六）龙迳环珠。即龙门七十二迳，错落相连《朱志》。

（七）灵潭沛雨。在城东五里，潭深叵测，岁旱祈雨，捣药洗潭，雨应如响朱志。龙潭在县东北十五里，其深莫测，相传有龙居此，岁旱，捣药洗潭，祈雨辄应旧志。按龙潭是龙湾无疑，清光绪中，曾有州牧往祈雨，名曰打龙湾，至今传之。

（八）元岳凌云。在城东二里，突起冈峦，坊建文昌宫前，朱志。按元岳一坊，凌云一坊，古迹在今北府庙岭冈，现为省师校址参看下青龙庵条。

——（民国）《钦县志》卷二，名胜志，第428－429页。

明嘉靖《钦州志》载的八景是：三石吐奇、文江横带、文峰卓笔、鸿台环壁、龙岗纳翠、玉楼青气、龙桥出水、玉井寒泉。清康熙、雍正、道光《钦州志》以及民国《钦县志》列举的八景：文峰卓笔、玉井流香、一江横带、三石吐奇、鸿亭点翠、龙泾还珠、灵潭沛雨、元岳凌云。……

清乾隆进士、翰林院编修、州人冯敏昌吟钦州八景曰：文峰卓笔插浮虚，元岳凌云步帝衢。三石吐奇光殿策，一江横带束朝衣。灵潭沛雨开时化，玉井流香濯素珠。龙径还珠居胜地，鸿亭点翠庆盈余。

——《钦州市志》，广西人民出版社，2000年，第1190－1193页。

灵山县

西灵山，即石六峰，在县治西一里永宁坊。其山纯石，平地耸出六峰，巑岏奇秀，内一峰，曰龟峰。龟，灵物也，故曰灵山，因以名县。自县望之若屏。唐贞观中，始移县治于下。八景云“石六锦屏”是也。

——（嘉靖）《钦州志》卷一，山川，第12－13页。

罗阳山，在县治东二十五里，洪崖都，山极高大，陟其巅，往复尽一日之力。发脉自广西贵县郎济江，蜿蜒而来，重叠数十峰，凡百余里，登高四望，北见广西贵县，东南见广西兴业县，西见本县。山上一石，广方丈许，傍有俯竹，风摇则拂其石之尘，世传为仙迹。山峙于县之东，日出必先照，故名，罗阳八景云“罗阳仙迹”是也。

…………

辘轳山，在县治西南三十里劳岳都。其山高大，发脉自合浦县万安乡，四时多雾，秋尤甚。世传古有六香炉飞集其上，故名。旧志：山多芦竹，故名辘轳。八景云“辘轳烟雨”是也。

…………

松柏岭，在县治西北永宁坊，去城百步许，发脉自峰子岭，产松柏，故名，乃县治之主山也。八景云“北岭松琴”是也。

——（嘉靖）《钦州志》卷一，山川，第13页。

南岸小江，即乌江也，在朝阳门外四十步许，发源自洪崖都大龙山，经流下平狮子湾，合峰子岭下小水，绕县治而南，转而西至三水口，合南岸大江。舟楫少通，灌溉田约十余顷。八景云“乌江玉带”是也。

——（嘉靖）《钦州志》卷一，山川，第15页。

石井，在县治西北永宁坊一里，泉自石罅出，大旱不涸，夏凉冬温。八景“方井香泉”是也。

——（嘉靖）《钦州志》卷一，水利，第17页。

灵山

三水襟裾，乌江旋带，梁冠山耸秀于南。马鞍、石六诸峰东西对峙，峰子岭发脉于龙池之巅，重岗叠翠，山川盘郁，地势融结，此一方之形胜也。古人建邑于此，盖不偶然。今附八景如左。

乌江玉带即南岸小江，石六锦屏即石六峰，西桥环秀即环秀桥，北领松琴即松柏岭，辘轳烟雨即辘轳山，三海风云即三海岩，罗阳仙迹即罗阳山，方井香泉即石井。

——（嘉靖）《钦州志》卷一，形胜，第18页。

灵阳旧八景

罗阳仙迹

绝巘长迎旭日光，仙人会此曝霓裳。花阴拂石无尘到，惟有薜萝挂夕阳。

石六锦屏

翠色层层绕壁峰，堆霞灿锦护花封。相连直上巫山半，却胜巫山十二重。

西桥环秀

水急滩高一曲深，平桥横卧蘸波心。溯回秀浪浑如玉，不许尘埃半点侵。

北岭松琴

苍盖当年抚秀琴，依稀太古奏韶音。一从罢却南山调，余韵铿然可再寻。

辘轳烟雨

插汉峦峰景转赊，峰头微雨淡烟遮。凭高一笑乾坤老，芦荻苍苍石径斜。

三海风云

三海岩深幽壑天，岩前飞鹤几翩迁。清风满洞仙何在，借尔云根一醉眠。

乌江玉带

一湾江绿抱山城，浪接长天一色清。玉润珠辉环作带，灵阳千古仗波平。

石井香泉

块石中涵万象春，溜成寒碧净无尘。等闲一掬清香味，洗得黎元个个新。

——（崇祯）《廉州府志》卷十三，诗赋志，第 247 页。

编者按：（康熙）《廉州府志》卷十三“诗赋志”（第 653 – 654 页）、（雍正）《灵山县志》卷十二“诗赋”（第 436 – 437 页）、（乾隆）《灵山县志》卷十二“艺文”（第 673 – 674 页）均亦是收录此灵山十景，其内容与（崇祯）《廉州府志》一致，在此不再重复辑录。

灵山十景

龟峰旭日

石峰列锦识玄工，凤薮麟郊瑞气通。千古灵阳称盛邑，海云捧日上城东。

鹤岭秋云

骑鹤仙人去未还，空遗鹤岭在人间。欲凭双屐探奇胜，赋就秋风意自闲。

天堂钟鼓

盘云绝巘并天堂，八景玲珑曙色光。石鼓地中时一叩，恍然身世缆仙航。

海屋烟霞

沧海桑田转几圜，烟霞叠叠岭云关。瀛仙植遍长生草，何问当年采蚌还。

松琴叶奏

琴堂遥向北松丛，调奏南薰纳午风。一鹤闲庭尘不到，泠泠天籁透帘栊。

宝镜流辉

一轮遥镜玉峰寒，四照秋空万顷宽。应是天工怜瘴域，清光磨就谪仙看。

龙潭霖雨

灵潭曲曲蛰虫宫，洗彻蛮烟瘴土风。天造地藏应不偶，蹇予惭负作霖功。

仙石阳春

当年仙子下蓬莱，片石残棋扫绿苔。我亦爱奇凌绝巘，独余朝旭射峰隈。

文峰绣石

天工锄尽六峰云，块石分明五色纹。海国地灵人固杰，殷勤抱璞献明君。

砥柱洪涛

戍楼角鼓傍山城，赤水奔湍玉练明。吹浪长鲸惊鬣破，炎陬此日罢戈兵。

——（崇祯）《廉州府志》卷十三，诗赋志，第 247 – 248 页。

编者按：（康熙）《廉州府志》卷十三“诗赋志”（第 654 – 655 页）、（雍正）《灵山县志》卷十二“诗赋”（第 437 – 438 页）、（乾隆）《灵山县志》卷十二“艺文”（第 674 – 675 页）亦是收录此灵山十景，其文字内容与（崇祯）《廉州府志》一致，在此不再重复辑录。

砂石井，在县西城外一里，从石中涌出，味甚甘洌，井口仅可容汲器，藉灌田数十亩。八景之一，旧志有诗。

——（乾隆）《灵山县志》卷二，第 479 页。

上思县

上思州四景：三台拱翠、开怀泉石、明江晚照、秀岭开祥。

——（乾隆）《南宁府志》卷六，舆地志，第 266 页。

四景：三台拱翠、开怀泉石、明江晚照、秀岭开祥。

——（宣统）《南宁府志》卷六，舆地志，第 191 页。

八景四奇总说　黄步青

县地原有山川胜境以供人游玩，待人品题，而人了无一说，是山川负人耶？抑人负山川耶？吾恐山川将欲笑人矣。今得目之所见，与父老之所传者，约略屈指，殆有八景四奇焉。

三台拱翠

三台，在城北里许，县城之来脉也。山头突起三台，形如覆釜，树木阴翳，翠拱县城。登巅四顾，群山罗列，村落人家，瞭然在目。盖龙脉之所系，亦登高之巨观也。

弄怀泉石

弄怀岩，在城西二十里，岩内怪石层叠，胜状最多，清泉湍流，深不可测，奇草异卉，四时具焉。游人执炬而入，百端离奇，莫可名状，令人有尘外之想焉。

明江晚照

明江，在城南半里。其水发源于十万山，曲折逶迤，百有余里，流至县城南门外成一深潭。尝于日入后临江一望，日影犹印潭中，故名明江。后有人将江中大石削坏，以致潭移提崩，日影不复如前。

秀岭开祥

秀岭，即独秀山，在城南十七里，于山顶突起一峰，尖如笔，与诸山异，所谓“千寻凌汉表，一点耸云端”是也，殆亦思阳文明之象欤。明嘉靖十三年，知州陈世瞻迁学宫于东门内街，正对此笔，果然科名鹊起，获集嘉祥焉。

凤凰雾带

凤凰山，在城南三十里。其山脉从十万山来，突起峻岭，名顶筛山，即梯头山，分两大支，如凤凰展翼，直向县城卓立，宛如来仪之状。当晴朗时，有白雾横拖半山，平如水，甚属悦目赏心。

印潭回波

金印潭，在城南七里。相传明成化年土裔黄富、黄鋆兄弟争袭，其母忿恨弃印于潭，砂石团结成一小印星于潭中，永不崩没，水冲则波澜旋转，实属雅观。人恒以此印星之浮沉卜米价之贵贱。若印上草木丛生，猛虎必多，历验不爽。

应天晴岚

应天池，在城西四十里界岭之上。池水四季常清，有时雨多而水不满，旱多而水不涸，若其水溢流，必卜丰年。池畔桃花春开似锦，当天气晴明，游鳞浮沉，四面岚光，最堪娱目。自大乱后，土匪往往杀人而弃诸池中，今则鱼多不见，桃花亦无所有。府志误为运天池。

温泉晚眺

温泉，在城北十五里。昔传鲁城南地志谓有温泉，兹县属亦有之，在蕾卢山左偏。泉从石中涌出，其气薰蒸，四时常暖，泻下成为小溪，诸村田塘皆资灌溉。晴天登高远望，境内峰峦城廓草木，一览无余。

——（民国）《上思县志》卷六，八景四奇，第35－37页。

高滩鱼卜　附四奇迹

鱼卜滩，在城西七十里，即百竜村滩，每年三月节无论男女皆来踏青。滩下春水氾漾，恒有鱼窝，其鱼应气候而来，并不愆期。若年逢大比，有别鱼杂入窝内，必多得科第。又以鱼窝多少卜年间丰歉。

东沼莲芳

莲陂池，在城东门外真武庙前，环抱县城左方。其池中土泥与别处不同，最宜栽莲，所产藕节中心微黄，名曰沉香莲，芳香异常，食味特别。

铜柱崖铭

铜柱，汉建武十六年交趾女子征侧、征贰反，命伏波将军马援讨平之，立铜柱为汉夷界，在录州西三百里分茅岭上。相传云：“铜柱歪，交趾衰；铜柱折，交趾灭。”故交趾人以土培之。按林邑者，秦之桂林、象郡，汉之日南郡也。上思，前属日南，羁縻于合浦，是铜柱之在分茅岭者，即上思右界也。

官井常清

官井，在城西三里许，土名寨龙英西边。其土岗中有生两巨石，交加如门，水从石中潺出，气味甘淡清凉，用以煮茶，历久常鲜。盛暑时，人多饮之以解渴，且其质特重于别水，因名官井以贵之。

——（民国）《上思县志》卷六，八景四奇，第 37 - 38 页。

合浦县

廉州八景

东山叠翠　朱勤知府

东山屹立实奇哉，恍若金屏面面开。一脉深蟠通地轴，千峰高耸接天台。雨余蔼蔼岚光润，露浥重重黛色堆。公退卷帘闲眺玩，无边清景似蓬莱。

又　饶秉鑑

郡国东头海水滨，好山如画列苍旻。空青万古不改色，翠黛千寻常倚云。矗矗峰峦天外耸，依依草树雨中新。蓬莱此去相应近，登眺何时脱世尘。

南浦生珠　朱勤

天临南海浩无涯，海底明珠世所稀。瑞彩晓涵川自媚，寒光夜映月交辉。连城岂向明时晦，照乘终为上国奇。寄语鲛人须爱惜，莫将轻授主人归。

又　饶秉鑑

南浦茫茫接海洋，明珠海底久珍藏。贝宫谩说生明月，鲛室宁知产夜光。瑞彩晓胜波潋滟，蚌胎时吐水苍茫。也知至宝难长晦，万斛于今献帝旁。

西门古渡　朱勤

门启城西瞰碧流，渡当门外几经秋。水通海角潮声急，路接天涯地理修。堤畔驻鞍人倚马，柳边系缆客停舟。晚来吏散黄堂静，犹听渔歌起岸头。

又　饶秉鑑

郡城西出是通津，津渡开来不记春。短棹尚随迎送急，扁舟宁厌往来频。一江碧水咸趋海，两岸青山半入云。逝者如斯长不息，眼前谁是济川人。

北府灵祠　朱勤

夙闻勋业著边城，今见祠堂接近垌。雾气晓胜香篆霭，星光夜烛月华明。天涯过客时来觋，海角居民每乞灵。见说英雄元不死，遐方祀典永相承。

又　饶秉鑑

灵祠离构向城东，祀典承来事不空。故老尚论当代绩，遐方尤绘昔时容。空阶叠叠苔痕合，荒径阴阴树影重。千古兴亡眼前事，夕阳回首思无穷。

天涯驿路　朱勤

天涯有驿枕遐荒，南望交州去路长。地接殊方山不断，境连边塞草偏黄。来人络绎无虚日，行旅充盈有裹粮。最喜华夷归一统，共沾圣化乐虞唐。

又　饶秉鑑

天涯南去即交州，驿路迢迢阻且修。落日殊方来贡使，春风千里快骅骝。山深迥与人烟隔，地僻从教草树幽。却忆杨朱今不见，多岐谁为道途忧。

阜市人烟　朱勤

市廛杂还物交陈，更喜居民庶且殷。朴地闾阎相上下，连城烟火自朝昏。饭炊山稻无饥士，酒酌村醪有醉人。自是圣朝多德化，熙熙民俗自还淳。

又　饶秉鑑

阜市东来接海涯，市中烟火起楼台。几家峻宇相高下，无数征商自去来。民俗喜从今日厚，柴门应为故人开。圣朝自是多丰乐，常听欢声动六街。

泮池夜月　朱勤

泮池深夜水溶溶，月色澄来景自镕。莹彻岂殊冰鑑洁，泓澄应与玉壶同。楼台影倒波初动，河汉光侵露正浓。此去广寒浑咫尺，好攀仙桂莫从容。

又　饶秉鑑

水满池塘月满天，夜深水月绝胜妍。天边露卷蟾斜映，波底云收镜倒悬。光湛玉壶清皎皎，影涵银汉净娟娟。登临自觉殊人世，疑到广寒宫殿前。

海角潮声　朱勤

孤亭近海海门隈，时听潮声海上来。万水有波俱喷雪，九天无雨自鸣雷。沙头震动鸥群散，枕上惊残客梦回。消长古今同一理，险夷犹自在灵台。

又　饶秉鑑

海门遥望接城隈，潮信来时岸自开。一派鲸波银作屋，千层雪浪玉成堆。拍天乍听鸣鼙鼓，吼地尤闻震怒雷。惆怅子胥招不返，英雄千古自徘徊。

——（崇祯）《廉州府志》，卷十三，诗赋志，第 242－244 页。

编者按：（康熙）《廉州府志》卷十三“诗赋志”（第 649－651 页）亦收录廉州八景，其文字内容与（崇祯）《廉州府志》一致，在此不再重复辑录。

廉阳八景

合浦晓霞　刘子麒

万顷清波漾古今，霞光影映若关心。只从遗有还珠迹，留与骚人嗣好音。

又　王一鹗

合浦还珠汉迄今，使君心即孟侯心。朝霞五色新裁句，偏惹弦歌继美音。

廉山时雨　刘子麒

层叠峰峦峙翠城，大廉还自郡侯名。夜来忽见月离毕，流作清泉濯我缨。

又　王一鹗

叠翠浮烟拥雉城，山名端不愧侯名。须臾四野皆沾足，无复攘田笑绝缨。

三洞天光　刘子麒

水云深处结幽亭，恍若芙蓉接上冥。箫鼓喧腾鱼掷浪，一湾流绿浸疏星。

又　王一鹗

三岛纡回耸翠亭，一泓清彻浸苍冥。光分玉烛璇霄迥，快睹天南有景星。

五池云影　刘子麒

极目汪汪盼五池，鲛人何事肯相知。堪夸屏翳忘机念，来往波心绝所私。

又　王一鹗

为爱珠光媚五池，彩云浪影结深知。何当更上青霄去，遍作甘霖慰我私。

古寺灵钟　刘子麒

潇潇古刹法华寒，闻说崆峒也涅磐。架上晓来犹有湿，可知音响倒盂兰。

又　王一鹗

战罢蛟潭月色寒，晓随海日上金盘。蒲牢忽吼千峰动，唤醒当年竺法兰。

石桥仙艇　刘子麒

架石浮河拟霁虹，巨人踪迹属神工。当年羽士飘飘去，遗下扁舟荡港中。

又　王一鹗

驱石何年恍卧虹，中流系舸匪人工。遥知仙子留芳踪，指点飞腾向此中。

海角春风　刘子麒

海角由来地尽头，殊方胜概谩悠游。中流砥柱曾谁是，且看阳和拥蜃楼。

又　王一鹗

孤亭高插碧湾头，景物熙融侈盛游。真个湖中能了郡，笙歌灯火满江楼。

冠头秋霁　刘子麒

巉岩壁立镇鲸涛，独战商炎爽气高。多少艨艟冲巨浪，凭虚一览尽秋毫。

又　王一鹗

独冠诸峰障怒涛，云霞飞尽海天高。目空千里浑如练，谁写清光入紫毫。

——（崇祯）《廉州府志》卷十三，诗赋志，第 244－246 页。

编者按：（康熙）《廉州府志》卷十三“诗赋志”（第651－652页）亦收录了廉州八景，其称为合浦八景，文字内容与（崇祯）《廉州府志》一致，在此不再重复辑录。此处后还有多首八景诗，其作者为刘子麒，受限于篇幅，在此不再抄录。

征引书目

1.（清乾隆八年）《南宁府志》，南宁：广西人民出版社，2008 年。

2.（清宣统元年）《南宁府志》，南宁：广西人民出版社，2008 年。

3.（民国）莫炳奎纂修：《邕宁县志》，民国二十六年（1937）铅印本，台北：成文出版社，1975 年影印。

4.（道光）世纶、（道光）余思诏修，（道光）詹作述纂：《武缘县志》，道光二十三年（1843）钞本。

5.（光绪）黄君钜初纂，（民国）黄诚沅续纂：《武缘县图经》，南宁：广西人民出版社，2013 年。

6.（民国）曾唯儒、覃棉：《武鸣县志》，民国四年（1915）刻本，南宁达时印务局承刊。

7.《武鸣县志》，南宁：广西人民出版社，1998 年。

8.（乾隆）《横州志》，乾隆十二年（1747）初刻本。

9.（万历）郭棐等纂修：《宾州志》，万历十五年（1587）刻本，北京：书目文献出版社，1990 年。

10.（康熙）张邵振纂修：《上林县志》，康熙四十四年（1705）版。

11.（光绪）徐衡绅修，周世德纂，来熊补刊：《上林县志》，光绪二年（1876）刻、光绪二十五年（1899）补刊。

12.（民国）杨盟等修，黄诚沅纂：《上林县志》，民国二十三年（1934）铅印本，台北：成文出版社，1968 年影印。

13.（清）王言纪修，（清）朱锦纂，杨东甫、杨骥校注：《白山司志校注》，南宁：广西人民出版社，2017 年。

14.（民国）刘振西等纂：《隆安县志》，民国二十三年（1934）铅印本，台北：成文出版社，1975 年影印。

15.（光绪）杨椿修，陆生兰纂：《宾州志》，光绪十二年（1886）刻本。

16.（民国）《宾阳县志》，民国三十七年（1948）稿本，广西壮族自治区档案馆，1961 年翻印。

17.（嘉靖）林富、黄佐纂修：《广西通志》，北京图书馆古籍珍本丛刊第 41 册，史部地理类《（嘉靖）广西通志 殿粤要纂》，北京：书目文献出版社，

2000 年。

18.（明）郑赐撰：《闻一斋诗稿》，不分卷，崇祯六年（1633）钞本。

19.（清）顾嗣立编：《元诗选》，清文渊阁四库全书本。

20. 桂林市文物管理委员会编：《桂林石刻（下册）》，南宁：广西人民出版社，1977 年。

21.（清）金武祥撰，谢永芳点校：《粟香随笔》，南京：凤凰出版社，2017 年。

22.（清）罗辰：《桂林山水》，不分卷，道光十一年（1831）刻本。

23. 复旦大学文史研究院，越南汉喃研究院合编：《越南汉文燕行文献集成（越南所藏编）》，上海：复旦大学出版社，2010 年。

24. 桂林市地方志编纂委员会编：《桂林市志》，北京：中华书局，1997 年。

25.（清）谢澐修：《义宁县志》，道光元年（1821）抄本，台北：成文出版社，1975 年影印。

26.（民国）李繁滋纂：《灵川县志》，民国十八年（1929）石印本，台北：成文出版社，1975 年影印。

27.（清）单此藩修，蒋学元、陈廷藩纂：《灌阳县志》，见故宫博物院编：《故宫珍本丛刊第 202 册 · 广西府州县志第 4 册 ·（乾隆）象州志 （嘉庆）武宣县志 （雍正）灵川县志 （康熙）灌阳县志》，海口：海南出版社，2001 年。

28.（清）金鉷修，钱元昌、陆纶纂：《广西通志》，雍正十一年（1733）刊本，南宁：广西人民出版社，2009 年影印。

29.（民国）于凤文主编：《灌阳县志》，民国三年（1914）版。

30.（清）温之诚修，曹文深等纂：《全州志》，嘉庆四年（1799）印本。

31.（康熙）《平乐县志》，见故宫博物院编：《故宫珍本丛刊第 199 册 · 广西府州县志第 5 册 ·（康熙）平乐县志 （嘉庆）永安州志》，海口：海南出版社，2001 年。

32.（嘉庆）《永安州志》，见故宫博物院编：《故宫珍本丛刊第 199 册 · 广西府州县志第 5 册 ·（康熙）平乐县志、（嘉庆）永安州志》，海口：海南出版社，2001 年。

33.（雍正）《平乐府志》，见故宫博物院编：《故宫珍本丛刊第 200 册 · 广西府州县志第 6 册 ·（雍正）平乐府志》，海口：海南出版社，2001 年。

34.（清）清柱等纂修：《平乐府志》，嘉庆十年（1805）刻本，光绪五年（1879）重刊本。

35.（清）全文炳修，伍嘉犹等纂：《平乐县志》，光绪十年（1884）刊本，台北：成文出版社，1967 年影印。

36.（民国）黄旭初监修，张智林纂：《平乐县志》，民国二十九年（1940）铅印本，台北：成文出版社，1967 年影印。

37.（民国）顾英明修，曹骏纂：《荔浦县志》，见《中国地方志集成·广西府县志辑》（第 41 册），［出版地不详］：凤凰出版社·上海书店·巴蜀书社，2014 年。

38.（明）徐弘祖著，褚绍唐、吴应寿整理：《徐霞客游记》，上海：上海古籍出版社，1980 年。

39.（清）陈洪畴修，权汝骏、徐元达纂：《阳朔县志》，康熙十二年（1673）钞本。

40.（民国）张岳灵修，黎启勋纂：《阳朔县志》，民国二十五年（1936）石印本，台北：成文出版社，1975 年影印。

41.（清）蒋崧等纂，程庆龄修：《西延轶志》，光绪二十六年（1900）刊本。

42.（清）陶墫修，陆履中等纂：《恭城县志》，光绪十五年（1889）刊本，台北：成文出版社，1968 年影印。

43.（清）舒启修，吴光升纂，戴义开、刘汉忠点校：《马平县志》，乾隆二十九年（1764）刊本，南宁：广西人民出版社，1997 年点校重印。

44.（清）王锦修，吴光升纂，刘汉忠、罗方贵、陈铁生标点：《柳州府志》（标点本），乾隆二十九年（1764）刻本，北京：京华出版社，2003 年。

45.（民国）柳江县政府修，刘汉忠、罗方贵点校：《柳江县志》（点校本），南宁：广西人民出版社，1998 年。

46.（民国）何其英等修，谢嗣农纂：《柳城县志》，民国二十九年（1940）铅印本，台北：成文出版社，1967 年影印。

47.（民国）黄志勋修，龙泰任纂：《融县志》，民国二十五年（1936）铅印本，台北：成文出版社，1975 年影印。

48. 融水苗族自治县地方志编纂委员会编：《融水苗族自治县志》，南宁：广西人民出版社，1998 年。

49.（民国）魏任重修，姜玉笙纂：《三江县志》，民国三十五年（1946）铅印本，台北：成文出版社，1975 年影印。

50.《鹿寨县志·附录诗词选》，南宁：广西人民出版社，1996 年。

51.（民国）吴国经等修，萧殿元等纂：《榴江县志》，民国二十六年（1937）铅印本，台北：成文出版社，1968 年影印。

52.（民国）藏进巧修，唐本心纂：《雒容县志》，民国二十三年（1934）铅印本，台北：成文出版社，1967 年影印。

53.（乾隆）《梧州府志》，见故宫博物院编：《故宫珍本丛刊第 201 册·广西府州县志第 7 册·（乾隆）梧州府志》，海口：海南出版社，2001 年。

54.（乾隆）《岑溪县志》，见故宫博物院编：《故宫珍本丛刊第 202 册·广西府州县志第 8 册·（乾隆）富川县志 （乾隆）岑溪县志 （乾隆）兴业县志 （乾隆）桂平县志》，海口：海南出版社，2001 年。

55.（乾隆）《桂平县志》，见故宫博物院编：《故宫珍本丛刊第 202 册·广西府州县志第 8 册·（乾隆）富川县志 （乾隆）岑溪县志 （乾隆）兴业县志 （乾隆）桂平县志》，海口：海南出版社，2001 年。

56.（乾隆）《兴业县志》，见故宫博物院编：《故宫珍本丛刊第 202 册·广西府州县志第 8 册·（乾隆）富川县志 （乾隆）岑溪县志 （乾隆）兴业县志 （乾隆）桂平县志》，海口：海南出版社，2001 年。

57.（乾隆）《象州志》，见故宫博物院编：《故宫珍本丛刊第 198 册·广西府州县志第 4 册·（乾隆）象州志 （嘉庆）武宣县志 （雍正）灵川县志 （康熙）灌阳县志》，海口：海南出版社，2001 年。

58.（嘉庆）《武宣县志》，见故宫博物院编：《故宫珍本丛刊第 198 册·广西府州县志第 4 册·（乾隆）象州志 （嘉庆）武宣县志 （雍正）灵川县志 （康熙）灌阳县志》，海口：海南出版社，2001 年。

59.（乾隆）《重修北流县志》，见故宫博物院编：《故宫珍本丛刊第 203 册·广西府州县志第 9 册·（乾隆）重修北流县志 （雍正）钦州志 （乾隆）灵山县志》，海口：海南出版社，2001 年。

60. 越南（阮朝）裴樻撰，范文贮绘：《如清图》，见《越南汉文燕行文献集成（越南所藏编）》第 24 册，上海：复旦大学出版社，2010 年。

61. 越南（后黎朝）阮辉湮：《燕轺日程》，见《越南汉文燕行文献集成（越南所藏编）》第 24 册，上海：复旦大学出版社，2010 年。

62. 越南（阮朝）裴樻撰，佚名绘：《燕台婴语》，见《越南汉文燕行文献集成（越南所藏编）》第 25 册，上海：复旦大学出版社，2010 年。

63. 越南（阮朝）裴文禩等编绘：《燕轺万里集》，见《越南汉文燕行文献集成（越南所藏编）》第 25 册，上海：复旦大学出版社，2010 年。

64.（清）蒯光焕、李百龄修，罗勳等纂，黄玉柱、王鍸绅续：《苍梧县志》，同治十三年（1874）刻本。

65.（清）边其晋修，胡毓璿编纂：《藤县志》，台北：成文出版社，1967

年影印。

66.（清）吴澥纂：《永安州志》，光绪二十四年（1898）刻本。

67. 蒙山县志编纂委员会编：《蒙山县志》，南宁：广西人民出版社，1993 年。

68. 岑溪市志编纂委员会编：《岑溪市志》，南宁：广西人民出版社，1996 年。

69.（清）全文炳督修，苏煜坡等纂修：《贺县志》，光绪十六年（1890）刻本。

70.（民国）《贺县志》，民国二十三年（1934）铅印本，台北：成文出版社，1967 年影印。

71.（清）玉昆山纂：《信都县志》，民国二十五年（1936）铅印本，台北：成文出版社，1967 年影印。

72. 昭平县志编纂委员会编：《昭平县志》，南宁：广西人民出版社，1992 年。

73.（乾隆）《富川县志》，乾隆九年（1744）刻本，见故宫博物院编：《故宫珍本丛刊第 202 册 · 广西府州县志第 8 册 ·（乾隆）富川县志 （乾隆）岑溪县志 （乾隆）兴业县志 （乾隆）桂平县志》，海口：海南出版社，2001 年。

74.（清）顾国诰等修，何日新、刘树贤等纂：《富川县志》，光绪十六年（1890）重修本，台北：成文出版社，1967 年影印。

75.（民国）欧卿义修，梁崇鼎等纂：《贵县志》，民国二十三年（1934）铅印本，台北：成文出版社，1967 年影印。

76. 重庆市博物馆编：《中国西南地区历代石刻汇编（第五册 · 广西省博物馆卷）》，天津：天津古籍出版社，1998 年。

77. 重庆市博物馆编：《中国西南地区历代石刻汇编（第六册 · 广西省博物馆卷）》，天津：天津古籍出版社，1998 年。

78. 重庆市博物馆编：《中国西南地区历代石刻汇编（第八册 · 广西省博物馆卷）》，天津：天津古籍出版社，1998 年。

79.（民国）黄占梅修，程大璋纂：《桂平县志》，台北：成文出版社，1968 年据民国九年（1920）铅印本影印。

80.（清）张显相监修，黎士华编纂：《平南县志》，道光十五年（1835）刻本。

81.（清）裘彬等主修，周寿祺总纂：《平南县志》，光绪十年（1884）刊本。

82. 平南县志编纂委员会编：《平南县志》，南宁：广西人民出版社，1993 年。

83.（清）冯德材等修，文德馨等纂：《郁林州志》，光绪二十年（1894）刊本，台北：成文出版社，1967 年影印。

84.（清）易绍惪修，封祝唐纂：《容县志》，光绪二十三年（1897）刊本，台北：成文出版社，1974 年影印。

85.（清）石崇先纂：《陆川县志》，乾隆二十一年（1756）刻本。

86.（民国）古济勋修，吕浚堃等纂：《陆川县志》，民国十三年（1924）刊本，台北：成文出版社，1967 年影印。

87.《陆川县志》，南宁：广西人民出版社，1993 年。

88.（清）任士谦等修，朱德华等纂：《博白县志》，道光十二年（1832）刻本。

89.（清）徐作梅等总纂：《北流县志》，光绪六年（1880）刊印，台北：成文出版社，1975 年影印。

90. 北流县志编纂委员会编：《北流县志》，南宁：广西人民出版社，1993 年。

91.（嘉庆）《兴业县志（续修）》，台北：成文出版社，1967 年据乾隆四十三年（1778）钞本影印。

92.（清）苏勒通阿修，彭焜基等纂：《兴业县志》，民国年间钞本。

93.（清）汪森编辑，黄盛陆等校点：《粤西文载》，南宁：广西人民出版社，1990 年。

94.（民国）宾上武修，翟富文纂修：《来宾县志》，民国二十五年（1936）铅印本，台北：成文出版社，1975 年影印。

95.（光绪）《迁江县志》，光绪十七年（1891）刻本。

96.（民国）黄旭初等修，刘宗尧纂：《迁江县志》，民国二十四年（1935）铅印本，台北：成文出版社，1967 年影印。

97.（清）英秀、李彦章等总纂：《庆远府志》，道光八年（1828）印本。

98.（清）李世椿修，郑献甫纂：《象州志》，同治九年（1870）刊本，台北：成文出版社，1967 年影印。

99.（民国）吴克宽、梁方津监修，刘策群总纂：《象县志》，民国三十五年（1946）印本。

100. 河池市志编纂委员会编：《河池市志》，南宁：广西人民出版社，1996 年。

101.（乾隆）《庆远府志》，见故宫博物院编：《故宫珍本丛刊第 196 册·广西府州县志第 2 册·（康熙）左州志 （乾隆）庆远府志》，海口：海南出版社，2001 年。

102.（清）英秀、李彦章等总纂：《庆远府志》，道光八年（1828）印本。

103.（民国）段荣棣、覃祖烈纂修：《宜山县志》，民国七年（1918）。

104.（清）万文芳、阮正惠修，李化人、朱明伦纂：《罗城县志》，道光二十四年（1844）刻本。

105.（民国）江碧秋修，潘宝录纂：《罗城县志》，民国二十四年（1935）铅印本，台北：成文出版社，1975 年影印。

106.（清）林光棣纂修：《天河县志》，道光六年（1826）修抄本，台北：成文出版社，1967 年影印。

107.（清）潘任光编：《天河县志》，民国三十一年（1942）印本。

108.（清）梁杓修，吴瑜等纂：《思恩县志》，民国二十二年（1933）铅印本，台北：成文出版社，1975 年影印。

109. 百色市志编纂委员会编：《百色市志》，南宁：广西人民出版社，1993 年。

110.（清）唐世德等分纂，傅堅续纂：《镇安府志》，乾隆二十一年（1756）印本。

111.（清）羊复礼修，梁年等纂：《镇安府志》，光绪十八年（1892）刊本，台北：成文出版社，1967 年影印。

112.（光绪）《归顺直隶州志》，光绪二十五年（1899）印本。

113.（清）何福海纂修：《归顺直隶州志》，道光二十八年（1848）钞本，台北：成文出版社，1967 年影印。

114.（民国）黄福海：《靖西县志》，1948 年油印，1957 年翻印。

115. 那坡县志编纂委员会编：《那坡县志》，南宁：广西人民出版社，2002 年。

116.（民国）何景熙修，罗增麟纂：《凌云县志》，民国三十一年（1942）油印本，台北：成文出版社，1974 年影印。

117. 凌云县志编纂委员会编：《凌云县志》，南宁：广西人民出版社，2007 年。

118. 隆林各族自治县地方志编纂委员会编：《隆林各族自治县志》，南宁：广西人民出版社，2002 年。

119.（明）曹学佺撰：《广西名胜志》，崇祯三年（1630）刻本，桂林：广西师范大学出版社，2012 年。

120.（清）甘汝来纂修：《太平府志》，见故宫博物院编：《故宫珍本丛刊第195册·广西府州县志第1册·（康熙）上林县志 （雍正）太平府志》，海口：海南出版社，2001年。

121.（民国）黄旭初修，吴龙辉纂：《崇善县志》，民国二十六年（1937）钞本，台北：成文出版社，1975年影印。

122.（乾隆）《左州志》，见故宫博物院编：《故宫珍本丛刊第196册·广西府州县志第2册·（康熙）左州志 （乾隆）庆远府志》，海口：海南出版社，2001年。

123.（清）黄誉编辑：《龙州纪略》，嘉庆八年（1803）刊本。

124.（民国）李文雄修，陈必明纂：《龙津县志》，民国三十五年（1946）修纂草稿，广西壮族自治区档案馆，1950年翻印。

125.（民国）叶茂茎：《龙州县志初稿》，南宁自然美术油印社，1926年。

126.（光绪）《凭祥土州乡土志》，光绪三十三年（1907）钞本。

127.（清）戴焕南修，张粲奎纂：《新宁州志》，光绪四年（1878）刊本，台北：成文出版社，1975年影印。

128.（民国）杨北岑等编纂：《同正县志》，民国二十二年（1933）铅印本，台北：成文出版社，1975年影印。

129.（清）唐世德等分纂，傅埅续纂：《镇安府志》，乾隆二十一年（1756）印本。

130.（清）羊复礼修，梁年等篡：《镇安府志》，光绪十八年（1892）刊本，台北：成文出版社，1967年影印。

131.（清）黎申产辑：《宁明州志》，光绪九年（1883）原刊，台北：成文出版社，1970年影印。

132.（清）林希元纂修：《钦州志》，见《广东历代方志集成·廉州府部》，广州：岭南美术出版社，2009年。

133.（崇祯）《廉州府志》，见《广东历代方志集成·廉州府部》，广州：岭南美术出版社，2009年。

134.（康熙）《廉州府志》，见《广东历代方志集成·廉州府部》，广州：岭南美术出版社，2009年。

135.（康熙）《钦州志》，见《广东历代方志集成·廉州府部》，广州：岭南美术出版社，2009年。

136.（雍正）《钦州志》，见《广东历代方志集成·廉州府部》，广州：岭南美术出版社，2009年。

137.（道光）《钦州县志》，见《广东历代方志集成·廉州府部》，广州：

岭南美术出版社，2009 年。

138.（民国）《钦县志》，见《广东历代方志集成・廉州府部》，广州：岭南美术出版社，2009 年。

139. 钦州市地方志编纂委员会编：《钦州市志》，南宁：广西人民出版社，2000 年。

140.（清）林长存纂修：《灵山县志》，见《广东历代方志集成・廉州府部》，广州：岭南美术出版社，2009 年。

141.（清）盛熙祚纂修：《灵山县志》，见《广东历代方志集成・廉州府部》，广州：岭南美术出版社，2009 年。

142.（清）林长存纂修：《灵山县志》，见《广东历代方志集成・廉州府部》，广州：岭南美术出版社，2009 年。

143.（民国）张明善：《上思县志》，民国四年（1915）印本，南宁达时印务局承刊。

144. 桂林市文物管理委员会：《桂林石刻（内部选编）》，桂林印刷厂，1977 年。